# 星際尋覓

穹宇涉獵 03
三部曲 ━━━

文劍——

著

# 目次

# 法國里昂迷人的街頭壁畫

　　許多旅客前往法國里昂旅行時，歷史古蹟文物似乎並不會引起太多的興趣，因為和其他如羅馬等主要歷史城市相比，顯得較為寒酸。因此里昂的遊客客往往側重在當地的美食，或者是一年一度聖誕節前的燈光節，還有就是參觀享譽逾五個世紀的絲綢工業發展遺跡，那曾經是法國自詡為強國而引以為榮的工業建設，而里昂就是這個建設的中心。

　　說起里昂的絲綢，就必須要到那個曾經風靡一時的絲綢工業基地「紅十字斜坡區」（Pentes de la Croix-Rousse）去巡禮一番。

　　筆者和妻子在2019年前往歐洲時，就選擇了從加拿大飛里昂的直航班機。這個人口約一百七十萬的法國第三大城市，給人的第一印象就是沒有大都市擁擠的情景。我們在出發之前，已作了細心的安排，預訂了位在旅遊景點中心地帶的酒店，方便參觀的出行。

　　里昂是一座半島，東邊為羅納河（Rhone），西邊是索恩河（Saone）。我們下榻的酒店離文化中心區特羅廣場（Place des Terreaux）僅一街之隔，這座廣場自十二世紀以來一直是宗教和政治之間糾纏不清的地區，歷史上地方諸侯甚至還建造了城牆作自我保護，但最後仍然難逃被拆除的命運。

　　法國大革命時代，這裡竟然成為刑場，居然有七十九個囚徒在此慘遭斬首。而且還有高級官員被問斬的血腥場面，予人觸目驚心之感。

　　今天整座廣場已被聯合國列為世界文化遺產，東邊是市政大廈，南邊則是由修女院改建成的里昂美術館，北邊有斜坡直接通往紅十字區。

| 里昂特羅廣場上的噴泉雕塑。

　　廣場上有一座別出心裁用鉛澆鑄的雕塑噴泉，是法國著名雕塑家佛雷德利克‧奧古斯特‧巴爾索迪（Frederic-Auguste Barthordi 1834-1904）的創作。雕塑的造型是一位象徵法國的女騎士手執馬鞭，駕馭著代表法國四條大河的四匹馬。

　　這座雕塑經歷了數十年的波折才最終落戶里昂。一開始是在1857年由波爾多（Bordeaux）市政府公開招標為該城市一座廣場設計的，年僅二十三歲的巴爾索迪入選，市政府後來改變主意將此計畫擱置。一直到1886年巴爾索迪為紐約設計的「自由女神」雕塑揭幕，波爾多市政府才重新考慮建造。

由於諸多原因，波爾多最終還是決定放棄這一雕塑的建造計畫，而在1888年由里昂市政府購得權益，這座雕塑就成為里昂市中心醒目的文化象徵。

從特羅廣場順著向北的斜坡道，約步行二十分鐘，即可到達素有絲綢之都之稱的「紅十字斜坡區」。這是一個非常特殊而充滿歷史痕跡的區域，路面仍然保留著幾個世紀以來的黑色鵝卵石鋪設，很

｜筆者妻子在紅十字斜坡前留影。

多石頭都已經被磨得發亮，兩旁的商鋪鱗次櫛比，我們邊觀賞每個櫥窗裡的擺設，邊漫步上到紅十字區的斜坡。

紅十字斜坡（Pentes de la Croix-Rosseu）的名字源自十六世紀用紅褐色石頭雕塑的十字架，路面很寬敞，左右兩邊是只有十公分左右高的石級，形成一個約兩米寬的行人道。中間較寬，是鋪設得平整的斜坡，方便居民在上下推物時不會有任何的阻礙，地面是用幾何圖形拼成的圖案，一直通到最上面的紅十字區公園。雖然是數百公尺長的斜坡，但行走在上面毫無疲累的感覺，因為行人的注意力都被那藝術美感所吸引。

　　遊客到紅十字區，主要是憑弔已經廢棄的絲織工業場所和絲織工人的居處。自十七世紀以來，這裡就是因為絲織工業的發展而聲名遠播，並且是歐洲絲綢工業的中心。一度曾經有三萬多絲織工人在這裡謀生。

　　在法國一直以「絲綢之路」為中心來標榜自身絲織業的發達過程中，還出現過有關法國開展絲織業的趣聞。相傳在中古世紀法國傳教士用不法手段從中國獲得蠶繭，偷偷地帶回法國，並且從中國學會如何種植桑樹的本領，法國的絲織業因此而獨佔鰲頭。這些趣聞究竟是否屬實很難取得旁證，只能用姑且一聽的態度對待。

　　事實上中國絲綢傳入歐洲，自拜占庭時代就已經開始了，到十一世紀左右，絲綢在義大利西西里島的諾曼王朝以及西班牙的摩爾王朝都廣泛使用。及至傳到法國已經是文藝復興時代，十七世紀受到路易十四世的青睞而成為御用品。從那時起到十九世紀，法國絲綢業也從鼎盛期逐漸走向衰退，雖然里昂始終是歐洲絲綢業的中心，由於國際政治因素，加上法國本身的戰亂，一直處於不穩定的狀態。

　　1831年，里昂紅十字區的絲織業，因為經濟衰退，資方要求勞方減薪，雙方爭執不下，導致勞方採取暴動方式佔領兵工廠及整個城市，政府不得不出動大軍平息，但對暴動的勞工沒有給予處分。這是里昂絲織工人有史以來第一次採取的暴動。

　　1848年第二次的暴動是在經濟好轉後，資方為了自身利益對勞工們發出減薪的手段，由此而掀起另一場暴動，結果是政府下達命令，將一萬餘勞工驅逐出境。接著發生第三次暴動，仍然起因於資方對勞方的剝削，不過更為廣泛的因素，是受到歐洲各國普遍發生因勞資糾紛而導致的抗議甚至暴動的影響。

　　第一次的里昂勞資糾紛所導致的暴動，給後來世界各地的左翼運動埋下了深遠的影響。里昂的工人們認為，他們發動的反叛行為

對全人類勞工階級起了個帶頭作用。他們在發動暴亂時提出的一句口號：「工作是為了生存，犧牲是因為抗爭」（Vivre en Travallilant ov movrir en Combattant），深受歐洲勞工階級的認同。如今這句口號鑲嵌在絲織博物館門首的一塊紀念碑上。

　　參觀絲織廠除了瞭解生產的過程外，最重要的是感受裡面設計的特殊「通道」或是「隧道」，法文稱為Traboule。因為里昂多雨，為避免絲綢受到破壞，這些特殊設計的通道就起到防止雨水侵蝕絲綢的作用。

　　里昂的地下通道來源已久，可以追溯到公元四世紀，那時候山城的居民必須到山下的索恩河取水再挑到山城裡，費時費力。到了雨季就非常辛苦。於是設想出開築通道，解決了運送途中的困境。

　　這一歷史上的建築，一直延續到十八世紀，隧道也就隨著絲織業的發展，自然成為雨季輸送絲綢的通道了，這縱橫交錯的地下隧道，成為整個紅十字區的一個建築特色。

　　這些通道或隧道，一直連接到戶外的街道上，幾乎可以說是四通八達。據不完整統計，全區共有大約400個隧道或是通道，而對外開放參觀的只是四分之一左右。

　　來自五湖四海的旅客到了里昂，必定會前往其中最大的一座名為「絲織工人的通道」（Traboule Cour des Voraces）參觀，也被稱為「共和大廈」（Maison de la Republique），高達六層，裡面的通道極其隱蔽，在絲織業中具有非常重要的歷史象徵意義。

　　整棟建築完成於1840年，地理位置適中，北邊是寬廣的柯爾波特廣場（Place Colbert），東邊連結聖賽巴士蒂安街（Montee de Saint Sebastian），南邊和英波爾特-科羅米大街（Rue Imbert-Colomee）相通，北邊則可從迪德雷特大街（Rue Diderot）步行幾分鐘即可抵達著名的紅十字區公園。

　　這棟大樓的名稱之中使用Voraces一詞就是絲織工人的代名詞。

這裡的工人因為受到資產階級的剝削奮起抗爭而震驚整個里昂。按照建築的落成年份，歷史上認為這群工人應該是參加1849年暴動的主力軍。在大樓的門首，至今仍然鑲嵌著一塊紀念碑石，上面刻著：

「在這座如同蜂巢般的絲織工庭院中，工人們為了生存和他們的尊嚴起而抗爭！」

由於隧道裡面黑暗且隱蔽性甚高，在第二次世界大戰時，這裡曾經被用作抗爭義士們的避難所，逃避了納粹的追捕。戰爭結束後，該建築被列為世界文化遺產，直到1995年，由神父波爾納‧德維爾（Bernard Devers）主持的「生存環境及人文主義協會（Habitat et Humanisme Association）將該建築買下並改裝成社會福利房舍。

這棟自1840年建成後的歷史建築，經歷了社會的波動及戰爭摧殘，終於塵埃落定，不僅成為里昂絲織業發展中的典型代表，也是里昂城市在對抗納粹戰爭時的正義形象，建築的大門和其中的樓梯及隧道也成為里昂城市工業發展的象徵。

里昂絲織發展的歷史過程，對外來的旅客只當成是一個參觀的旅遊景點。然而工業發展給城市造成的嚴重污染，暴力的結果給城市帶來消極的陰暗面，促使市政府竭力謀劃如何改善這座歷史古城的面貌。這一構思令當地一群藝術學生認為恰逢其時，於是在1970年開始思考並討論如何改變藝術在社會上的正確位置。

他們認為傳統的藝術始終侷限在博物館或美術館中，僅僅提供給社會上少數權勢階級享受，普羅大眾幾乎沒有機會和藝術接近。

如何能給社會大眾提供更貼切的藝術，就成為他們商討的主題，認為在大型建築牆上繪製壁畫，以本國的歷史及城市蕃衍歷程中的故事為精華作為主題，這樣的藝術肯定會在群眾中產生共鳴。繪製壁畫也就如雨後春筍般遍地開花，一幅接一幅進入到當地居民的視野。

　　我和妻子在參觀時，被兩幅壁畫所吸引，一幅是位在絲織工大道（Boulevard des Canuts）名為「絲織工之牆」（Le Mue de Canuts）的巨型壁畫，乍一看似乎是整棟建築和街道的佈局，走近仔細觀摩後卻是一幅唯妙唯肖的立體式壁畫，佇立在畫前有身歷其境的實質感，整幅壁畫面積1200平方米，是迄今為止歐洲最大的壁畫。

　　法國的青年藝術家在創作這些巨型壁畫時，曾用極為巧妙的詞彙形容他們創作的目的。他們認為這是最能吸引普羅大眾而使用的技巧，在法語中被稱為Trompe-l'oeil，也就是中國人傳統中所稱的「仿真畫」。

　　這種技巧自希臘羅馬時代就在藝術上廣泛使用，如被火山湮沒的「龐貝」古城中，就用來繪製窗門及過道，造成視覺上產生更為寬敞的感覺。

　　里昂的青年藝術家們自1970年開始運用這傳統的藝術技巧，來創造他們的壁畫，通過現實的意象產生光學錯覺，將繪製的物件形成立體感，給人感受到畫中的人物或是物件都具有逼真感而顯得栩栩如生。

　　「絲織工之牆」就是紅十字區絲織工人的生活寫照，以及該區內的建築佈局，1987年完成，1997年曾加以修飾。我們看到的是在2013年經過再次修補後的版本，和當地生活的寫照更為貼切。無論是本地居民或是來自世界各地的旅客，凡是看過這幅作品後無不讚嘆藝術家們巧奪天工的技能！

　　另一幅位在聖文森特廣場（Place St. Vincent）及瑪爾迪尼大街（Rue de la Martiniere）交接處，藝術家們將一棟黃色高層建築的背面和側面畫了一幅近八百平方米的壁畫，取名為「里昂人的牆」（Le Fresque des Lyonaais）。畫中有三十多位對里昂城市建設立下豐功偉績的歷史及現代人物，這幅壁畫令當地人民產生自豪感，對自己城市更具信賴和支持。

| 1 | 1 | 筆者夫婦在「絲織工之牆」壁畫前留影。 |
| 2 | 2 | 「里昂人之牆」壁畫全景。 |

在參觀這兩座壁畫時，不由得令筆者憶及在加拿大魁北克市所見的大型壁畫，由於魁北克是法國人佔領後開發的地區，所以將這兩座城市的壁畫串連在一起，相信魁北克的壁畫應該是受到里昂的影響。

事實上也的確如此，里昂的青年藝術家在1978年創建了一個名為「平民化」（Populart）形式的協會，目的是要設計出一個不同凡響的社會環境。將當地的現代生活和歷史，文化傳統結合在一起來作為繪製壁畫的內容主題，從而令當地居民對自己的家鄉產生共鳴及自豪感。

經過多番的努力，他們在1986年創立了一個合作社形式的機構稱為Cite Creation，先後在里昂留下了一百多座壁畫，而且延伸到法國各主要城市。此時他們的創作已經受到全球的注意，所以從2000年到2004年，分別在加拿大成立了「壁畫開創」（Muralcreation）及德國「妝

點城市」（Dekorativecity）分支機構，擴大對全球的發展。與此同時，這兩家公司進一步在耶路撒冷和莫斯科開設了代表處，可見壁畫的創作已經不是法國獨有的藝術。

該組織在世界各地的壁畫創作中，上海的一幅可以說是全球之冠。他們特地選定在上海法國人投資的超市「家樂福」（Carrefour）整座牆上繪製，面積為5000平方米。內容包含有阿爾卑斯山脈、地中海、巴黎及里昂一年一度的聖誕燈節會，目的是介紹法國風情而吸引中國人到法國旅遊。

接下來在欣賞里昂壁畫之際，腦海中出現一個問號，這些壁畫和拉丁美洲的壁畫之間是否存有關聯？筆者和妻子到墨西哥及祕魯印加古代首度庫斯科旅遊時，曾參觀過規模宏大的壁畫，主題都是以當地古老民族歷史及當今社會動態的畫面，含有濃郁的文化歷史氣息，以及當地反抗西班牙殖民的鬥爭史。

經過深入瞭解，果不其然，里昂的壁畫直接受到墨西哥國寶級壁畫藝術家狄艾戈·利維拉（Diego Rivera 1886-1957）的深刻影響。利維拉自十歲就進入墨西哥城的藝術學院，成長後始終將壁畫的創作為他藝術生涯的追求。

在1921年獲得當地政府的支助下，開始在公共建築牆面繪製壁畫，1922年完成了第一幅繪製在首都國立預備學校（Escuela Nacional Preparatoria）的巨作「創世」（La Creacion）。這所學校原來是天主教耶穌會設立的伊爾迪芬索中學（Colegio de Ildefonso）舊址。可能利維拉本人都始料未及，由於他的這幅壁畫，國立預備學校竟然被公認為墨西哥壁畫運動的發源地。

他在繪製這幅巨作時，腰際經常要帶著手槍保護自己。因為利維拉的強烈左傾政治思維，就成了他周圍的右翼學生攻擊對象。

利維拉早在1917年即遠赴歐洲，在那裡結識了包括畢卡索在內的諸多著名藝術家，同時也有機會從保羅·高耿（Paul Gaugin 1848-

1903）及赫恩·馬蒂斯（Henn Matisse 1869-1954）等當代法國藝術家的作品中吸取養分。

　　因為受到1914-15年墨西哥革命及蘇聯1917年十月革命的影響，他加入了墨西哥共產黨，並且在1927年親自到莫斯科出席慶祝十月革命十週年紀念大會。

　　自歐洲回國後，他以立體派藝術家的地位，將歐洲文藝復興壁畫技巧及內容轉化成以墨西哥勞工階級及原住民的生活狀態，作為他創作壁畫藝術的靈感源泉。由於有深厚的左傾思想，而墨西哥社會環境中勞動階級及原住民的反抗潮流又植根在他心中，大多數的壁畫中，凸顯出他對貧窮工人的同情和強烈的民族主義色彩，也因此他的壁畫藝術得到了廣大群眾的共鳴。

| 1933年利維拉為紐約洛克菲勒家族繪製的「在交叉路口的人」，中間的人物是列寧。

　　1933年他曾獲得洛克斐勒家族的邀請，為紐約曼哈頓洛克斐勒大廈繪製一幅壁畫。他將這幅壁畫取名為「在十字路口上的人」（Man at the Crossroad）。他在整幅壁畫中心點，特地加上了蘇聯的列寧頭像，遭到洛克斐勒家庭的不滿，最後這幅壁畫在1934年被消除。

　　另外一幅現存墨西哥首都的總統府中名作：「特諾克提特蘭的阿斯蒂城」（The Aztec City of Tenochtitlan）充分展現墨西哥原住民的強烈民族色彩。

　　在墨西哥總統府中還珍藏一幅1928年繪製的名為「軍火庫中」（En el Arsenal）壁畫，幾位當時與利維拉有聯繫的左翼革命人士都出現在畫中，其中有古巴的共產黨人胡里奧・安東尼奧・梅雅（Julio Antonio Mella 1903-1929）及其女友蒂娜・蒙多迪（Tina Mondottl 1896-1942），義大利共產黨人維多里奧・威達勒（Vittorio Vidale 1900-1983），還有蘇聯修正主義領袖人物萊昂・托洛斯基（Leon Trotsky 1879-1940）。這幅壁畫不僅反映了利維拉的政治理念，還為這些左傾人士在從事反抗鬥爭時彼此間錯綜複雜關係，留下不少值得研究的懸疑。

　　托洛斯基在被驅逐出黨後流亡到墨西哥，曾受到利維拉和他第四任妻子佛麗塔・卡羅（Frida Kahlo 1907-1954）的幫助，在他們家生活了一段時間。充分說明利維拉當時政治的極端意識。

　　利維拉從1922年到1954年幾乎全心全意的發揮他在壁畫上的藝術奇才，在墨西哥全國各地留下不少令人讚嘆的不朽之作。墨西哥首都有一個名叫特比托（Tepito）的小區擁有十多萬人口，自古以來一直是阿斯蒂族原住民的聚集地。數百年來維持著下層工人階級的生活狀態。而且當地有一個露天市場，每天上萬小販到該地販賣各種生活必須品。但大部分都是假冒偽劣的次貨。

　　該地區還有一特色，就是犯罪率極高，社會之間相互鬥毆事

件層出不窮，是一個名副其實的窮人聚居地。所以有「敢作敢為小區」（Barrio Bravo）的別稱。有趣的是自1973年，在該區舉行了第一次畫展，主題是：「要認識墨西哥，必要來到特比托」（Conozca Mexico, Visite Tepito）。

這是當地一個在1970年創設的藝術團體「特比托藝術就在這裡」（Tepito Arte Aca）主持的展覽，受到當時社會動亂的啟發，藝術家們集體思考究竟社會出現了什麼問題，於是他們將精力集中在以社會群眾的現實環境為主題的藝術活動，就這樣狄艾戈‧利維拉將墨西哥自古以來即發展有序的壁畫發展到極致，到特比托區的青年藝術家再次創作，形成墨西哥一脈相承的藝術境界。

為了深入瞭解利維拉的繪製壁畫經驗，里昂的青年藝術家曾在1983年組織了一個藝術代表團前往墨西哥，特地在特比托區，和當地的工人階級們對話後，經過六個月的交流，認識到墨西哥歷史上對壁畫的尊重和延續，並感受到利維拉一生對壁畫的執著和貢獻，深深地影響著這一群法國年輕藝術家。

所以他們在回到法國後，用三年的時間籌畫，終於在1986年成立了CiteCreation組織，經過不懈的努力，四十年的光陰中，他們已經設計了近750壁畫，縱然有些國家對他們的奉獻不以為意，然而大多數國家藝術界，對他們這種二十世紀藝術上的異軍突起，表達最高的支持。值得注意的是，在這群抱有理想的藝術家中，居然女性佔了大多數。藝術界認為，有大批女藝術家參與，主要是女性的容忍力強，而且她們具有吃苦耐勞的特性。

今天在里昂可以看到一幅墨西哥壁畫，那是在狄艾戈‧利維拉基金會和利維拉的女兒推動下，里昂市政府接受了他們的創議，批准墨西哥藝術家繪製了這幅近450平方米的巨幅壁畫，來紀念利維拉藝術對里昂壁畫發展的引導力。

事實上，在里昂看到當地壁畫的遍佈全市，幾乎都會一致讚

揚法國人的藝術智慧，然而又有誰會知道這個法國吸引全球的壁畫群，竟然是來自一位政治上極端的左傾，生活上風流無羈的墨西哥人！

　　假如沒有法國青年藝術家率真的態度，紀錄下他們和墨西哥之間一段歷史性的交流，利維拉在國際藝壇上也無法溢出燦爛的光芒。無可否認的是法國社會對墨西哥藝術家仍持有不同的見解，而為了旅遊觀光利益，他們突出法國壁畫的光輝本無可厚非，因為在無法卸下白人至上的複雜心態下，面對有著濃郁原住民色彩的墨西哥人藝術，原本就很難取得平衡，何況他們始終有一定的擔憂：在歐洲是否會出現有色人種藝術的喧兵奪主！

　　　　　　　　　　　　　　（2020年10月28日完稿於溫哥華）

# 莫奈癡迷的睡蓮塘

　　到歐洲旅行參觀的歷史古蹟除了大教堂之外，就是歷代皇親國戚的宮殿。這些光怪陸離的皇宮真的是多如牛毛，令人目不暇給。然而去了幾個皇宮後，如要接著參觀遊覽，就難免會產生味同嚼蠟的感覺。原因是，開放給旅客參觀的遺物幾乎千篇一律，如國王的寢室、王妃的衛生間、登基的「寶座」、不計其數的油畫和掛毯……

　　為了開發旅遊事業、振興經濟，正如大小不一的教堂和仍然孤立在山頂或叢林中的古堡一樣，各國政府將這些皇宮闢出其中的一小部分對外開放，當成是斂財的手段，成千上萬的旅客每天擁堵在那些因為年代久遠，空氣中發出異味的宮殿中，參觀歷史文物的雅興早已消失殆盡，取而代之的是嘆息抹汗，不時還喃喃自語似地發出幾句起不了作用的抱怨。

　　回顧六十年代，那時候前往歐洲參觀王宮、博物館、教堂或古堡是一種文化享受，然而隨著時代的變遷，各國政府的唯利是圖，遊人的權益早已拋擲九霄雲外，歷史文物的價值觀也完全變質，他們唯一的期待就是每天入帳的數字。

　　所以近些年來，筆者夫婦調整了旅遊的參觀內容，除非是仍然值得光顧的博物館或是王宮，不得不在擠逼的人叢中穿梭，期待著一遂溫故知新的願望，我們設法尋找人跡仍然稀少的參觀點，來滿足求知慾。

　　2017年的巴黎之行，我們將印象派藝術創始人克勞德・莫奈（Claude Monet 1840-1926）故居，作為這次旅程中的首選。在法國旅行，最不能忍受的就是法國人的自大傲氣。旅客在那裡消費，卻

不時要面對欺人太甚的「晚娘臉孔」。在巴黎市區內自己尋找參觀芳蹤不是難事，但是到郊外就非得費一番周折。莫奈的故居是在離巴黎約莫65公里的奇芬妮（Giverny）小鎮。

巴黎的旅遊機構為旅客設計的唯一參觀路線，就是巴黎－凡爾賽宮－奇芬妮一個三角形的路程。從巴黎到凡爾賽宮只有十多公里的距離，再從凡爾賽宮到奇芬妮約為60公里路程。所以我們在巴黎羅浮宮對面的巴黎旅遊機構，訂好了票搭乘旅遊巴士出發。

抵達凡爾賽宮，只見參觀的旅客隊伍已形成一條蜿蜒長龍，約莫等了四十五分鐘，才進入宮內參觀。隨著擁擠人潮快速地向前移動，匆忙中除了對眼前的歷史文物產生「消化不良」症之外，可以說是一無所獲。結束後，導遊帶著教訓口吻催促回到旅遊巴士，期待著嚮往已久的莫奈花園。

豈料巴士調頭後，逕自朝巴黎方向急馳。二十分鐘後，旅客全部回到原先出發的地點。導遊也沒有給予任何理由，只說凡已購票前往莫奈花園的旅客，一個小時後到原地等待巴士來接。說完就逕自走了。

所有的旅客茫然地面面相覷，時值午餐時間，如要在餐館就餐時間根本不夠，只得和妻子到附近咖啡店買了三明治，匆匆地填飽肚子。旅遊巴士準時來到，前往莫奈花園的旅客只有十來個，魚貫上車後即開始下午的「征程」。

說實在的，這條旅遊路線內容應該是值得細心瀏覽的，但巴黎旅遊機構只顧自身的方便，漠視觀光客在路途中的寶貴時間和心中的期待。早在中學時代從歷史課程中，就多少得知凡爾賽宮的歷史背景，此刻身歷其境，當然不會輕易放棄作深入學習的機會。

客觀上法國的凡爾賽宮在歐洲諸多宮殿歷史中，可以看成是一座短命皇宮，從路易十四世在1682年搬進該皇宮後，直到路易十六世在1793年被法國大革命推翻送上斷頭台，前後一百十一年，經歷

了三代朝廷，即路易十四世、十五世和十六世。而這三代國王卻是經歷了六代人。

路易十四世登基後在位時間共計72年又110天（1643-1715），是歷史上執政最長的國王，也因此他的子孫都先他而去，只能由曾孫路易十五世（1710-1774）接替他的王位，1715年繼位時才五歲，按照法律需滿13歲才能正式登基，期間由朝廷的攝政官吏負責，一直等他滿了13歲（1723年2月15日）才正式登基。

在他幼年接替王位時還出現過一段趣聞。1717年俄羅斯沙皇彼得大帝一世到訪法國，會見路易十五世時，他年僅七歲，彼得大帝一世身材魁梧，高達兩米，為此他需將路易十五世抱起來才得以完成親臉的禮節。

路易十五世在位也達59年之久。他的兒子早他先逝，所以在1774年退位時，只能由時年二十的孫子路易十六（1754-1793）接替。

因為路易十四在位時，曾經歷過五次的殘酷戰爭。為獨攬大權，路易十四世決定在距離巴黎近郊建造他的新王宮，世稱「凡爾賽宮」。他將全部手握權力的官吏遷居到此，整天花天酒地，不理朝政。對外的戰爭導致法國經濟衰退，國庫空虛，民不聊生，從而埋下日後的革命浪潮。由於路易十六世的優柔寡斷，再加上他對美國獨立戰爭（1775-1783）的巨大財政支持，使得法國跌入民窮財盡的深淵。

筆者在之前撰寫的〈咖啡融合裡的文學和音樂（四）〉一文中介紹巴黎普羅科貝咖啡館時，曾提及當時美國駐法國首任公使佛蘭克林曾與法國國王路易十六世，在該咖啡館商討兩國同盟協定，就是為了支持美國的獨立戰爭。

當筆者夫婦前往參觀凡爾賽宮時，瞭解到路易十四世執政時期，恰好是中國滿清康熙皇帝（1654-1722）當政之時。康熙是在1661年登基，直到1722年去世，在位61年。

　　既然東西方兩位君主均為歷史上執政最長的帝王，且處於鼎盛時期。路易十四世曾經有意和康熙皇帝建立關係，於是派人帶信到北京，但由於俄羅斯彼得大帝一世從中阻梗，不允前往中國的代表過境，最終這封信未能送達，如今仍然保存在法國國家檔案中，也是中法之間的一段趣聞。

　　在這些心目中不過都是一閃而過的歷史痕跡中，更吸引我的是1919年在凡爾賽宮簽訂的和平協定。由於德國將在中國佔領的青島利益，私下轉讓給日本，引起了中國民間的強烈抗議，要求北洋政府拒絕在和約上簽字，最終導致了影響中國未來發展的「五四運動」。

　　因為參觀凡爾賽宮的時間過於倉促，筆者尋找當年簽約場所的心願也隨之落空，帶著滿腔的失望情緒，祈盼著下午的旅程能彌補我和妻子的失望。

　　從巴黎到奇芬妮公路條件很好，約莫一個半小時抵達。奇芬妮是一個令人難以想像的小鎮，幽靜而典雅，整個村子的空氣裡飄逸著撲鼻的花香。莫奈在1883年遷移到該小鎮時，只有三百個居民。

　　開始時他只能租下小屋居住，到1890年積攢了足夠的錢才購買房舍及花園，目的是打算設計好花園的佈局後，成為他繪畫的模特。

　　莫奈的全名是奧斯卡-克勞德・莫奈（Oscar-Claude Monet 1840-1926），凡是到過莫奈花園觀賞的人士，莫不被他的印象派畫作深深吸引，尤其被他後半生潛心經營的幽靜悅目花園所欽服。然而又有誰會了解到他前半生的艱苦奮鬥，以及後來這座花園和他所有作品之間的千絲萬縷！

　　莫奈的第一任妻子卡梅伊-雷奧妮・冬希（Camille-Leonie Doncieux 1847-1879），原來是他的模特兒，她是莫奈一生中用彩筆將其作為豐富多彩傳世之作中的唯一女性人物，1870年他們在特羅

威爾（Trouville）海濱歡度蜜月時，莫奈留下了不朽的創作，足證她在莫奈心中至高無上的地位。

然而兩人從墜入愛河到結成連理，並非一帆風順，莫奈的父母對他們的交往一直持反對的態度，甚至連他們的簡單婚禮也未出席。當時莫奈在潦倒窮困中掙扎，卡梅伊在和他結婚前就已經懷上他們的第一個孩子，並始終不渝地支持著他，莫奈為了躲避追債人而四處隱藏，直到他的作品受到藝術界認同解決了經濟上的困局。他的前半生可以用「居無定所」來形容。

此刻他的好友厄爾勒斯特‧荷切德（Ernest Hoschede 1837-1891）因為生活過度奢侈導致1877年的破產。莫奈不顧自身的困境，毅然伸出援手，安排厄爾勒斯特及其妻子艾麗斯（Alice Hoschede 1844-1911）和六個孩子搬到他家居住，一瞬間，莫奈的四口之家，突然成為12口的大家庭。

莫奈原來住在離巴黎60公里的維特伊爾（Vetheuil），為了謀求生活，厄爾勒斯特讓妻子帶著六個孩子，棲身在莫奈的家中，自己則一人在巴黎工作賺取收入。實際上他的妻子和莫奈之間早有暗通款曲的關係。從1878到1881年，莫奈在那個小鎮上完成了近150幅作品。1879年妻子卡梅伊病故並在當地安葬，結束了兩人的九年婚姻。

莫奈將1872年完成的一幅作品取名為「印象，日出」（Impression, Soleil Lavant）是引領他步向藝術生命的動力，也是「印象派」的原始起點。當時巴黎的畫壇被極為保守的「巴黎沙龍」（Salon de Paris）所掌控，莫奈等一批年輕畫家面對不得其門而入的窘境，形成了「保守」及「激進」之間的摩擦。

為了開拓自己的藝術前景，以莫奈及皮埃爾-奧古斯特‧雷諾阿（Pierre-Autuste Renoir 1841-1919）為首的三十多位畫家，自行組織了一次展覽會，於1874年從4月15日到5月15日，在巴黎Boulevard

Clapucines 35號舉行，由雷諾阿親自出面主持。這次的展覽會打破了「巴黎沙龍」堅持參加展覽的作品必須通過裁判團評審後方能展出的傳統。

　　莫奈提供了五幅作品參展，除了「印象，日出」之外，他還將在1870年送到「巴黎沙龍」參展時遭到拒絕的作品「午餐」（Ledejueuner）一同展出。這幅作品是他在1868年完成的，內容是他妻子卡梅伊和大兒子一同用餐的情境。

　　這次的畫展引起巴黎藝術界不小的震動，而且遭到媒體的砲轟，認為是對傳統藝術離經叛道的作為，並且引用了莫奈作品標題的前兩個字「印象」作為攻擊目標，認為整個畫展給人的印象是絲毫沒有任何藝術價值。

　　這些頑強的青年畫家，將計就計，用被攻擊的「印象」意識自譽為「印象派」，從而成為歐洲畫壇崛起的一股新潮流。莫奈也因為這幅「印象，日出」，理所當然地成為十九世紀「印象派」的創始人。

　　這次的畫展並沒有給莫奈貧窮環境帶來些微的改善，他甚至連房租都欠繳了半年而無力支付，而在1881年10月遭房東驅趕。在一位好友的支持下，他的兩個兒子和艾麗斯及其六個兒女暫時在友人的一棟小屋中棲身，莫奈則外出另行安排未來的住所。他在1881年12月遷到坡阿希（Poissy）小鎮生活。但是這個小鎮給予莫奈的是萬般無奈和滿心痛苦。

　　自卡梅伊去世後，厄爾勒斯特希望妻子帶著孩子回到巴黎生活，但艾麗斯寧願繼續住在莫奈家中。就這樣，厄爾勒斯特一直在巴黎獨居。每次他到坡阿希探

| 莫內在1872年創作的「印象，日出」

望妻子時，為了避嫌，莫奈就必得帶著矛盾痛苦的心情外出作畫。因為艾麗斯在他心中已經佔有很重的份量，目睹她和丈夫在一起，又不免產生妒情。就這樣在坡阿希十六個月（1881年12月到1883年4月）的生活中，他一共只勉強地繪就四幅作品，是他產生作品最少的一段人生。

厄爾勒斯特在1891年因為苦悶而暴飲暴食導致嚴重痛風不治去世。他去世後，其遺孀艾麗斯即正式下嫁莫奈。在這之前她和莫奈之間的曖昧關係早已傳遍，而且接近他們的人士都確信艾麗斯六個孩子中，第二個應該是她和莫奈的結晶。

在1883年的一次火車旅途中，莫奈凝視著窗外，突然從那靜怡風光中，萌生遷居到該地的奇想，於是他來到奇芬妮，然而他的經濟條件只允許先租賃小屋居住。

莫奈的時來運轉，還得歸功於巴黎著名畫商保羅·杜朗-魯艾爾（Paul Durand-Ruel 1831-1922）的伯樂精神。莫奈的作品問世後，巴黎藝術界的反應是一片謾罵。

杜朗-魯艾爾力排眾議，極力幫助印象派的藝術家們開拓市場。他在1886年帶著賭博的心態買下了印象派畫家莫奈及雷諾阿等一干畫家作品到美國舉辦了兩次展覽會，得到當地許多收藏家的青睞。他的滿載而歸，解了莫奈及雷諾阿藝術家的生計問題。

1890年莫奈終於在奇芬妮買下了一座簡單的兩層樓木屋，但他最為陶醉的是擁有一片可以讓自己潛心作畫的園景。他心中一直對東方有著潛在的情誼，他心目中的東方情調實際上就是日本。所以在那片還沒有完全開闢的園落中，經過他的慘澹經營，帶有濃郁東方色彩的幽靜花園逐漸浮現：

水面布滿睡蓮的池塘如同鑲嵌在花草間的一面鏡子，將周邊岸上的景象與水中的倒影相得益彰，岸邊的柳蔭好似純潔少女的秀髮，在微風中搖曳，似在向大自然敘述著她的情懷；一艘木船靜靜

　　地停在岸邊，配上木製的日本式小橋，更顯出莫奈心目中的東方情調。周遭的珍奇鮮豔花草，組成一道道芬芳的曲徑通幽，連接著通往居處玫瑰組成的拱門，體現出園中的幽靜典雅。

　　瞭解莫奈作品的參觀人士，一進入花園就能立即感受到，這位印象派藝術創始人將他悉心經營的花木完全呈現在他的每一幅作品中，使得他的藝術意境和現實花園景色渾然成為一體。他一生留下兩千多幅藝術作品和五百多幅素描，運用色彩變幻的技巧，從不同的角度在一幅幅作品中展現得維妙維肖。在他的諸多作品中不乏多幅的重複，莫奈會不厭其煩地用他的色彩運用技巧將同一個景緻佈局在不同的日光角度下，使每一件作品表現出不同的藝術效果。

　　尤其是以水塘裡的睡蓮、彩色繽紛的花卉為主題的作品，獲得全球愛好莫奈藝術人士的一致讚嘆。這得益於艾麗斯給他安排了寧靜安逸的時光，心無旁騖地在創作上發揮，為此她毅然挑起了給自己的六個孩子以及莫奈的兩個兒子接受良好教育的擔子。

　　這段近二十年的快樂婚姻時光，成為莫奈一生中的創作巔峰，當艾麗斯在1911年去世時，莫奈痛苦地給他好友庫斯塔沃‧格夫洛伊（Gustavo Geffroy 1855-1926）發了一封椎心泣血的短信，這封信現在陳列在奇芬妮的莫奈基金會展室中，內容寫道：

　　「我可憐的朋友：一切都完了。我最愛的伴侶今晨四點離開了塵世。我都要瘋了，也迷失了。你的朋友，卡勞德‧莫奈」

　　那時候他的長子和艾麗斯的女兒波蘭切（Blanche）已經成親，波蘭切從繼女成為媳婦，而且在家裡一直照顧著莫奈的起居生活直到去世。1923年莫奈因為眼睛出現白內障，曾施行兩次手術，直接影響到他對色彩的辨別。為此在他晚年的作品中增多了藍色的運用。

　　莫奈因肺癌於1926年離世，臨終前告訴家屬，身後的喪事從簡，參加葬禮的親友只有五十人左右。在喪禮中他的好友喬治‧克

| | | |
|---|---|---|
| 1 | 1 | 莫內的故居。 |
| 2 | 2 | 莫內故居花園中的睡蓮塘。 |

雷門蘇（Georges Clemenceau 1841-1929）用一塊五彩繽紛的色布取代了蓋棺的黑布，並宣稱在莫奈生命中是沒有黑色的。

　　由於莫奈生前沒有留下遺囑，奇芬妮的房產及花園就由他的次子米切爾‧莫奈（Michel Monet 1878-1966）繼承。但他從未在該建築中生活過。不久即將莫奈的故居及花園全部捐贈給法國著名的藝

術協會（Academie des Beaux-Arts），而他私人收藏的三百多幅父親遺作悉數捐贈給位在巴黎2, rue Louis Boilly, 16th Arrondissement 的瑪爾摩坦‧莫奈博物館（Musee Marmottan Monet），是當今全球莫奈作品收藏最多的博物館。

米切爾‧莫奈喜愛玩車，不幸在1966年以88高齡死於車禍。他去世後，父親的舊居及花園因無人管理而荒蕪。後經凡爾賽城堡博物館館長Gerald Van del Kemp和他妻子自1977年開始四處奔走，最終獲得凡爾賽基金會-奇芬妮有限公司（Versailles Foundation-Giverny Inc.）的贊助，將藝術家故居及花園整修恢復原貌，並於1980年正式對外開放供遊人參觀。

從莫奈故居朝村落盡頭步行約五分鐘，即可看到建於公元十二世紀的古老教堂（Iglise Sainte Redegonde），二次大戰時遭到嚴重破壞，現已修復。在教堂周邊的公墓裡，有一座莫奈家族的墓群。莫奈和他第二任妻子艾麗斯以及兒子米切爾都在這裡長眠。一塊小小的石碑，簡單地刻著他的名字和出生及去世的日子，這不禁令筆者聯想起羅馬的英國浪漫派詩人濟慈的墓園，維也納貝多芬、修伯特、莫札特等傳世音樂家的安息之地，歌德的長眠之所，不都是只需要用「簡樸」兩字即可包含對他們一生的詮釋！也反映出一位受到世人尊崇的藝術家，世間的物質在他們心目中只是一文不值的「無物」而已！

坐在花園的長椅上，面對著靜怡的花園，想像到莫奈在這裡產生無窮盡靈感時的欣慰和滿足，尤其是那一塘的睡蓮賦予他後半生創作中的藝術激情，令人對大自然的無聲感染力肅然起敬。

與他同時代的印象派藝術家雷諾阿在晚年時，備受嚴重關節炎的折磨，所有的手指都變了形，然而雷諾阿仍然堅持作畫，他甚至用布包紮每根手指，防止畫筆摩擦的痛楚。身邊的好友都不免發出疑問，為什麼已經名聲四揚，還要如此地執著？

雷諾阿簡單的回答，令他的朋友啞然無語。他說：「痛苦遲早會消失，美卻是永恆的。」

當這句一代藝術家的箴言在我腦際迴盪時，不由回想起上午在凡爾賽宮的匆忙「到此一遊」，所見所聞不過是人類歷史中經過血腥權力爭奪後留下「一剎那」的光輝！

展現在眼前莫奈培植的一草一木，最終轉化成他的豐富藝術遺產的泉源，正符合了雷諾阿的那

| 筆者在莫內花園長椅上沉思。

句名言：「美是永恆的」，但在筆者的眼中更是「不朽」的！他的每一幅作品，不僅從變幻莫測的色彩中，傳遞了宇宙間無窮美感的信息，更重要的是，他給世代傳遞了人性中「真善美」的不朽哲理！

（2020年10月19日完稿於溫哥華）

# 誘人的笛詠芥末

　　凡是光臨過美國快餐店麥當勞的顧客，應該都經驗過同一感覺。那就是在抵達這快餐店時，就會感到一陣怪異卻帶著幾分酸味刺激著味覺，不由自主地產生吞口水的反應，巴不得急速地進入店裡，滿足腸胃的需求。

　　這怪異的味道不論走到地球上那個麥當勞都是千篇一律，形同該快餐店的味覺商標。這裡面有酸裡帶甜的紅色番茄醬，酸溜溜而刺鼻的綠色黃瓜醬，以及黃澄澄的芥末醬。它們都是裝在一個個長條形的小塑料袋裡，食客只要順著斜角的虛線一扯，即出現一個小口，然後用手指輕輕地擠出醬料，撒在漢堡包的肉餅上。至於番茄醬還有另一作用，就是用來沾炸薯條吃。

　　多少年來美國佬就是將這三種醬料當成是精美絕倫的餐飲佐料，一些貪心的人在離開之前，說不定還會順手抓上一把帶回家。

　　可能是為了避免無謂的浪費，也是為了節省開支，麥當勞從90年開始，將這些小塑料包裝的調料，改為大瓶裝，放置在公共櫃檯上，食客就要將漢堡包放在瓶子的擠壓器下，用手往下擠壓，調料就順勢而下，遍佈在牛肉餅上。

　　這快餐店的芥末醬既不辣，也沒有沖鼻子的勁道。只不過虛有其名，反正美國人也分辨不出質地的優劣。就如同漢堡包裡使用的乳酪一樣。

　　美國人只知道漢堡包裡夾著的乳酪，一看便知是機器製造的人造乳酪，四四方方一塊塊地，取名為「切德乳酪」（Chadder Cheese），至於是否貨真價實，對美國的消費者來說，是個沒有必要關心的問題。

提起「切德乳酪」，還得追溯到英國西南角薩摩塞特郡（Somerset）的一個名「切德」（Cheddar）的小村莊，切德乳酪就是當地的特產。筆者曾經到訪過該地，人口只有五、六千左右，但風景極其優雅。它位於英國最大的卡德峽谷，峽谷中擁有不少歷史性的溶洞。

著名的切德溶洞人遺跡就是在1903年發現的，給這個小村莊的萬年歷史提供了有力的見證。由於地處峽谷，土壤肥沃，農業及畜牧業非常發達，造就了當地的乳酪業成為舉世矚目的食品。

筆者特地到該村莊唯一的乳酪工廠「切德峽谷乳酪公司」（Cheddar Gorge Cheese Company）去瞭解生產乳酪的過程。這是一家由夫妻二人完全按照傳統手工製作乳酪的公司，經過了無數次的艱辛實驗而獲得成功，終於在2003年開始經營。

為保證乳酪質地的統一，他們固定使用一家乳牛場供應生產乳酪的生奶，經過使用動物凝乳酶，將凝乳及乳清分開，用布包好凝結成的乳塊，放置在乳酪模子裡壓緊，榨乾水分，經過這一連串的程序後，他們將布包好的乳酪儲放在峽谷山洞裡，經過12-24個月的成熟期，即完成了乳酪的製作。

「切德乳酪」之所以受到全球的歡迎，主要是它的製作過程，全部是按照傳統方式手工製成，而放置在山洞裡成熟，也是他們得天獨厚的條件。乳酪的成熟期需要自然的細菌培養，適當的濕度及恆溫的要求。切德山洞提供了這些條件，它的高濕度及終年攝氏12.5度的恆溫，恰恰符合乳酪在成熟期的標準要求。

在英國本土有眾多的切德乳酪生產工廠，但是能名副其實使用「切德」一詞的就只有上述的乳酪公司一家。因為該小村莊生產的乳酪質量優良，當地政府允許將村名作為乳酪名稱使用。從而使得當地的乳酪名揚四海。

據歷史記載，切德小村莊從1174年即開始生產乳酪，始終保持

祖先遺傳下來的手工操作程序。英國在乳酪工業上地位突出，每年大約生產25萬多噸，年產值達11億英鎊。英國人每人平均年消耗量為4.5公斤。

　　由於切德的聲名遠播，於是用「切德」來生產乳酪也是此起彼伏，不僅英國本身有不同的「切德乳酪」，而且鄰近的愛爾蘭也有同名但質量並不遜於「切德」的乳酪。為保護自己產品的「名門出身」，迫於無奈「切德乳酪公司」不得不在所有的包裝上，添加了「正宗切德乳酪」的英文標籤。

　　這個婦孺皆知的招牌名稱，也飄洋過海到達加拿大和美國。於是美國快餐麥當勞別出心裁，將其漢堡包裹使用的「加工乳酪」（Process Cheese）美其名為「切德乳酪」。「加工乳酪」在美國的食品工業裏是司空見慣的食物，價格低廉，適合美國人消費的手段。市場上甚至還可以遇到「乳酪味的」（flavoured）乳酪。

　　市場上最常見的人造乳酪，是用一部分乳酪，添加乳化劑，未發酵的奶製原料，以及植物油、鹽、色素等。所以在不同法規下的稱呼都有異，歸納起來不外乎是「加工乳酪」（Prepared Cheese），「乳酪產品」（Cheese Product）、「塑料乳酪」（Plastic Cheese）、「乳酪食品」（Cheese Food）、「塗抹乳酪」（Cheese Spread）以及「乳酪片」（Cheese Singles），真可謂五花八門洋洋大觀。這些美國人創造的食品是否會對人體產生危害，就不是一般人能下斷語的了。

　　不過麥當勞不止一次理直氣壯地表示，他們使用這種方塊形一片片的乳酪，只是在製作漢堡包時圖方便而且節省時間，其實為節約成本才是最大的動力。

　　他們提供的芥末應該是屬於「加工芥末」的一種，是用包括玉米糖漿、醋、豆油、芥末籽、鹽、蛋黃、人造澱粉、黃原膠、胭脂紅提取物、焦糖色、鈣二鈉、苯甲酸鈉及香料提取物等混合製作。

要使用這樣的調料，肯定要經過有關衛生部門的首肯。

那麼法國笛詠（Dijon）的芥末又是如何製作的呢？為什麼笛詠的芥末會受到全球各地人的鍾情？笛詠是一座古老的小城，位在法國巴黎東南角300公里處，介於巴黎及里昂之間，是法國著名產酒聖地勃艮第（Burgundy）大區的一個小城市，人口約為十六萬左右。

筆者夫婦在抵達該城市時，預訂的酒店原來是一所古老修道院經過翻新改造，酒店的內容全部現代化，所以修道院的外貌，地下室餐廳，拱式房頂以及幾根粗糙的石柱依然清晰可見其歷史的痕迹。

從酒店到笛詠老區只要步行五分鐘即可抵達，擁有七百年歷史古蹟的聖地，傳統的居民住宅樓，十三世紀建築的教堂「聖母院」、「公爵王宮」，遊客在這些建築中，追尋歷史的根源以及當地的生活演變。

「聖母院」的外牆柱子上刻有一隻貓頭鷹，是笛詠的「標記」，雖位在路人過往的必經之地，因為細小的體積，稍一疏忽即很容易錯過。該貓頭鷹被當地旅遊機構用來作為參觀路線的指標，鑲嵌在人行道路面，作為遊客探詢旅遊景點的標誌。

不知從何時開始，這隻貓頭鷹居然成為給人帶來好運的象徵。據說過路人用左手觸摸它，而且許下心願，就會帶來好運。姑不論這傳說是否真實，筆者看到但凡經過的遊客，幾乎都會爭先恐後用左手觸摸，而且還興高采烈地留影。

筆者夫婦也入鄉隨俗地觸摸了一下，至於是否能帶來好運，那只有留待下回分解了。有趣的是這隻貓頭鷹，也不知哪裡觸犯了人類的罪行，居然無辜被人嚴重破壞受損。雖然經過市政府出面整修，受了創傷的疤痕依然清晰可見。後來當地政府加設了電子控制，來保護其「安全」。

這隻貓頭鷹為什麼會出現在古老教堂的外牆石柱上，迄今無人能給出確鑿的答案。只是資料中顯示，這座十二世紀建造的教堂外，因為在十六世紀加建，於是這隻貓頭鷹也就神祕地出現在石柱上。經過歲月的洗禮，它早已成為相傳有四百年給人帶來好運的神祕魔力。

在笛詠旅遊時，歷史古蹟固然非常吸引人，但旅客最關注

│筆者妻子在笛詠幽靜的老區留影。

的，就是當地出產的芥末。大至超市，小到街邊攤販，只見五花八門的芥末玲瑯滿目，成為旅客買回去餽贈親朋好友的最佳禮物。

芥末最早是在印度的「印度斯峽谷」（Indus Valley）考古中被發現，自公元前1850年即已有芥末的記載。羅馬人是第一個真正使用芥末的民族，法國人則是吸取了羅馬人的經驗而將芥末作為調料。

笛詠從十三，四世紀就有了使用芥末的紀錄，這應歸功於當地勃艮第公爵王國國王菲利浦六世在一次宴會中使用了芥末作為調料，再經過長期經營芥末的歷史傳統，笛詠也從此成為世界芥末之都。

　　笛詠真正發展芥末行業應該是從十九世紀開始的。首先是當地芥末製作商讓‧奈吉奧（Jean Naigeon 1757-1832）改變了製作芥末的原料，將傳統的配料醋改換成笛詠地區未成熟的酸葡萄汁，使得芥末中的酸味減弱而更為純正。

　　到1855年，當地的芥末商毛利斯‧格雷（Maurice Grey 1816-1897）因發明了自動磨芥末籽機器而獲獎，1860年還得到開發自動化機器的皇家任命。為了獲得財政支持，他和奧格斯特‧珀澎（Auguste Poupon）合作組成「格雷－珀澎」（Grey-Poiupon）公司開始對外營業。

　　1970年另外一位芥末商安德烈‧利卡德（Andre Ricard）加入了格雷－珀澎公司並改組成為聯合企業，改名為S. E. G. M. A. Maille。不久利卡德將原來的名稱在法國註銷，業務也從此轉往美國。

　　凡是懂得西方烹調的食客，都認同芥末在烹調中的特殊質地。它和其他調料不同，由於芥末籽裏抗菌性能及酸度極強，不易腐壞，且不發霉，不生黴菌或有害細菌。因此一般調好的芥末不必放置在冰箱中保存仍然可長期食用。

　　萬一儲存時間過長，芥末有可能出現乾涸狀態，或失去一些鮮味而帶有苦味，由於經過氧化所以色澤會呈褐色。可再加些水及醋予以調配，仍然可以繼續食用。由於芥末源自南亞地區，孟加拉有一種名為Kasundi的辛辣調料，即為芥末的同類，據瞭解可以儲存二十年以上。

　　經過一百多年的發展，芥末已經成為笛詠的一個代表名詞。只要有人提起笛詠，立即會和芥末聯繫在一起，可見該產品在當地的地位。然而瞭解實情的食客，都清晰得知，笛詠的芥末早已不是名副其實的當地土特產。

　　全球芥末籽的產量以加拿大為最大，笛詠使用的芥末籽百分之九十均來自加拿大。因為「笛詠芥末」從未註冊專利，所以全球

各地生產的芥末皆可自由使用這名稱。如仔細觀察，歐洲各地如英國、荷蘭、比利時、德國、克羅地亞和美國所出產的芥末，幾乎都可見到「笛詠芥末」。

今天笛詠較有規模也是當地唯一的芥末巨頭是「艾德蒙・法洛特」（Laoutarderie Edmond Fallot）公司。這家公司自1840年以來，是勃艮第區碩果僅存的唯一家庭式獨立廠商，經數度易手至今仍活躍在商界。

早在1840年一位名叫萊奧・波雷（Leon Bouley）的商人開設了芥末工廠並生產芥末油。他的成就獲得了1903年巴黎的獎勵。

到1923年傑可布接手後，開始用未成熟的葡萄酸汁代替了醋來製作芥末。1925年保羅・夏托（Paul Chateau）擴充了業務，並增加生產酸黃瓜及調味料等產品。

1928年艾德蒙・法洛特崛起，接手夏托的工廠，用他自己的姓名作為公司名稱。在長期的慘澹經營中，經歷了二次世界大戰的艱辛，終於安度危機。1945年其女婿洛傑爾・蒂薩梅尼（Roger Desarmenien）加入陣營，1962年其岳父去世，他即正式掌控經營。

其孫輩馬克・蒂薩梅尼（Marc Desarmenien）自幼年起即對製作芥末受到耳濡目染，所以成年後於

| 筆者在芥末工廠裡參觀。

圖中兩層樓的白色建築，是有五百年歷史的**Maille**餐館，左側的歷史古建築，現在是
該城市獨一無二的芥末工廠門市部，二樓是博物館。

1994年接手經營，迄今為止，他仍一直沿用「艾德蒙・法洛特」名
稱的芥末公司，經營得有聲有色。成為笛詠獨一無二的芥末公司，
而且根據來自世界各地不同的旅客嗜好，開發出多種不同口味的芥
末，並在商店二樓設立了芥末發展博物館，凡是到門市部購買商品
的旅客，都有機會上樓參觀了解芥末在歷史中的來龍去脈，不失為
推展笛詠旅遊事業的一大亮點。

　　筆者夫婦到達該商鋪時，不由回憶起在葡萄牙里斯本出售沙丁
魚罐頭的公司，還有義大利摩狄納出售傳統黑醋商店，以及西班牙
的傳統黑豬肉火腿店，充分體現出歐洲各地的家族式產品，經歷了
一代代的辛勤耕耘，發展成聞名全球的飲食產品，最為人折服的是

雖然經歷了世代的變遷，其產品質量的一貫性始終不變，而且十足地展現出精益求精的事業精神。

由於芥末本身具有強烈的防腐功能，沒有保質期的限制，所以全球各地出售的瓶裝芥末上都註有保鮮日期，不免令消費者產生疑竇。除非商品中使用的原材料含有本不應加入的成份，否則「保鮮日期」就未免有畫蛇添足之嫌。

或許笛詠「艾德蒙‧法洛特芥末公司」之所以在出售的瓶裝上註明「保鮮日期」，目的僅僅是為了符合政府的食品管理部門的要求，但是在推展不同風味的芥末中加入傳統芥末製作時不必要的材料，是否會改變其質地的優劣，對消費者而言，始終是一個永遠得不到答案的商業運作疑問。在政府部門權威和消費者洞察力之間，始終有一定的差距，結論是消費者的權益永遠都不可能凌駕於政府法規之上。

所以當消費者來到芥末王國時，如僅僅視芥末為旅遊紀念品，就另當別論。否則為了保護自身健康及提供味覺的享受，產品真偽或是優劣的辨別智慧，仍然是一個必備的先決條件！

（2020年11月8日完稿於溫哥華）

# 冰上無夢的一宿

　　假如你興高采烈地告訴周邊的親朋好友，你在冰上睡了一覺，對方肯定會睜大了眼注視著你，懷疑你是否神經錯亂！

　　事實上，筆者的確曾有過冰上睡了一宿的經驗，不僅沒有被凍僵，反而是終身難忘的人生經歷。如今每憶及此，都會有無限的樂趣。

　　那應該是二十年前的一段往事了，筆者被加拿大聯邦政府旅遊部門聘請到北京，擔任駐華首席代表，負責和中國旅遊局商討如何

加拿大魁北克蒙特莫任希瀑布大公園的秋季景色。

| 魁北克冰酒店的外貌。

能讓加拿大獲得「旅遊目的地」的權利。那時候凡是外國政府，如要接受中國遊客蒞臨觀光，就必須要獲得中國政府批准的「旅遊目的地」資格。

　　於是在抵達北京後，就快馬加鞭地進行各項工作。其中一個較為重要的是，如果要讓中國公民對加拿大的旅遊景點有快捷的瞭解，就必須提供能吸引中國公民的旅遊資料。

　　加拿大地處寒帶，夏季的旅遊季節極為短促，而冬天的溜冰滑雪，狗牽雪橇，都極其有益於身心健康，並且在許多從未見過雪花國家的公民，都是嚮往的旅遊節目。

　　加拿大東部的法語區魁北克大自然優美，冬季的活動節目繁多。尤其是省府魁北克市，在北美洲是一座擁有四百年歷史的最古老城市。

　　通過魁北克省旅遊機構的安排協助，筆者特地對他們的旅遊設施作做了一次實地考察，其中在冬天建造的「冰酒店」（Ice Hotel）應該是最為吸引中國公民的景點。

這座名叫Hotel de Glace冰酒店，是2000年建造的，筆者在旅遊機構安排下，準備在該酒店住一宿，體驗一下在天寒地凍的雪庫裏過夜的經歷。因為是該酒店開業後的第二次經營，很多的設施還有待完善，但能有機會親身體驗這稀有的冰上建築，也是一種人生的享受。

「冰酒店」建築在離魁北克城市13公里外的蒙特莫任希瀑布大公園（Montmorency Falls Park），風景極其優美。抵達冰酒店時已經是黑夜。在旅遊局工作人員的陪同下，順利地辦妥入住手續。面對眼前一切都是由冰雪建造成的點點滴滴，如同置身幻境，難以抑制內心的興奮和激動。

旅遊局為筆者安排了一間單人房。在入住冰酒店之前，旅遊局已告知將大件行李存放在附近的普通酒店裏，所以在進入客房時就輕鬆許多。

通過一條狹窄的過道，注意到每間客房都是用國際連鎖大酒店的名稱命名。如「希爾頓」、「喜來登」等。筆者的住房就是用「喜來登」的名字，不禁令人發噱！

進入客房後，看不到「喜來登」的奢華，僅僅是一張簡單的床鋪，一張小桌子和一把椅子，僅此而已。在仔細端詳後看到床鋪，桌椅都是用冰製成的。心裏不禁打了個寒顫，思忖著這一晚是否能睡得安穩就成了七上八下的憂慮了。

走近床邊仔細端詳，冰床上面舖設了木床板，木床板上加了一個常用的床褥。還鋪上床單，再上面就是一張馴鹿皮，鹿皮上放置著喜愛露營人士使用的睡袋。旅遊局的工作人員告訴筆者，這個睡袋可以讓旅客在攝氏零下27度安穩地睡眠。

因為冰酒店尚在草創階段，還沒有考慮到加開餐廳設備，所以筆者早在來到之前，就已經先解決了腸胃問題。但酒店裏設有一間酒吧。帶著好奇的心情進入，隨即被那些冰製的器皿所吸引，尤其

是每個客人手執的酒杯，都是用冰造成的。如不細細觀察，還真以為是玻璃器皿。

　　在熱鬧的氣氛下，要了雞尾酒，唯一佐酒的小吃就是加拿大地道的熏三文魚。在那環境裏即使彼此不認識，也會很自然地相互端著冰酒杯，興致濃濃地交談。筆者參與其中，心情完全放鬆。正在談得興高采烈時，突然發現那冰酒杯沾在嘴唇上，牢固得無法解開。一時不知如何是好。

　　站在櫃檯裡面的侍應生見狀，立即過來，只是很巧妙地用了幾秒鐘，就將酒杯和我的嘴唇脫離，也算是一場幽默的「虛驚」。

　　趁著大夥在喝酒聊天之際，筆者決定到「冰酒店」周圍「巡查」一番。通過走道，映入眼簾的是一座小巧而精美的「教堂」，全部是用冰雕琢而成，如同仙境中的擺設。接著感到身上突然有一股暖流襲來，仔細一瞧，原來是來到整座「冰酒店」中的「衛生間」。剛一進入就感覺到溫暖如春，冷得僵硬的身子也頓時覺得所有的經脈都順暢無阻了。原來冰酒店裏，衛生間是唯一供暖的場所。

　　整座「冰酒店」裏除了酒吧之外，沒有其他可供活動的節目，於是在巡視完畢後，即進入客房。房間裡的溫度是攝氏零下五度，雖然和外面的零下23度有一定的溫差，而且感覺上也是可以忍受的。唯一的擔憂是要在這冰天雪地的零下氣溫中入夢恐非易事。

　　鑽入睡袋後，躺在冰製的床鋪上，雖然有木板和床墊間隔，心理上仍然會感到與直接睡在冰上無異。眼皮有意下垂，零下的酷寒卻將瞌睡蟲趕盡殺絕，只能在睡袋中翻來覆去。藉此調節身體的溫度。唯一能給自己增加些暖意的手段，就是每隔半小時到衛生間，用熱水將面龐及雙手搓得發紅，再回到房裡鑽進睡袋裏。如此周而復始，一直折騰到戶外略有些微曙光時，才進入夢鄉。

　　在迷迷濛濛中，旅遊局的工作人員將筆者從無夢的睡眠中驚

醒。在門外見到後,他帶著微笑問昨晚的經歷如何。當然禮貌上給了他一個歡欣的答覆。

時光流逝,2020年恰是加拿大「冰酒店」開設二十週年,十九年前人生難得的經仍然是歷歷在目。尤其是在冬季來臨時,回憶起那晚從睡袋到衛生間的來回折騰,不禁會自我陶醉地一陣莞然。

「冰酒店」的建造是每年十一月開始,工期大約六週,十二月聖誕節前開始營業,到次年三月結束。四月份天氣轉暖後,整棟酒店便自行融化消失。所以,從思考設計到運作,冰酒店的建築和經營完全依靠冰雕藝術人才。

在筆者入住魁北克冰酒店時,滿以為是加拿大所創始的冰雪傑作,回到北京後還向國人同胞大為吹噓。曾幾何時,經過瞭解,原來冰酒店的開創起源於瑞典。加拿大只是個「模仿者」。

瑞典之所以會產生建造冰酒店的靈感,應追溯到1989年,一位日本冰雕藝術家前往瑞典,在離基魯納(Kiruna)約13公里的久卡斯查爾威(Jukkasjarvi)小鎮舉行其個人冰雕藝術作品個展。次年春天法國藝術家夏諾特‧德力(Jannot Derid)來到同一小鎮,在圓筒狀的雪屋(Igloo)中舉行個人展。

在展覽期間的一個晚上,因當地酒店客滿,有些參觀者無處過夜,於是要求是否能在雪屋中用睡袋暫住一宿,歪打正著地成為地球上有史以來第一批在「冰酒店」過夜的旅客。

因為這個經歷,當地旅遊機構得到發展「冰酒店」的啟發。他們在該小鎮開始醞釀如何建造冰酒店的計畫。來源就在當地托恩河(Torne River)的河床中提取自然形成的冰磚,作為建造冰酒店的材料。

建築師和冰雕藝術家們,商討只能在冬天運作的冰酒店,必須將所有建築材料適當地提前儲存,否則到了十一月根本來不及收集足夠的冰雪來進行。於是他們在冰雪融化季節前,從托恩河裏採取

約900公噸左右的冰塊及27000公噸的積雪，儲存在一個龐大的庫房中。

到了十一月，他們即開始用冰塊設計雕塑出酒吧，冰酒杯，家具，裝飾品等冰酒店中使用的實物，而積雪就用來作為基建的原始材料。如有剩餘的積雪，就繼續存儲作為次年之用。

全球第一座較有規模的冰酒店，就這樣在瑞典誕生了。首家酒店共擁有客房55間。迄今為止已有三十年的經營歷史，冰酒店的規模已擴大到110間客房，是初建造時的兩倍面積，客房價為每位客人每晚瑞典幣1500克朗（Krona），約折合175美元。

| 瑞典冰酒店的冰教堂佈局。

2007年，瑞典又在拉普蘭德（Lapland）的「萊尼奧雪村」（Lainio Snow Village）建造了另一座冰酒店。這是距離北極圈最北邊約150公里的冬季旅遊景點。最具吸引力的是，瑞典在這裡推銷的是，旅客在冰酒店中，如果運氣好，可以直接觀察到北極光的出現。

芬蘭在這個行業裡，有後來居上之勢，在北部小鎮凱米（Kemi）建造一座全球最大的冰酒店。全名是「凱米雪堡」（Snow Castle of Kemi）。而且其房價比瑞典的要低廉些。

凱米位在芬蘭的極北部，離開首都赫爾辛基有720公里的距離，有航空及直達火車前往，非常便捷，「凱米雪堡」是從1996年開始經營的，它以別開生面的古堡形式出現在旅客眼前。其古堡塔最高可達20公尺，而最長的冰圍牆達一千米長。

　　全球的冰酒店在預訂時有一共同規定，每位旅客只能留宿一晚。實際上在冰天雪地零下五度的極端低溫中，一夜的逗留足足有餘。而幾乎所有的旅客，在留宿了「冰酒店」後，都會異口同聲地說，這是終身難忘的人生寶貴經驗。

　　凱米古堡冰酒店除了具備一般冰酒店的設備之外，其特色是專為孩子建造了遊戲場所，還有劇場及美術展覽館等成年旅客的文化娛樂。最受旅客歡迎的是，定期邀請世界著名歌劇演唱家表演。在全球諸多的冰酒店中，充分展示出高度的文化意境。

　　如今在全球共有十座冰酒店，遍佈在瑞典、瑞士、挪威、芬蘭、羅馬尼亞、加拿大及日本等地。也許瑞士建造在阿爾比士山間的冰酒店可被認為是最浪漫的酒店，因為那是唯一沒有電力供應的酒店，所有的照明就是依靠穩弱的燭光了。

　　筆者經驗過的加拿大魁北克冰酒店，如今已擴充到一百間客房，而且設備改進不少。魁北克旅遊機構支持在蒙特利爾城市附近也開設了一間規模較小的冰酒店雪村，雖然只有三十間客房，卻有套房、單間及雪屋等區分供旅客選擇，別有情趣。

　　但凡在冰酒店曾經留宿過的旅客，幾乎都會一致地表示，這的確是人生中難能可貴的一次寶貴經驗。筆者雖然在二十年前有過一番領略，但似乎仍覺意猶未盡蠢蠢欲動。原本計畫好今年前往芬蘭，躺在冰床上，透過冰製的房頂，仰望天空，等待北極光的露臉，那該是人生中另一個難能可貴的經歷。

　　遺憾的是心冠病毒仍然在全球肆虐。雖然冰酒店照常營業，受制於航空交通的諸多限制，這個願望只能耐心等待，但願他日再次徜徉在大自然懷抱中，盡享冰雪賜予的寧靜！

（2020年11月11日完稿於溫哥華）

# 冰島真的是常年冰天雪地嗎？

　　每次只要和友人談起冰島，立即會將這個北極圈的島嶼和冰聯繫在一起，相信那是終年被冰籠罩的大地。加上火山遍佈，印象中應該是個天寒地凍荒無人烟的島嶼。

　　說真的，只要新聞上有冰島的信息時，肯定是負面的多過正面。十多年前當地發生火山噴發，火山灰直衝雲霄高達千米，造成世界各國的航空飛行要繞道，自然災害嚴重損害到歐洲地區。

　　但筆者心裏始終有一個懸念，既然這個島嶼常年冰天雪地，而且活火山遍佈全島，那麼又怎麼會在上世紀中宣布獨立，成為地球最北端的共和國？島上的生計又如何維持？

　　抱著好奇又帶著幾分懸念的心情，筆者和妻子在2018年踏上了這個島嶼，想一窺其神祕面紗後面的真相。我們是在八月二日抵達的，在德國漢堡出發時還是炎夏，到了冰島即感受到絲絲涼意；但是陽光普照氣溫極其舒適。

　　整個島嶼僅十多萬平方公里，雖然面積不大，要在四天裏一窺其真貌，還得費一番周章，所以我們選擇了幾個具有代表性的景點。

　　首先我們來到阿庫雷利（Akureyri），位在冰島最北邊的港口，綽號稱為「北冰島的首都」（The Capital of North Iceland），也是島上的第二大城市，人口只有一萬七千多一些，以出產海鮮為主。

　　它地處地球極北端，城市裏擁有一座美麗植物園，也因此被稱為地球最北端的花園。別小看了這個只有一萬多人口的城市，它擁有的漫長歷史卻令人吃驚。公元九世紀即開始有人在此定居，那時

候還沒有市政憲章的制度，一直到公元1786才建立了政府組織。

這座北邊的港口城市，位在港灣之內，當地的氣候溫和，是為著名的不凍港。它在歷史上多次扮演過重要角色，二次世界大戰時，曾被盟軍作為基地。冰島在戰略位置上，凸顯出其特殊的重要意義。

中世紀有關斯堪地那維亞長篇傳奇故事中曾記載著，第一個抵達冰島的定居者是九世紀來自挪威的納多德（Naddodd），也有將其名字稱為納達多（Naddado）。因為在登岸時看到天降大雪，所以就將這個島嶼稱作「雪地」（Snowland）。

後來第二位移居到此的瑞典人嘎諾爾‧斯瓦瓦爾遜（Garoar Svavarsson），乾脆就用他自己的名字為島嶼命名，稱為「嘎諾爾之島」（Garoar Isle）。

接著維京人（Viking）佛洛基‧維爾吉洛爾遜（Floki Vilgeroarson）在旅途中，其女兒不幸在海中溺水而亡，家畜也都餓死。他獨自一人抵達後，爬上高山望見冰川及諸多冰山，於是取名為「冰島」一直沿用到今天。

姑不論歷史傳說的真實性究竟有多少，大凡到冰島旅遊的客人對這樣的歷史傳說，都會聽得入神。也增加幾分參訪的趣味性。

在冰島上，看不到歐洲大陸的皇宮遍佈，教堂滿地，也很難見到旅遊點摩肩接踵喧囂奢華的景色。幾乎映入眼簾的都是大自然的賦予和目不暇接的迤邐風光。

在離城市約51公里處，有一座頗負盛名的「上帝的瀑布」（Dodafoss），與當

| 筆者夫婦在「上帝的瀑布」前留影。

地的宗教發展有著密不可分的緊密關聯。

相傳公元1000年時，當地的議會發言人Thorgeir Ljosvtningagodi 在議會中，面對雙方就冰島的官方宗教定位，從公元999年到1000 年一直爭論不休，有的議員堅持尊奉北歐的Norse異教，有的則認 為應皈依基督。

發言人從議會回家途中，經過「上帝之瀑布」，將異教神像 扔進了瀑布。為了尊崇他的決定，議會將該瀑布定名為「上帝的瀑 布」，而基督教也從此成為冰島的國教。

這個故事在冰島成為家喻戶曉的歷史傳統，視這座瀑布為神明 之聖地。我們雇了一輛計程車。司機名叫「四月」（April），很有 禮貌，開車帶我們直奔瀑布。在車上，我們對他的名字作了一些調 侃。認為他父母在冰雪中生活，期待的是溫煦的陽光，所以給他取 了個溫暖如春的名字「四月」，為此他也爽快地哈哈大笑。

令人驚嘆的是冰島以一個彈丸之地，卻擁有上百座火山，其中 約有二十座為活火山，經常給當地人帶來意想不到的自然變化。車 輛在公路上行駛，只見兩旁不一樣的風景，山丘上雖然披著綠色， 卻沒有濃密的樹叢，而是一片廣袤的藻類植物，呈現出青翠欲滴充 滿生機的綠色。不遠處遍佈褐色或灰色的火山留下的痕跡，完全是 一片北極風光。

抵達目的地時，北極的清新空氣直透心底，步行在沙礫小路 上，享受著如同世外仙境的感受。「上帝的瀑布」呈現在眼前，瀑 布的水簾在溫馨的陽光下折射出淡淡的彩虹。

這座馬蹄形的瀑布高12公尺，寬30公尺，小巧而秀氣但充滿 了大自然的靈性。筆者頓時想起加拿大東部的巨型尼加拉瀑布 （Niagara Falls），它介於美國和加拿大之間，但是要觀賞馬蹄形的 瀑布就必須到加拿大一邊。我們也曾經到訪過位在巴西和阿根廷之 間的伊瓜蘇大瀑布（Iguasu Falls），它是世界之最，高82公尺，寬

195公尺。南北美洲的兩大瀑布氣勢非凡。

然而它們周遭的環境都因為過度的開發，幾乎成為商家斂財的目的地。此刻身在冰島的「上帝的瀑布」前，深感冰島的人民是幸運的，因為他們仍然保有大自然樸實無華的風貌，圍繞在這座瀑布的就是火山留下的熔岩層。

它介於Hofsjokull和Vatnajokull兩座冰川之間，也是冰島最大的活火山Hofsjokull所在地。瀑布的水就直接注入到Skajalfendaflot河中。

結束「上帝的瀑布」之行後，我們繼續前往冰島西北角的伊薩佛約杜爾（Isafjordur）漁港，人口僅有四千左右。每到冬季，雪崩頻繁，所以當地人只能從五月到十月才能安度正常生活。我們的目標是東邊十五公里的一個小村落蘇阿維克（Suoavik）。

這個小漁港，出產豐富。在一座博物館前，當地住民將捕撈到的魚類吊在欄杆上，自然曬乾後保存起來作為冬季的食物。

這裡可以一睹當地唯一哺乳動物「北極狐」的真實面貌，北極狐又稱為白狐，是因為它全身的毛髮為白色。我們參觀了一間絕無僅有的「北極狐中心」（Arctic Fox Centre）。在冰島幾乎一事一物都能用「袖珍型」來描述，這座珍貴的中心也不例外。如果不參觀，從入口到出口，僅需一分鐘即可完成。

白狐是冰島唯一可稱為是土生土長的哺乳動物。它們的祖先於一萬年前，在人類抵達島上生存前即已捷足先登來到冰島定居了。有科學家認為冰島白狐源自於西藏高原的崑崙山脈。這源自於考古學者發現，千萬年前存留在兩地岩石上極其相似的動物齒痕。

不過較可採信的理論是，冰島白狐的祖先在萬年前，從斯堪的納維亞半島及格林蘭島，經過冰凍的洋面跋涉抵達冰島，它們喜歡極寒的氣候地理環境，後來因為大洋的融化，阻斷了白狐回到原來故居的去路，只能在冰島傳宗接代至今。

白狐的自衛能力很強，平時他們的毛髮呈灰黑色，一旦遇到

| 冰島上的袖珍型北極狐中心。

危險，立即會轉換成白色，全身捲縮成一團依賴雪花的白色保護自己。它們以肉食為主，當地的海鳥及其所產的卵蛋就成為白狐的盛宴。

　　經過多年的自然繁殖，至今冰島上約有一萬隻白狐，而且還有繁殖的空間。我們在該中心參觀了白狐的繁衍過程，以及島上獵人狩獵時使用的槍枝及配備。中心後面的小院子裏設置了圍欄，裡面圈養著幾隻白狐，有的在圍欄裏散步，有的懶散地躺在地上享受陽光的溫煦。當看到我們參觀時，幾乎都是用帶著猜疑的眼神注視著我們，也就那麼一剎那，又開始它們的活動。

　　冰島首都雷克雅維克（Reykjavik），又被稱為是「煙霧海灣」（The Bay of Smoke）。相傳維京人初登陸該島時，見到從地熱吹來的霧氣，以為是自然煙霧而將該地取名為「煙霧海灣」。

雷克雅維克位在冰島的西南角，人口12萬，加上周邊大地區，總共應為21萬。冰島全國人口只有34萬，所以近百分之六十四左右的人口都生活在首都，雖是袖珍小國，卻因為天時地利，冰島排在全球人均收入最高的國家行列中。而且因為受到火山及地質影響，雖然不時會遭到自然災害，卻也因此因禍得福。

因火山的影響直接產生出豐富的地熱和溫泉，為雷克雅維克和其他城市及地區供暖和發電，提供了生活上的便利。我們行走在市區時，曾經好奇地和當地人交談，問他們在冬天時如何出行。

他們的答覆令我們讚嘆而羨慕。市區的行人道上，冬天沒有結冰的現象，因為有豐富的地熱，所以在行人道下面都鋪設有暖氣管，行人道在隆冬時仍暢通無阻，這是冰島人的福分。

誠如前面所述，冰島雖有千年人類居住的歷史，但是要尋找歷史古蹟，那肯定失望。我們就近參觀了一座在1948年建造的路德教堂Hallgrimskirkja，才領略到冰島的宗教氣氛。這座教堂是為紀念冰島詩人及神職人員而用他名字命名的教堂。用了近40年時間方才完工。

參觀者可以乘坐電梯到最高點，是專為瞭望首都而設計的露台。這座瞭望台因為在2008年受到金融危機影響而停工，至今尚未竣工。為此我們在參觀時每人需付八個歐元方能搭乘電梯上去，門票收入是專為繼續修建瞭望台所需經費而徵收的。

然而我們上到頂端時備感失望。那小小的瞭望台，還不如大城市裏高層住宅建築的房頂，是袖珍國的典型標準。我們也只參觀了五分鐘左右就回到地面，打破了我們歷年世界各地旅遊中支付參觀入場券最昂貴的紀錄。

教堂正前方有一座雕塑，是美國國會為紀念冰島建立議會一千年，在1930年贈送給冰島的特殊禮物。雕塑上的人物黎夫・艾利克遜（Leif Ericsson 970-1020），是冰島歷史上極具影響的探險家。他

在十世紀從挪威遠涉重洋抵達冰島定居。

他被公認為是第一位登陸北美洲大陸的歐洲人，比哥倫布早了五百年。歷史記載著他也曾經抵達加拿大的東部紐芬蘭。至今當地還保存有歷史遺跡，而且得到聯合國文化遺產保護。美國的波斯頓、西雅圖等城市都豎立有他的雕像，足證歐洲人登陸北美洲的歷史過程中，這位挪威探險家居功厥偉。

在首府雷克雅維克附近，有兩處地標代表著整個島嶼的地質變化，以及因為火山的存在給冰島帶來的福利：一是位在克勒蘇維克（Krysuvik）火山區經歷了無數次的火山爆發所造成的熔岩荒原。另一個是地熱發電廠置換的水資源開發出來的沐浴場「藍色瀉湖」（Blue Lagoon）。

從首都到熔岩荒原約有半小時車程，一路上所見所聞都是火山形成的自然景象，為防止冬天行車路滑，沒有柏油公路，全是壓得緊實的沙礫公路。在抵達西南部最頂端的雷克珍半島（Reykjanes Peninsula）克萊瓦湖（Kleifarvatn Lake）時，我們被眼前的景象所震懾。

這是一個有97米深的堰塞湖，長4.7公里，寬2.5公里，湖面積為8平方公里，是整個半島上最大的湖泊。它沒有很多國家的湖光山色，卻是圍繞在充滿硫磺味的熔岩荒原中一灘死水。

許多旅遊者對這個幽靜卻充滿神祕感的湖泊感到驚奇，怎麼一灘死水仍顯得如此清澈？原來它的大量水資源的活動均隱藏在地下水中，所以它的水利調節就依賴地下水的活動而變化。公元2000年發生的大地震，給這座湖泊造成大面積縮小，失去了百分之二十的水面積，而且湖水下沉很多。不過這幾年經過其地下水的自然調節，湖面又回升到原來的高度。

我們佇立在湖邊，周圍是一片令人產生敬畏的寂靜，沒有樹林，也沒有花叢，更聽不到鳥語。它就是那樣靜悄悄地躺在黃灰熔

岩區裡，只有從硫質噴氣孔中散發出來的「勃勃」聲，是整個湖區唯一打破寧靜感到地球尚在運轉的信息。

從湖區前行不遠，就到達熔岩場的精華區賽爾屯（Seltun），剛一下車，濃濁的硫磺味即撲鼻而來。這裡是活火山連綿地區，屬於雷克珍半島四大火山系之一，地熱及溫泉活動非常頻繁。到處是形狀不一的硫質噴氣孔和深淺迥異的「泥池」（Mud Pool）。平均溫度在攝氏200度上下。由於地熱的高溫，將地下的礦物質溶解後沈澱於周圍，形成彩色斑斕的荒原奇景。

我們曾去過義大利西西里島上的埃特納火山區，也在夏威夷檀香山參觀過「鑽石頭」火山，都已經是商業化的旅遊景點，找不到在冰島熔岩場中真實感所賦予的心智享受。

我們目不轉睛地注視著「泥池」中持續不斷的泡沫此起彼伏。這都是因為地表下的蒸汽和氣體通過其酸性，不斷腐蝕地表的岩石轉化成泥狀，再經過水池中的高熱度，和蒸汽的混合而形成泡沫。它所產生的硫黃曾經在戰爭時代作為製造子彈的原材料。

從克萊瓦湖和塞爾屯前往「藍色潟湖」（Blue Lagoon）卻又是另一番景象。如果說熔岩荒原是大力士的化身，那麼「藍色潟湖」就是含情脈脈的深閨淑女。

我們在抵達之前，曾經從圖片上看到其如同幻景中的湖光山色。但是在湖邊下車後，眼前的景象只能令人驚呼奇妙。是我們在冰島四天的行程中，唯一看到人在火山地層的湖中融為一體。

因為大量的二氧化硅存在湖底，使得整個潟湖呈現乳白色。這是一座人工開鑿的潟湖，它的水源來自於背後的發電廠。當地政府選擇這裏建造潟湖，是因為地下儲存大量溫度高達攝氏200度的地熱水，作為供暖和發電的原料，其釋出的礦物質就沈澱在湖底。發電廠每兩天要更換使用過供暖及發電的地熱水，將其排到潟湖中，發電廠再挖掘不同的地熱水來源，繼續作為啟動渦輪的動力。如此

筆者在賽爾屯地熱形成的泥池
及噴氣孔景觀前留影。

周而復始，「藍色潟湖」也就成為當地一個吸引世界各地旅客的
景觀。

　　潟湖旁邊的發電廠名為「斯佛爾特森吉地熱發電廠」（Svertsengi
Power Plant），是整個半島上供暖及發電的重要來源。每年冬天，
兩萬多戶家庭的供暖及用電均來自於這家發電廠。因為設施都通過
地下的管道進行，豐富的地熱管道就產生了取暖的作用。

　　「藍色潟湖」的水溫平均為攝氏37至39度，我們原來準備進入
湖中泡澡，但在售票處瞭解到，為限制同一時間使用的客人數量，
所有客人必須預定入場時間。失望之餘只能帶著遺憾朝潟湖多看
幾眼！

　　售票處旁邊有一家禮品店，所出售的商品幾乎都和潟湖中的礦
物質有關，無可置疑的是為女士們作美容的產品佔了上風。剩下的
就是專門治療牛皮癬的藥用物。在四天的冰島旅程所到之處，這是
唯一能感受濃厚商業氣息的景點。

　　「藍色潟湖」之所以聞名全球，是它可以治療皮膚病的功效

而產生了巨大吸引力。它是在1987年開始對外開放，開業後曾經有一個旅客，到藍色潟湖泡澡後，無意間發現他身上的牛皮癬消除不少，經過多次光臨泡澡後，竟然治癒了他皮膚上的頑疾，他將此喜訊告知「藍色潟湖」，於是在1992年該機構向外宣傳「潟湖」具有治療皮膚病的醫療作用，並且開發藥用物品招攬旅客。許多人也就抱著治療疾病的心態來到這裏，同時享受這個因火山形成的綺麗風光，一舉二得。

「藍色潟湖」全年開放，泡澡有三種不同的價格，費用不菲，旁邊也設有酒店，如不提早預訂，一房難求。

筆者在青少年時期，隨著家人曾在臺灣北投洗過溫泉，當時被告知，北投的溫泉有治療皮膚病的功效，但至今仍然是將信將疑。

冰島的「藍色潟湖」是否對牛皮癬有絕對的功效，不敢冒然隨意介紹，不過親臨該地遊覽拍照，的確是一個與眾不同的旅遊勝地。

除了這個潟湖外，筆者夫婦從東到西，再從南到北，所見所聞雖然是大同小異的灰褐色景觀，但它並沒有給人單調的感覺。反而感受到造物主的特殊安排造就了人與火山的共處。我不禁幻想著，冰島人是否每晚就睡在火山岩上，每天的衣食住行似乎都脫離不了與火山的關聯。

也許在很多人的思維中，火山給人類造成的只是無可抵擋的自然災害。但到了冰島後，這種觀念也起了變化，正是這些大自然的不確定性，給當地人在世代的不懈奮鬥中增強了無比的勇氣和智慧。

對一個初臨斯地的人而言，當感到在離火山只有十五分鐘車程的距離生活居住，內心將會產生如何的恐懼和不安。然而我們親眼目睹他們的人生態度是那樣的輕鬆和坦然，這或許在他們的觀念中，因火山而產生的地熱、溫泉，就是上蒼對他們的特別眷顧。

　　用「世外桃源」來形容冰島可能過於誇張，但是從凡人的眼光來審視冰島，不禁會對那裡的人們經歷著常人很難得到的人生脈搏而產生羨慕甚至是敬佩。是火山賦予他們得天獨厚的機遇，鍛鍊出他們堅韌的性格，是孤寂的環境賦予他們奮鬥的勇氣。

　　在冰島似乎看不到消極的現象。為了接受自然環境所製造出的殘酷無情，他們學會了包容和忍耐。外界可能因為誤解他們有維京基因而產生負面印象，然而只要一接觸冰島人，首先進入腦際的就是他們的彬彬有禮。

　　在回程的途中，筆者和妻子對冰島有一個共同的結論，也許火山和地震會令人消極和不安，但是大自然的公正無私，卻又給冰島留下了外界殷切冀求卻得不到的自然能源。

　　冰島似乎是地球之外的仙境，那裡有俯拾即是的清潔能源。他們的祖先千年前到達時，在極端的酷寒中求生存，根本未曾預料到，那些因火山和地震所產生而埋藏在地下的豐富資源，居然在千年後成為取之不盡，將冰天雪地轉化為溫馨如春人間樂土的無窮動力！

（2020年11月18日完稿於溫哥華）

# 看看澳大利亞這個國家

## ——從一張諷刺漫畫說起

　　這些日子裡，澳大利亞在國際上醜聞不斷，令人捧腹又氣憤。事情最初起源自澳大利亞軍隊在阿富汗殘殺俘虜及無辜平民，包括幼兒，遭到世人的譴責和媒體的口誅筆伐。一開始澳大利亞軍方還存心隱瞞，堵塞消息來源；最後紙包不住火，連澳大利亞國防軍司令安格斯・坎貝爾（Angus Campbell）也公開在電視上，譴責其部屬在阿富汗的殘忍行為。

　　坎貝爾將軍是澳大利亞633聯合行動部隊指揮官，在中東執行任務。所以他對澳大利亞軍隊在阿富汗的暴行不僅深惡痛絕，更是滿腔憤怒，公開在電視上譴責其部屬的惡劣行為，而且聲明澳大利亞軍方有責任承擔這份罪行，並且要嚴厲調查個水落石出，將罪犯繩之以法。

　　與此同時，俄羅斯衛星通訊社記者採訪了一位生活在烏茲甘省、名叫沙耶斯塔・汗（Shaista Khan）的村民。這位年輕人在鏡頭前講述了他兄長及家庭所遭受的噩夢，及他哥哥遇害的過程：他哥哥馬爾齊・汗（Marzi Khan）正在家中磨坊幹活，突遭一群澳大利亞士兵不分青紅皂白闖入家中翻箱倒櫃，然後朝他哥哥射擊，哥哥倒地後，澳大利亞士兵立即放出軍犬咬住他的喉嚨。士兵又再朝他哥哥肩部和頭部射擊，置他於死地後，用斗篷蓋住屍體。這時候他的另一個哥哥和內弟開車回來，澳大利亞士兵立即拘押他們，並燒毀他們的汽車。

　　事後他們的母親前往村子裏求助，由當地村民協助將他哥哥的遺體抬到清真寺清理後埋葬。這場突如其來的悲劇，導致一家人頓

時失去倚仗。母親每天必到哥哥遇害的地方嚎啕大哭，冀望能喚回哥哥的生命。他哥哥本已安排四天後舉辦婚禮，現在卻要重新改造新房，以免家人見屋傷心，並且原先準備辦婚禮的費用，竟成了他的喪葬費。

俄羅斯衛星通訊社還採訪了另一位村民阿卜杜拉‧加富爾（Abudullah Gafur），他八年前的遭遇更是觸目驚心。當澳大利亞士兵來到後闖入房內，不由分說即殺害了八個人，其中包括三名婦女和一個孩子。另外有十一個平民被槍擊傷。

當這些悲劇發生後，他們都先後向村中的領導人講述了不幸遭遇，也在當地政府部門的協助下，和澳大利亞駐軍的負責軍官見過面。結果只是換來一場輕描淡寫的空話，和類似的情況不會再發生的所謂保證。

當然這些不幸的阿富汗村民，在澳大利亞駐軍的威迫下噤若寒蟬，直到事情爆發後，他們才敢於出面控訴這些軍人的為非作歹，以及肆意屠殺手無寸鐵的無辜平民。通過媒體，他們不僅要求嚴懲兇手，還要求對被害人的家屬給予賠償。

澳大利亞士兵在阿富汗的殘忍暴行經過政府深入調查後，發表了官方的調查報告，共有39名阿富汗的俘虜及平民被殺害，另外有兩名受到虐待。但在這份報告中有多處涉事的人員及其職務被塗黑。

這是澳大利亞軍事社會學者薩曼莎‧克羅姆普沃茨博士（Samantha Crompvoets）受到澳大利亞國防軍司令坎貝爾的委託進行調查的一些內容。報告內沒有包括兩名14歲兒童被割喉殺害後，屍體裝入袋中被扔入河中的慘景。

克羅姆普沃茨博士從2016年開始調查澳大利亞空勤團（SAS）士兵在阿富汗的殺戮罪行，發現士兵們的隨意殺戮是一種「為娛樂而殺人」的心態，列出個人的「殺人清單」，用來作為該部隊形成「殺人競賽」的文化！有些慘劇的發生，是部隊中允許士兵用槍殺

囚犯當成靶子練習。

英國泰晤士報將其調查報告節錄轉載。形容SAS一些成員沈迷於「殺人清單」數字，不惜殺戮手無寸鐵的平民和囚犯。

這位澳大利亞軍事社會學者還對澳大利亞雜誌「時代」（The Age）記者如此陳述：「你可能知道，我們並不是在討論戰爭硝煙中令人困惑的個別事件，這些事件是一再重複的故意事件。」

她接著向記者說：「對我來說，這意味著一種出於娛樂目的而殺人的心態。」

她對特種部隊向她展示的「競賽殺人和渴望流血」以及不人道和不必要地對待囚犯的場景時，認為一些行為視非法如「肆意殺戮」和「慶祝殺戮」成為正常現象。對他們其中一些人而言，已經成為一種「宗教儀式」。

她在調查報告中這樣寫道：「這些調查給我的印象是存在大量非法殺戮，我為存在殺人清單這種東西感到羞恥，這可能是我遇到的最陰險，最可憎和最可恥的事件之一。」

除此之外。澳大利亞的士兵公然侮辱已經死亡的阿富汗軍人，用他們遺留下來的假肢作為飲酒的容器，令人側目。

她的報告引發了澳大利亞有史以來最大規模，耕耘時間最長的戰爭罪調查。澳大利亞高級法官保羅·布雷里頓（Paul Brereton）根據克羅姆普沃茨的調查報告，展開深入調查。澳大利亞雜誌時代報導稱，調查報告是依據對350多名宣誓目擊者的問訊，審查了數千份機密文件，錄取了證人的詳細陳述，並供認一些犯罪嫌疑人。直至筆者撰稿時，國際電視台仍然在轉播記者採訪已退役的士兵講述他們親眼目睹士兵們犯罪的場景。

即便在如此嚴密的調查中，仍然有些士兵試圖為其犯罪同僚掩飾，並且認為與英美士兵的殺戮手段相比，他們只能是處於羨慕狀態中。言下之意是，英美人虐待阿富汗囚犯及平民的手段無所不用

其極，往往在進行虐待離去後，這些被虐的受害者都已經沒有了生命跡象。

澳大利亞國防軍司令坎貝爾進一步披露稱，自2005年到2016年澳大利亞士兵在阿富汗犯下的戰爭罪規模令人髮指。國際輿論指這些在阿富汗發生的罪行，就如同越南戰爭時期的美萊村（My Lai）大屠殺。

這也不由令人回憶起日本軍國主義在侵華戰爭時，發生在1937年11月到12月10日「百人斬比賽」慘絕人寰事件。當時兩名日本少尉向井敏明和野田毅相各殺一百名中國人，後來分別繼續殺了105名及106名之後，再增加到各殺150人的恐怖安排。

其實當時還有另一起日本第6師團上尉田中軍吉，一人狂殺了300名中國人的血淋淋事件。雖然澳大利亞士兵在阿富汗殺戮囚犯和平民的數字，與日本軍國主義者的殘忍手段相比，只是小巫見大巫，然而隨意殘殺手無寸鐵的平民，就是罪無可赦的「戰地懦夫」！

這件發生在阿富汗的澳大利亞軍隊暴行，原本和中國無關，卻因為一位中國年輕漫畫家烏合麒麟用漫畫來諷刺這樁驚動全球的戰地醜聞，惹來澳大利亞政府的一片噪音，引起關注。這張漫畫是從電腦上勾畫出來的，描述一個澳大利亞士兵，抱著一個阿富汗幼兒，幼兒身上還有一隻小羔羊。士兵另一隻手拿著一把匕首架在幼兒的喉嚨前，漫畫下顯示一行英文字，意思是：「不要害怕，我們是給你們

中國青年漫畫家烏合麒麟的作品引起舉世矚目。

帶來和平的」。

　　這幅漫畫遭來澳大利亞政府鋪天蓋地、如喪考妣式的謾罵，認為中國漫畫家是個徹頭徹尾的謊言大家。還嚴詞要求中國政府公開向澳大利亞道歉。當然中國外交部的新聞發言人趙立堅先生也不是省油的燈，除了嚴詞拒絕，還公開指責澳大利亞政府的卑劣手段。既然自己的國防司令都公開承認了其部屬在阿富汗犯下的罪行，怎麼對中國一位年輕漫畫家的一張漫畫，卻要如此氣急敗壞大肆撻伐。

　　其實澳大利亞政府也正是藉此機會來轉移國際視線，一方面想方設法逃避部隊遭到國際上的指責，一方面要掩飾近些日子發生在中澳貿易上撞牆的尷尬。

　　澳大利亞自1954年即開始醞釀和北京建立外交關係，由於政府間的意見不協調，這一重要外交決策一直到1972年才得以實現。建交後曾經一度有過密切的交往，但是自澳大利亞開始走傾向美國政策路線後，無時無刻不和中國站在對立的立場。如2009年突然批准新疆異見人士熱比婭卡德爾的簽證，造成雙方的緊張。

　　2020年4月當新冠肺炎開始蔓延時，澳大利亞總理斯考特‧莫里森（Scott Morrison）突然向世界衛生組織提出調查中國的提案，引起中國的極度不滿。在這之前，自2017年雙方就已經沒有再安排任何的高層互訪。然後是對華為5G的打壓，處處給中國製造掣肘。澳大利亞更進一步對中國駐澳記者進行搜查，並取消中國學者的簽證，結束孔子學院在澳大利亞的交流項目，都引起中方極度的厭惡。

　　因此在國際上處於新冠肺炎肆虐，經濟下滑，貿易受到嚴重的打擊時，澳大利亞對華接二連三的摩擦，遭到中國的強烈反制，以致價值七億澳元的煤炭由53艘貨輪運到中國後遇阻，迄今為止該等貨輪仍然停泊在中國碼頭外海，上千海員無法登岸。中國對澳大利

亞的小麥加徵80%關稅，葡萄酒加徵200%保證金。令過去多年來出口到中國的產品嚴重受到阻礙。其中價值數十億澳洲在中國的葡萄酒市場，極有可能被其他國家所取代。

其他如牛肉和龍蝦，過去一直是銷往中國的龍頭產品，如今也受到嚴重打擊。今年五月和八月，澳大利亞五家牛肉工廠的牛肉，因為中國方面檢出不符規定的物質而遭到滯銷；近幾日第六家牛肉供應商又面臨同樣的命運。這對澳大利亞是致命的打擊。然而澳大利亞總理莫里森的態度仍然是模稜兩可。時而對華出言不遜，時而又要求建立友好關係。

為此從12月2日到4日，北京中央電視台新聞聯播先後播發三次「銳頻」，第一天播放：「倒打一耙的莫里森把澳大利亞變成一個悲哀的笑話。」

第二天的「銳頻」是：「那些給莫里森撐腰的西方政客真的是『睜眼瞎』。而最後一次的「銳頻」則為：「既攻擊中國又想從中國賺錢的莫里森，難道神經錯亂了嗎？」

這三則「銳頻」經二十多個國家電視台及媒體的轉載，令澳大利亞總理極其難堪，他一直來回地在污衊及喊話之間針對中國，並沒有佔到任何的上風，反而引起國際上對澳大利亞政府及政治人物投機取巧手段的反感。

其中就有一則評論這樣地描寫：「以野蠻的方式展示傲慢，又可以為追求利益裝得若無其事。」一針見血地道出澳大利亞政府的虛偽。

要瞭解澳大利亞政府的外交手段，以及這次被曝光的阿富汗殘殺當地囚犯及平民的慘案，歸根究底是島國心理因素的作祟。受到地理環境的支配，缺乏自信和沒有安全感，特別是澳大利亞的祖先多來自英倫三島不光彩的流放囚犯。據歷史的統計，自1788年至1868年，英帝國發配了162,000名囚犯在島上生根發芽。應該說是自

流放的囚犯當家作主後，其殘酷的殺戮習性，就開始架在澳大利亞島嶼上世居的原住民的脖子上。

這無異是宣布當地土著居民的厄運臨頭。白人利用在其他殖民地殺戮土著的傳統經驗，延伸到這個島嶼。他們竟然對當地土著發出狂妄的言論，認為「土著不過是同類相食的人獸，與世界上最惡劣的爬行動物相似。在理性及有關的各種感覺方面，他們比最可鄙的畜牲都不如。」

1828年英國派駐澳大利亞的殖民總督喬治‧亞瑟（George Arthur 1784-1854）以立法的手段公開宣示，白人合法情況下可以殺死土著。這就導致後來發生在凡‧蒂汶陸地（Van Diemen's Land）層出不窮殘殺甚至滅絕土著的殘暴事件。安東尼‧凡‧帝汶（1593-1645）是荷蘭探險家，因為他的發現，所以後來就用他的名字為這個東南角的島嶼命名，1856年才改為塔斯馬尼雅（Tasmania），沿用至今。

發生在澳大利亞殘殺事件層出不窮，其中最為殘酷的有1838年6月10日，新南威爾士麥阿爾溪（Myall Creek）的屠殺。起因是一群白人包圍了土著居民帳篷，造成衝突，白人逮捕了28名土著，用繩子綁住并刺死，然後焚屍滅跡。是澳大利亞歷史上臭名昭著的「麥阿爾屠殺」。

澳大利亞土著伊曼部落被白人囚禁後遭殺害。

1857年，另一件更為殘忍且驚心動魄的慘案發生在昆士蘭（Queensland）的霍勒河畔（Hornet Bank）。慘案的發生源自於一個英國白人強姦了一個當地伊曼（Iman）土著婦女。部落中對此深感忿恨，於是來到該地白人弗雷澤（Fraser）家庭，以報復的姿態姦殺了主人的妻子及

另外11個家庭成員，包括七個孩子，家庭教師，兩個牧人及一個原住民家僕。

　　事發後，弗雷澤的長子威廉遠從工作場所得悉後趕回家裡，沿途見土著就殺，單獨一人就殺害了近一百名土著，而流放到該地的囚犯及一些民兵，先後屠殺了近兩千土著。是歷史上殘殺土著最慘烈的事件。

　　當地的土著自萬年前即定居在島嶼上相安無事，人口應在30萬到75萬之間，然而在1901年澳大利亞成立聯邦時，土著的人口已急遽下降到只剩下六萬人左右。塔斯馬尼雅的土著被全數綁架後，於1847年釋放回來時，只剩下16人。在後來的三十年，最後一位土著男士在1869年去世，而一位名叫楚嘎妮尼（Truganini 1812-1876）的女士是最後一位純種的土著婦女離開了塵世，整個部落從此絕跡，成為地球上純生物的絕種。

　　筆者在1969年從歐洲遷居到加拿大後，在多倫多認識一位來自澳大利亞的左先生夫婦。他們原先定居在澳大利亞，由於「白澳政策」，無法忍受當地的種族歧視，毅然放棄了澳大利亞的一切，遷居到加拿大另起爐灶。

　　在1970年時代，筆者在加拿大執教時，曾經親身經驗過澳大利亞人的狂妄驕傲。同事都來自世界各國，其中有一位澳大利亞籍經濟學老師。筆者對所有的同事都一視同仁以禮相待，然而這位澳大利亞老師，卻經常拿筆者作為攻擊對象，不時用譏諷或是尖銳語氣及姿態表現其種族優越性。筆者盡力用中國人傳統的「和為貴」思維來應對，冀望他能改變作風。

　　然而筆者的努力枉費心機，他以為筆者軟弱好欺，用對待土著的優越感，變本加厲地對筆者無禮。終於有一天，在忍無可忍的前提下，筆者理直氣壯而簡短有力地向他說：「我不想和一個來自流放囚犯之地的人打口水戰。」

　　他始料未及地聽到我這句話後愣在那裡，我卻大搖大擺地走開。是筆者在反擊的時候，特地加強了「流放之地」（Land of Convict）這個詞組產生了效果。因為它是澳大利亞人最忌諱的「心病」，也肯定能擊中他們的要害。

　　從那之後，他對筆者的態度有了180度的大轉變。然而這也給我在後來數十年的環球旅遊中，立下自我約束的規定，永遠不會將澳大利亞安排在我們的行程中。

　　不過在2013年，筆者和妻子還是違背了自己的誓約，暫時將偏見擱置，去了一次澳大利亞。因為我們的五十年好友，國際知名女指揮家郭美貞去世了。她是在1950年隨著母親從越南西貢（今胡志明市）到澳大利亞悉尼，進入天主教中學，以優異成績考入悉尼音樂學院，從此潛心學習，勤奮努力，最終獲得紐約國際青年指揮比賽金獎，受到國際知名作曲家及指揮伯恩斯坦的器重而聞名全球。因患乳腺癌，她病逝於悉尼。

　　通過她兩位兄弟的支持和協助，從她的遺物中發掘出相當數量的資料，給筆者為撰寫她的傳記提供了有力的幫助。當我們在悉尼時，曾特地前往音樂學院，希冀在那裡能獲得她求學期間的資料，結果事與願違，居然如此重要的「一流」音樂學院，卻對優越校友的資料獨付闕如。難怪她生前曾為了參加國際比賽要求校方支持卻遭到無情的否決。

　　筆者唯一獲得的資料是這座音樂學院建築在英國殖民總督府的馬廄舊址，建築設計師是被英國流放到澳大利亞的囚犯佛蘭西斯・格林威（Francis Greenway）。因為他在設計音樂學院的貢獻，成為澳大利亞歷史上名列前茅的囚犯。

　　在幾天的逗留中，筆者在搜集郭美貞的資料方面滿載而歸，但在旅遊紀錄中，除了和她兩位兄弟的合影外，沒有留下任何的痕跡。從筆者在加拿大執教時遇到澳大利亞同事的不禮貌，到拜訪悉

尼音樂學院搜集郭美貞學習資料的失望，再反觀當前中澳兩國之間的矛盾，充分反映出在「流放囚犯」的基因籠罩下，澳大利亞人始終無法剷除其虛弱的矛盾心態。

不論是個人、社會或是國際場合，任何問題的出現，事無鉅細輕重，澳大利亞的第一反應就是在自大狂的前提下，必需要竭力掩飾自身的弱點，同時要尋找外力的支持和叫囂。

近些日子，該國總理莫里森對華態度模稜兩可，但在這之前，其叫囂的程度則十分令人側目，完全是帝國主義一百年前的態度。似乎是，在他們嚴詞對待中國時，中國必須低頭順服；假如中國針鋒相對，就是欺人太甚；中國要是用了強硬措辭，則大量的「中國威脅論」就會蜂擁而至。總之，澳大利亞必須高高在上，而中國只能俯首稱臣。

因為澳大利亞的對華無理打壓，造成中國採取反制的手段，自今年五月，中國就未曾接聽過澳大利亞官方電話，對澳大利亞在貿易上產生了非常嚴重的衝擊。

12月1日「對華政策跨國議會聯盟」（IPAC）19個國家的200名議員共同發表支持澳大利亞出口葡萄酒到中國的聲明，對中國給澳大利亞葡萄酒加徵200%保證金一節認為是故意打壓澳國。

令人捧腹的是，正當澳大利亞在為價值十數億澳元的葡萄酒無法出口到中國市場而絞盡腦汁的關鍵時刻，臺灣執政黨立即跳了出來湊熱鬧，發表「自由紅酒運動」（Freedomwine）聲明，表示對澳大利亞友好姿態。

臺灣一紙虛無縹緲的「自由紅酒運動」聲明，就能力挽澳大利亞的狂瀾嗎？既然臺灣能出鉅資向美國購買軍火，又能為澳大利亞仗義執言拔刀相助，不如更實際些，向澳大利亞訂購滯銷的葡萄酒運到台灣，分贈兩千三百萬公民享受，為下屆選舉爭取選票，一舉而數得。

　　澳大利亞士兵在阿富汗犯下的罪行，「五眼聯盟」先後出面干預，指責中國的「無理取鬧」。「五眼聯盟」的橫加干涉可以理解。因為這個聯盟都是英語系國家，而且其中四國完全是英國的後裔一脈相承，與其說是為澳大利亞撐腰，還不如看成這四個國家因為在阿富汗及中東其他國家犯下更惡劣不可告人的虐待殘殺行為而遮掩。

　　也就在莫里森處於風口浪尖之時，滿以為堂口老大美國會全力支持，表面上讓莫里森認為已在國際上佔盡上風，殊不知骨子裡幾個難兄難弟卻暗中設法從中國取得替代澳大利亞貿易的地位。如新西蘭頭一天還在為澳大利亞當吹鼓手，第二天即見風轉舵而改口。因為新西蘭也有相當產量的葡萄酒，澳大利亞受到中國的當頭棒喝，新西蘭也就順勢希望能搶佔中國市場。

　　美國、加拿大看到澳大利亞牛肉進不了中國，暗中摩拳擦掌，希望能增加他們的牛肉供應中國市場份額。事實證明，利益當前，兄弟都要鬩牆，如此則一旦「五眼聯盟」成了「睜一隻眼，閉一隻眼」的事態，澳大利亞恐怕就只能徒呼奈何了。

　　澳大利亞士兵在阿富汗犯下殺害無辜平民及囚犯的殘忍事件，已經成為臭名昭著的世界醜聞，而且仍然在繼續發酵。中國在聯合國安全理事會的安全會議中提出立法，主張對一些國家的軍人在發生戰爭地區的故意殺人，都要被帶上國際法庭審判並繩之以法，其目的就是保護受害國家無辜平民的安全，也令駭人聽聞的殘殺事件從此受到司法懲罰從而消聲匿跡。

　　總理莫里森在近些日子裡似乎已經有些收斂，先後向中國發出「友好」的呼聲，然而知情人士不免懷疑，這些「友好」的聲調裡究有多少謙虛？莫里森也向阿富汗總統表達了歉意，國際上同樣質疑，這份歉意中究有多少真誠？

　　即便澳大利亞的搖滾樂音樂家吉米·巴恩士（Jimmy Barnes）

都公開稱呼總理「愚蠢的莫里森」，說明澳大利亞政府及其政客，只要他們細胞裡的基因公式一天不改變，他們就永遠不會放棄跟在英美屁股後為打壓中國而衝鋒陷陣的惡習！

我們且拭目以待，看這齣鬧劇最終如何落幕！

（2020年12月9日完稿於溫哥華）

# 義大利的國中之國

## ──聖馬利諾

　　在歐洲求學工作的那幾年，每年都會選擇到一兩個國家旅行，主要是研究古代建築及藝術，也藉機欣賞歌劇或是聽音樂會。由於國家都較小，所以旅程都不會太過遙遠。

　　即便歐洲國家多而小，但還有好幾個更為袖珍的小國分布在歐洲大陸各地。如位於奧地利、瑞士之間阿爾卑斯山間裡的列支敦士登（Liechtenstein），面積只有160平方公里，人口不到四萬人。介於西班牙和法國之間的安多拉（Antorra），人口較多，也只有七萬七千左右，面積也較大，約莫468平方公里。這兩個袖珍小國家是世界各地旅客蜂擁而至的購物勝地，尤其安多拉，一直是全球各地闊佬們的避稅天堂。

　　至於位在法國南部瀕臨地中海的旅遊及賭博勝地摩納哥（Monaco）就「袖珍」得出奇了，它的面積只有2.1平方公里，人口卻有三萬八千多，成為世界人口密度最高的國家之一。但它也是全球生活水平最高的國家。賭博娛樂是世界之最。

　　義大利在這方面佔了優勢。在它的國度裡，擁有兩個袖珍小國。其中一個是威震全球的天主教中心梵蒂岡。它的面積只有49公頃，人口為八百多一點。但它的信徒遍佈全球以億萬計算。梵蒂岡國家元首是天主教教宗。其位高權重的地位沒有任何一個政治人物可以配比。

　　義大利的東邊離亞得里亞海（Adriatic Sea）僅十公里的路程，還有一個小國聖馬利諾（San Marino）。和梵蒂岡一樣，是完全封閉在義大利領土內的內陸國。

　　筆者對這兩個處在義大利的袖珍小國有過密切的接觸。上世紀六十年代，在中國天主教南京區于斌總主教的關愛下，榮獲在梵蒂岡第二次大公會議新聞室工作的機會，和教會有著深厚的交往。

　　第一次訪問聖馬利諾共和國，是陪同義大利總統久賽貝・薩拉卡特（Giuseppe Saragat 1898-1988），在1965年11月25日到訪主持自利米里（Rimini）至聖馬利諾高速公路的通車典禮。

　　那次的訪問意義不一般，是有史以來義大利國家元首首次出訪這個只有彈丸之地的袖珍共和國。而且為兩國之間的公路通車剪綵也只是一段只有8.9公里長、寬18米四線道的高速公路。以今天的眼光來看，會令人誤解這是否有點小題大作。

　　然而在1965年，以當時義大利國家經濟條件衡量，這還是一筆不小的開支，何況又是為一個政治上無足輕重建立在山頂上的袖珍小國付出如此的代價。義大利政府之所以會如此審慎地展開對聖馬利諾共和國作出友好態度，為的是掃除數百年來兩國之間政治上跌宕起伏所遺留下來無關痛癢的矛盾。為兩國合作開發旅遊，這段高速公路就成了彼此之間的友好紐帶。筆者有幸能恭逢盛會，是人生中難得的機遇。

　　聖馬利諾共和國建立在海拔749米高的提塔諾山頂（Mount Titano），面積為61平方公里，人口約三萬四千左右。這座矗立在山巔的小國，有一段頗具傳奇性的建國歷史背景。

　　出生在公元275年的一位石匠馬利努斯（Marinus），祖籍是亞得里亞海對面的一個小島拉卜（Rab），即現在的克羅地亞中的一個旅遊勝地。為了謀生，他和好友利奧（Leo）一同跨海到義大利，在瀕海城市利米里（Rimini）參加建造城牆謀生。

　　自羅馬帝國建立政權後，從尼羅國王（Nero 37-68年）開始就對基督徒加以迫害。到了狄奧克勒迪安（Diocletian 244-311？），

情況更是嚴峻。這位國王出生於原屬於羅馬帝國的省會達爾瑪提亞（Dalmatia）的索林（Solin），也是今天的克羅地亞中一省。他登基後在執政時期（284-305年），對基督徒的迫害更是變本加厲。

石匠馬利努斯和他的朋友也是來自該省，到義大利謀生，本以為會受到帝王的關注，然而事與願違，為逃避宗教的迫害，他們被迫在公元301年逃到提塔諾山，修建了一座小教堂和一座修道院。許多基督徒得到這個信息後先後聞風而至，使得山上的信徒越發增多，得到當地一位名叫菲力奇希馬（Felicissima）的善良地主支持，將自己擁有的土地免費贈送給馬利努斯並永久使用。

原本為一段宗教迫害的歷史過程，卻在馬里努斯的帶領下，公元301年9月3日，就成為聖馬利諾共和國建國的紀念日，成為歐洲歷史上最古老的「共和國」。

馬里努斯後來入了教會，被封為聖人，世稱聖馬利諾（Saint Marino），聖馬利諾共和國也就用這位勇敢的傳教士的聖名作為國

| 為迎接義大利總統的訪問，聖馬利諾共和國當天郵局發行的首日封。

家的名稱。

馬里努斯原來建造的小教堂，在公元530年時曾被命名為聖馬利諾教堂，因年久失修被拆除，到1838年在原址興建了聖馬利諾大教堂（Basilica di San Marino），是當今該地的一座重要宗教聖殿。

瞭解了這個袖珍國的歷史背景，陪同義大利總統訪問，更覺得兩國之間親密無間的關係。我們到達後，聖馬利諾共和國張燈結彩，當時全國有一萬七千人口，幾乎傾巢而出，夾道歡迎來自鄰國的元首。聖馬利諾共和國的執政官，和薩拉卡特總統為新建的公路通車典禮剪綵，成為這個山區小國載入史冊的重大盛事。

聖馬利諾共和國還為義大利總統的到訪，在郵局發行了紀念首日封。將總統的頭像印在首日封上，另外還發行了四連方郵票。這個袖珍小國的大宗經濟來源就是郵票的發行，成為來自世界各地遊

| 聖馬利諾共和國山巔的歷史古跡「三塔古堡」。

人爭相收集的紀念珍品。

行禮如儀後，接下來是自由參觀。當地最有歷史傳統的古蹟，就是位於山巔古堡型的三塔堡壘，是聖馬利諾共和國的重要地標，它始建於公元十一世紀，該堡壘共分三部分。第一部分為最古老的瓜伊達塔樓（Guaita Tower），歷史上重建多次，原來是作為監獄使用。該堡壘後來成為聖馬利諾共和國為防禦馬拉特斯塔（Malatesta）家族的侵襲而加固。

第二部分是三座塔樓中最高的一座，名為切斯達塔（Cesta Tower），1956年在塔樓中設立了紀念聖馬里努斯博物館。

第三部分是三座塔樓中最小的，建於十四世紀的蒙塔勒塔（Montale Tower），最早的設計也是用來抵禦勢力日漸膨脹的馬拉特斯塔家族。主要還是作為監獄用。它的入口處大門高七米，是當地設計監獄的典型高度。目前是唯一不對外開放的古蹟。

自中古世紀以來，歐洲各國的皇親國戚幾乎都是自成一國，義大利的群雄割據勢力也不例外遍佈半島。每個城市均為家族所擁有，或自成一國，或佔地稱雄，相互鬥爭，直到十八世紀後義大利開始崇尚科學真理，終於在1848-1870年，成為統一的帝國。

在訪問聖馬利諾共和國時，筆者特別注意到三座塔樓中十三世紀統治著亞得里亞海濱利米里的馬拉特斯塔家族在當地的勢力。義大利詩人但丁‧阿里基利（Dante Aligueri 1265-1321）在他的不朽名著《神曲》（La Divina Commedia）中，就有描述該家庭發生的愛情悲劇。是筆者這次隨同義大利總統訪問聖馬利諾共和國後，要進行的探索目標。

該家族的一家之主馬拉特斯塔‧達‧維魯奇奧（Malatesta da Verucchio 1212-1312）是這個貴族家庭在利米里城的創建人。

從羅馬出發前，筆者即已就此行的官式訪問後，就直接先前往拉維納（Ravenna）去憑弔但丁的安息之地，然後去利米里參觀馬

拉特斯塔家族的歷史古蹟，進一步瞭解但丁不朽作品「神曲」中留下給世界追憶的故事。

那時候義大利東部濱海地區，因為貴族的割據。彼此間戰火紛飛。馬拉特斯塔‧維魯奇奧與相隔不到六十公里的拉維納另一家族桂多‧達‧坡勒塔（Guido Da Polenta 1250-1310）相互廝殺，最後拉維納的家族為了息事寧人，終於和馬拉特斯塔家族化敵為友，共同簽訂盟約抵禦外侵。

當時地方上有一個不成文的慣例，即雙方在結成友好合作時，將子女婚姻的安排作為展現誠意之舉。

坡勒塔和馬拉特斯特兩個家庭言和時也未例外，坡勒塔從他的兒女中選出佛蘭切絲卡‧達‧坡勒塔（Francesca da Polenta 1255-1285）下嫁給馬拉特斯塔的長子。然而這椿婚姻竟然成為一齣警世的愛情悲劇。

馬拉特斯塔長子為喬凡尼‧馬拉特斯塔（Giovanni Malatesta 1240-1304），奇醜無比，而且是個跛子，駝背和獨眼龍。但他的政治野心極大，利慾熏心，且殘酷無情。

馬拉特斯塔最小的兒子保羅‧馬拉特斯塔（Paolo Malatesta 1246-1285），卻是一個風流倜儻的俊男。雙方家長議定婚事，將佛蘭切絲卡下嫁給身患殘缺的長子，但是沒有將其長子的身體缺陷預先告知。卻按照當地習俗，私下安排幼子保羅代其兄長，和新娘在前一天舉行了婚禮。當佛蘭切絲卡見到保羅時，以為就是自己終身相托的夫君。保羅此時已經是有婦之夫，但佛蘭切絲卡的美貌，使得保羅一見傾心。

第二天佛蘭切絲卡見到了自己真正的新婚夫君，竟然是一個貌不驚人的殘廢，心裏的酸楚可想而知。

喬凡尼一直參與鄰近的羅馬岳勒戰爭（Romagnole War），幾乎是經常在外。這給佛蘭切絲卡和保羅製造了絕好機會，兩人私下

的感情與日俱增。如此經歷了十年，終於紙包不住火。1825年喬凡尼從戰場上回來，沒有告訴其弟，卻從古堡的密道中潛入。

目睹自己的妻子和弟弟相擁在床第，立即怒火中燒，起了殺念。佛蘭切絲卡立在兩兄弟之間，要保羅趕緊逃離，遭到喬凡尼砍殺。也是命該如此，保羅在逃離之際，身上的衣服被牆上的一顆釘子勾住，來不及解脫即被其兄殺害。

這齣家庭的悲劇，一直延燒到下一代，保羅的兒子藍波爾多（Ramberdo）長大後，為父親報復，於1323年親手將其伯父喬凡尼的兒子巫貝爾多（Uberto）謀害。兩個家族從此陷入萬劫不復的境地。這齣悲劇如實地紀錄在當地的歷史檔案之中。

但丁在翡冷翠當官時曾見過保羅。那時候保羅受到教宗的欣賞，曾被封為貴族，而且是翡冷翠警署的最高長官。所以但丁對這位來自東海岸的貴族後裔有一定的印象。他在拉維納創作「神曲」三部曲中的第一部〈地獄〉（Inferno），特地將這對情侶的悲劇作為第五章（Canto V）的主題。

但丁的《神曲》是一部被公認為世界文學的不朽巨作，他從1308年開始創作，到1820年完成，分別是〈地獄〉（Inferno），〈煉獄〉（Purgatorio）及〈天堂〉（Paradiso）。

因為政治的因素，自1302年從翡冷翠被放逐後，但丁避居東海岸的拉維納居住，從此沒有再回到翡冷翠。他的曠世名著《神曲》也是在被放逐時潛心完成的。因為居住地距離保羅和佛蘭切絲卡被殺害的古堡很近。所以他能更真實地在地獄中，描述二人的私通，進入地獄後他們的靈魂被拘禁在第二輪迴中，永世不得接觸地面，無休止地受旋風折磨，在痛苦中回憶著生前的情慾。

但丁在創作後曾表示：「世上沒有比在悲痛時回憶起喜悅的時刻更為悲傷。」就是對佛蘭切絲卡和保羅在地獄中受折磨的真切感受。

　　不過但丁還是用寬容及同情的筆調，表達對佛蘭切絲卡在封建意識的家庭中所遭受到的不公待遇，而且將這對情侶放在一起，如同一對小鳥在空中比翼雙飛。

　　筆者離開聖馬利諾後，先在拉維納瞻仰了但丁墓地後，即直接前往葛拉達喇古堡（Castello da Gradara），抵達時已是下午五點五分，看守古堡的人員正在為大門上鎖，見到後用手指指著腕錶，並搖搖頭，表示已經下班了。筆者見狀立即想起中國人常說的「有錢能使鬼推磨」，於是從口袋裡掏出兩枚義大利100里拉的錢幣，放在他手中，而且誇張地告訴他，筆者是專程從羅馬來參觀這座古堡的。

　　果然這兩枚錢幣生了效，他立即打開鐵門讓筆者進入，而且還主動地引領參觀。不時為筆者講解每一間室內的歷史背景。

　　當然重點是參觀悲劇中女主角的臥室。在進入臥室時，他用低沈的語調為佛蘭切絲卡表達不平。而且還繪聲繪影地描述稱，經常半夜在這座臥室中會發出女人的淒涼嘆息，有時在太陽西下後還可以聽到她和保羅的輕聲私語。至於他的描述是真是假，也就無法去作公允的判斷了

　　當我們進入到客廳時，古堡看守人指著一邊牆上的鐵門稱，這裡是直接通往地下室的密道，也就是馬拉特斯塔家族的「私刑室」。凡是被拘捕而關押在裡面的疑犯，就會遭到各種酷刑對待而很少能生還，被殘殺後屍體就被丟入到一個水槽中，被裡面的化學劑溶蝕殆盡而不見蹤影。從這「私刑室」即可反映出當時該家族的殘酷無

| 古堡中佛蘭切絲卡保持原樣的臥室。

情。而喬凡尼對親弟弟及妻子施以無情的殘害，足證其繼承了家庭的兇殘手段。

俄羅斯的音樂家柴可夫斯基（1850-1916）根據佛蘭切絲卡的悲劇故事，於1876年在莫斯科，用三週的時間完成了〈利米里的佛蘭切絲卡—但丁後的交響幻想曲〉（Francesca da Rimini - Symphony Fantasy after Dante Op 32）。

俄羅斯作曲家塞爾格爾·拉赫馬尼諾夫（Sergel Rachmaninoff 1873-1943）於1905年，同樣以佛蘭切絲卡的悲劇故事譜寫了歌劇〈利米里的佛蘭切絲卡〉（Francesca da Rimini），整部歌劇包含序幕，兩幕場景及尾聲。而且引用了柴可夫斯基的唱詞。

這齣歌劇於1906年在莫斯科大劇院舉行首演，並由拉赫馬尼諾夫親自指揮。另一部拉赫馬尼諾夫的創作〈吝嗇的騎士〉（The Miserly Knight）也在當晚首演，成為少有的「雙場演出」。

因為筆者對但丁的崇拜及對其巨作《神曲》的偏愛，尤其是〈地獄〉中的第五章，描寫佛蘭切絲卡和保羅的悲劇，那充滿感情的優美詩歌，激起百讀不膩而洗滌靈魂的動力。

也因此令筆者聯想起英國劇作家威廉·莎士比亞（William Shakespeare 1564-1616）在1597年寫下的以義大利維羅納（Verona）年輕情侶殉情的悲劇作為背景而創作的名劇《羅密歐與茱麗葉》（Romeo & Juliet）。維羅納距離利米里兩百六十公里路程。巧合的是兩個悲劇先後都發生在義大利，通過文學及舞台兩個悲劇都成了舉世家喻戶曉的歷史故事，而維羅納的故事較之佛蘭切絲卡的悲劇更勝一籌。

筆者早在大學時代就讀過這部名劇，內容是一對青年男女羅密歐與茱麗葉因為雙方家庭的阻擾，以殉情來表達兩人忠貞不二的感情。莎士比亞筆下的故事，是根據義大利古羅馬三世紀的一個傳說而編造的動人故事。時至今日，許多旅遊參觀者仍然相信維羅納

城裡的茱麗葉故居是真實的，然而它卻是十五世紀以後才完成的建築。一齣虛構的情節能引起世人不懈的追求，比葛拉達喇古堡真實的悲劇要更廣為流傳，是因為它通過莎士比亞大劇作家筆下的描繪。

佛蘭切絲卡和保羅的悲劇，迄今為止除了俄羅斯兩位音樂家創作了交響樂和歌劇之外，尚未見到任何與其有關的文學作品問世。

《羅密歐與茱麗葉》不止一次搬上銀幕。筆者曾於1968年在羅馬咖啡街上的「巴黎咖啡館」採訪了正在拍攝新版《羅密歐與茱麗葉》的女主角奧莉薇亞・赫希（Olivia Hussey 1951-），她是在15歲時被義大利電影導演佛朗哥・澤費雷力（Franco Zeffirelli 1923-2019）選中，主演這部重頭戲。

出生在阿根廷的奧莉薇亞是英國人，拍攝這部戲時，她剛滿16歲。但是在演技上似乎已到達爐火純青的程度。尤其是義大利導演要在影片中加入全裸的鏡頭。雖然奧莉薇亞完成了她的任務，但是遭到在歐洲以外的社會各界較為嚴峻的批評。認為這是一部從古典戲劇改編的電影劇本，理應尊重並維繫其文學的嚴肅性。

1970年時代，筆者在加拿大維多利亞市任教。一個星期日的上午，和妻子應邀前往聖公會教堂參觀一個露天義賣。因為該城市保留著相當濃厚的英國傳統，所以在義賣的展台上幾乎都是英國式的器皿，有銀質蠟燭台，玻璃杯和瓷器等。一本已經有些褪色的古書吸引了筆者的注意，仔細翻閱後，原來是英國傳教士在十九世紀翻譯的但丁《神曲》中的〈地獄〉英文版本，其中有76幅由法國著名藝術家古斯塔沃・多雷（Gustavo Dore 1832-1883）繪製的插圖。

教會將這本極具價值的古書只標了加拿大幣十元起標。深感加拿大人對歷史文化遺產的的缺乏認知。但這也給筆者創造了機會。經過三輪的加碼，筆者最終以加幣40元中標。至今仍然不時取出翻閱但丁的詩篇。

　　數十年間，筆者曾不止一次地重訪過利米里的風光及維羅納莎士比亞筆下假設的殉情發生地。雖然兩地的愛情悲劇已經在歐洲文學藝術上留下不可磨滅的影響。儘管筆者對這兩個發生在義大利歷史上的愛情悲劇有一定的喜愛，只是對其中的刀光劍影和鮮血鏡頭難以接受。這和情意綿綿的愛情故事本質上就無法合而為一。也許這是歐洲國家的民族基因使然。

　　所以每次在欣賞這兩齣悲劇時，就會情不自禁地回想起中國的傳統愛情故事如「西廂記」和「梁山伯和祝英台」。

　　尤其是後者，經過文學家和藝術家的精湛雕琢，再通過中國式膾炙人口的交響樂和舞台劇，更能使人驚嘆感佩。梁山伯和祝英台最後化蝶而去，憂傷中卻充滿了中國式含蓄和抒情的意境，這就是東方文化的優美之處！

（2020年11月24日完稿於溫哥華）

# 風光與情操

## ──被遺忘的大聲樂家伍伯就

　　提起上世紀中葉的中國男高音伍伯就，對於當今的年輕一代，可能根本就從未聽聞過這個名字。這是一位充滿音樂細胞而忘卻生活中一切雜念的聲樂家，家庭背景不凡，卻自力更生勇闖歐洲，憑藉堅強意志，建立起自己在音樂之都的一席之地。

　　伍伯就，中國廣東省台山人，1910年出生於廣州。父親伍漢持（1872-1913）先後在香港及廣州行醫。由於滿清腐敗，伍漢持以行醫作掩護，從事反清革命活動，支持孫中山的革命起義。1911年滿清被推翻覆亡，建立共和。

　　民國初年，伍漢持被推選為代表廣東眾議院議員，1913年4月前往北京出任第一屆國會議員，因袁世凱向五國借款，同時宋教仁在上海遇刺身亡，伍漢持在國會上公開要求袁世凱退位以謝國人，遭到嫉恨。

　　七月在天津被袁世凱爪牙綁架後祕密關押在天津郊區韓家墅軍營中，8月19日夜間，軍營中遇害殉難，年僅42歲。是共和建立以來第一個為憲政流血犧牲的國會議員。曾經參加過黃花崗起義時攻打兩廣總督衙門先鋒隊第三隊隊長莫紀彭（1885-1972），在臺北接受中央研究院近代史

伍漢持烈士遺容。

研究所所長作口述歷史採訪時，尊稱伍漢持烈士為「東方憲法之神」。

當伍漢持烈士被祕密殺害就義時。伍伯就還只是一個不到三歲的孩子，所以他對於父親的認識只是幼年的零碎片段，後來就是在母親李佩珍悉心呵護下完成了他的教育。

伍伯就上面有兩個兄長和一個姊姊。大哥伍伯良（1893-1972）在香港完成中小學學業，回廣州後繼續完成高中學業，並進入嶺南大學醫學預備班。父親遇害後，隨母親到天津為父親辦理後事，途中見到「北洋水師醫學院」招生，於是報考獲得錄取，五年後畢業。

伍伯良獲得法國庚子賠款設立的公費獎學金，前往法國里昂大學醫學院學習，獲得醫學博士，結業後前往德國柏林大學繼續深造，榮獲另一個醫學博士，成為一位名副其實的雙料博士。學成歸國，在廣州負責主持紀念其父的「伍漢持紀念醫院」。

第二位是姊姊伍智梅（1898-1956），曾在廣州教會創辦的夏葛醫學專科學校習醫，並赴美國芝加哥大學深造，在廣州協助其長兄進行「伍漢持紀念醫院」工作。經過她的努力，得到北美洲華僑支持，建立了廣州中山圖書館及紀念其父的「伍漢持紀念醫院」（現今的廣州中山大學腫瘤醫院即是「伍漢持紀念醫院」原址。）

其夫婿黃建勛曾擔任孫中山大元帥府的金庫庫長，後作為孫中山隨員兼英文秘書，伍智梅為中文秘書。夫婦兩陪同孫中山伉儷於1924年11月13日搭乘「春陽丸」輪船北上，隨持在側，直至孫中山於翌年3月12日在北京病逝。伍智梅是為孫中山扶棺的唯一女性。

由於政見的不同，伍智梅決定離開廣州去了香港，並於1950年從香港去了臺灣，後在臺北病逝。

三哥伍伯勝（1903-1988）畢業於嶺南大學附屬中學，繼而進入嶺南大學完成學業，在廣州工作一段時間後，前往美國芝加哥大

學學習，並獲得法學博士。抗戰勝利後，受外交部委任為駐新加坡總領事，主持東南亞外交領事事務。國共內戰後，伍伯勝決定攜原為芝加哥僑民的妻子一同回到芝加哥定居，從此棄政從商，直到退休。

伍伯就在嶺南大學附中完成中學教育。然後於1932年前往上海，考入上海國立音樂專科學校。追隨蘇俄籍音樂教師蘇石林（Vladimir Shushlin 1896-1978）學習聲樂。畢業後即返回香港。

由於幼年喪父，慈母希望他能有一技之長作為日後謀生的基礎。於是伍伯就在母命難違之下，先後在嶺南大學及蘇州東吳大學法律系攻讀法律。然而伍伯就一生從未涉足律師業務，始終不渝地發展他的音樂愛好。先進入香港培道女子中學執教音樂。並在香港擔任「華南合唱團」指揮。

這個民間音樂組織在1940年5月曾公開招考40名團員，卻有122名報考，經過甄選獲得錄取者共有23人。該團定每星期日晚上七點至九點排練。後來改組定名為「中國合唱團」（China Singers），伍伯就繼續擔任團長兼指揮。和其他民間音樂團體在社會中活躍。1941年通過測驗，獲得香港廣播電台（Hong Kong Broadcasting Station）錄取，成為該臺E. B. M.的歌唱者。

1941年12月8日日軍猛烈轟炸香港後，當地各音樂團體的聲響嘎然而停。伍伯就也就在這時北上前往重慶。在國立音樂院擔任音樂教師。並於1944年應聘為教育部音樂委員會委員。

此時中國正如火如荼地進行抗日戰爭，重慶作為陪都，號召全國一致為反抗日本軍國主義而奮鬥，音樂界也不甘落人之後，伍伯就於1941年在重慶演唱何安東（1907？-1994）作曲，鐘天心作詞的抗日愛國歌曲〈保衛中華〉而名噪一時，深得在重慶公幹的周恩來所賞識。〈保衛中華〉歌詞為：

保衛中華保衛中華
誓死保衛民主的中華
保衛我們五千年的文化
保衛我們全民族同生死的家
來來團結起來大家一條心
去去殺敵爭先拼這一條命
鮮血如潮把這百年仇恨消
沙場含笑
看殘敵狼狽奔逃
日帝國冰山傾倒
看東北河山抗日紅旗依舊高高飄揚
聽四萬萬大眾唱
自由平等解放

伍伯就在當地《南北風月刊》第一期上發表了他的作曲〈慰勞將士歌〉，歌詞內容為：

起來了，起來了，我們四萬五千萬的民眾。怒吼了，怒吼了，我們保衛著國土的弟兄。
看，我們的空軍翱翔，倭敵的鐵鳥跌落在海洋。聽，我們的大砲怒放。倭敵的軍艦逃遁又負傷。
中華民族，發揚偉力與榮光──殺敵的責任，我們大家一樣，有錢的出錢，有力的出力，誓拼熱血頭顱，取得民族自由解放。

當他得悉上海四平倉庫由謝晉元團長率領鎮守時，獻唱了激情悲壯的〈歌八百壯士〉鼓勵士氣：

中國不會亡，中國不會亡，你看那民族英雄謝團長。中國不
會亡，中國不會亡，你看那八百壯士孤軍奮守東戰場。四方
都是炮火，四方都是豺狼，寧願死，不退讓，寧願死，不投
降。我們的國旗在重圍中飄蕩，飄蕩，飄蕩，飄蕩，飄蕩。
中國不會亡，中國不會亡，中國不會亡，中國不會亡。我們
的行動偉烈，我們的氣節豪壯。同胞們起來，同胞們起來，
快快趕上戰場，拿八百壯士做榜樣。中國不會亡，中國不會
亡，中國不會亡，中國不會亡，不會亡，不會亡，不會亡。

這首歌曲又名為〈中國不會亡〉，香港和聲歌林有唱片發行，編號
列為49843A（1941年）

　　1946年抗戰勝利，日本無條件投降後，伍伯就計畫到歐洲深
造，他攜同妻子周靜波啟程赴法，後來改變主意轉往羅馬，考入聞
名全球的「聖契齊麗雅音樂學院」（Conservatorio Santa Cecilia）插
班聲樂班四年級，1948年畢業。從此在羅馬生活了二十年。

　　在赴歐洲之前，伍伯就攜同妻子周靜波先行應邀訪問新加
坡，當時其三哥伍伯勝在新加坡擔任中華民國駐新加坡總領事，於
1946年9月1日在維多利亞大劇院（Victoria Theatre）為伍伯就舉行了
一場獨唱會。主要贊助人為英國駐新加坡總督佛蘭克林·吉姆森
（Franklin Gimson）。伍伯勝選擇這個場所為他弟弟舉行演唱會有
其特殊意義。

　　這座新加坡的文化地標，最初在1855年奠基，於1862年竣工。
1901年英國女王維多利亞去世，為紀念這位女王，新加坡政府決定
予以修建，1905年重新開幕，將這座文化館改名為「維多利亞紀念
堂」（Victoria Memorial Hall），最後確定為「維多利亞大劇院」。

　　是晚的演唱會是一個頗具規模的文化之夜，盛況空前。除了

| 1 | 2 | 1 | 新加坡維多利亞大劇院1930年時代的原貌。 |
| | | 2 | 羅馬「阿根廷大劇院」。 |

伍伯就個人演唱，伍伯勝夫人擔任鋼琴伴奏外，還特地邀請了新加坡首席小提琴家吳順籌（Gho Soon-Tioe 1911-1982）演出小提琴獨奏。使得伍伯就的獨唱會更是錦上添花。

　　雖然成功舉辦了這場音樂會，因受場地所限，新加坡當地許多人士仍不免為之向隅，為滿足他們的期待，接著在九月二十五日（星期三）晚間在南華女子中學大禮堂（Nam Wah Girls School Hall）舉行了另一場獨唱會，可容納兩千觀眾的大禮堂裡座無虛席。

　　在旅居義大利期間，伍伯就曾於1953年獲西班牙政府邀請，前往馬德里獻演，當地重要報紙ABC曾撰文讚揚其為「中國的瑰寶」。

　　之後他的足跡遍及法國、德國、瑞士及英國等國，在歐洲先後舉行了近三百場個人獨唱會，及電台和電視的節目。影響他音樂生涯的是，他在義大利結識的當代男高音貝尼亞米諾・吉利（Beniamino Gigli 1890-1957）。吉利在1947年11月第一次聽到伍伯就的歌聲後，就滿懷地讚賞稱：「在黑黝黝的煤炭裡發現了燦爛的鑽石」。

　　那是伍伯就抵達羅馬的第二年，還在「聖契齊麗雅音樂學院」進修。吉利聽完他的演唱，邀約伍伯就到他家，並讓他獻唱，由他

女兒莉塔・吉利（Rita Gigli）鋼琴伴奏，而且立即收下了伍伯就作為他的學生。伍伯就成為吉利一生中唯一的一位私人學生，難得的是這位學生還是來自亞洲的中國人。他曾經幽默地對伍伯就說：「你將我所有的歌曲都唱完了，我再也沒有歌曲給你唱了！」

不僅如此，吉利也是伍伯就在接受天主教洗禮時的「代父」（Godfather）。在天主教國家中，這種因宗教而結成的關係，形同家庭間的連親。有人曾將這種西方人的宗教親誼關係與中國人的「乾爹」相比喻，但是天主教的這種「父子」關係卻具有更神聖的地位。

吉利對伍伯就擁有自然優雅的音色倍加讚賞，而且欣賞他是一個非常聰明而又勤奮的學生。他預見伍伯就的光明前景，也因此不遺餘力地培養伍伯就。後來音樂界在評論伍伯就時，幾乎一致地讚揚伍伯就的優美音色，是受到吉利教誨的直接影響。

吉利是繼義大利男高音恩利科・卡魯索（Enrico Caruso 1873-1921）後，高居世界男高音榜首的聲樂家。他們的不同之處是，卡魯索的音色寬厚，適合如《阿依達》裡英雄角色豪邁的氣勢，而吉利的音色比較抒情而柔和。在受到吉利的教授影響後，伍伯就的音色也就毫無疑問是吉利的「一脈相承」了。

1952年，吉利邀約了伍伯就同台演唱，由吉利的女兒鋼琴伴奏。這場音樂會是1952年在距離羅馬約65公里的塞澤・羅馬諾（Sezze Romano）舉行的。足證伍伯就在這位名揚四海的義大利男高音心目中的地位。

是場音樂會邀請到義大利總統路易吉・艾依納烏蒂（Luigi Einaudi 1874-1961）親臨出席，同時有逾五十多位各國駐義大利大使也出席了這場音樂會，可謂政要齊聚，盛況空前。是伍伯就始料未及的崇高榮耀。

1955年6月29日伍伯就在羅馬巴羅米尼廳（Sala Barromini）舉

行了一場獨唱會。這是一個頗具歷史的建築，由義大利著名建築師佛蘭切斯哥‧巴羅米尼（Francesco Borromini 1599-1667）設計的巴洛克式教堂，而演唱廳就設在「聖依弗智慧教堂」（Sant'Ivo alla Sapienza）裡。這座教堂在1642-1660間建成，在羅馬宗教文化傳統歷史建築上具有一定的影響力。音樂家能在這座具有歷史性的教堂裡舉行演唱會是無上的光榮。他的教授吉利親自出席了這場音樂會，是對伍伯就最高的支持。

早在1953年11月4日，伍伯就曾參加了在羅馬「聖契齊麗雅音樂學院」舉行的一場競爭賽。這是為第二年舉辦的「21世紀音樂會」選拔獻唱者。參加競賽的有來自不同國家五十多位男高音，競爭實力旗鼓相當。伍伯就最後脫穎而出，並位居榜首。

1954年4月4日，這場盛會在羅馬「阿根廷劇院」（Teatro Argentina）開幕。主辦方是「日內瓦歐洲文化中心」（Centre Europeen de la Culture）。這個組織的發起人是瑞士哲學家、作家丹尼斯‧德‧羅哲蒙（Denis de Rougemont 1906-1983），於1950年在瑞士日內瓦成立。他的主張是通過這個組織發揚歐洲文化的團結精神。

瑞士歐洲文化中心選擇羅馬「阿根廷劇院」舉行如此規模的文化演出，是基於該劇院有極其優越的文化背景。它是在1731年建成，1732年1月31日開幕。一開始劇院專供歌劇演出，其中主要是普契尼（Giacomo Pucini 1858-1924）的作品。

義大利著名歌劇作曲家喬阿琪諾‧安東尼奧‧羅西尼（Gioachino Antonio Rossini 1792-1868）享譽盛名的歌劇《塞維亞的理髮師》（il Barbiere di Siviglia）就是在1816年2月20日假座這間古典劇院中首演，給「阿根廷劇院」留下不朽的盛名。

到二十世紀，「阿根廷劇院」改變了它的作風，以上演著名舞台劇為主，其中就有義大利的著名劇作家路易吉‧皮藍德羅

（Luigi Pirandello 1867-1936）、挪威劇作家亨利‧易卜生（Henric Ibsen 1828-1906）及俄羅斯作家馬克辛‧高爾基（Maxim Gorky 1868-1936）等的作品。

羅馬的「聖契齊麗雅音樂學院」自1950年後，即用這座劇院作為其錄音場所，所以瑞士歐洲文化中心組織這個音樂盛會，其選拔演出的男高音重任就落在該音樂學院。演出活動共舉行十二天，演唱會是由一個300名成員組成的交響樂團伴奏。獲得錄取參加演出的著名男高音來自二十多個國家，同時由這些參加國家組織一個評審小組，該小組負責人即為當時著名的俄羅斯作曲家伊戈爾‧斯特拉文斯基（Igor Stravinsky 1882-1971），它雖是一個歐洲的音樂盛會，卻飽含著世界級的文化水準。

伍伯就擔任演出活動開幕典禮的首晚角色。他在演唱會中主唱匈牙利作曲家貝拉‧巴爾托克（Bela Bartok 1881-1945）的作品「世俗頌歌」（Cantata Profana）。這位著作等身的作曲家名震歐洲樂壇，而伍伯就能在這個盛大的演唱會中，演唱他的作品，是無比的殊榮。值得注意的是，迄今為止，伍伯就是至今唯一在這座古典的藝術殿堂裡獻藝的中國人。是繼得到義大利聞名全球的男高音吉利賞識後的另一份殊榮。

為表彰伍伯就在聲樂方面的成就，羅馬世界藝術學院，在1962年特地給他頒授了榮譽博士學位。

在二十年的義大利生活中，除了舉行獨唱會之外，伍伯就還不時潛心作曲，如〈父親〉，〈母親〉，〈安妮塔〉，〈伊莉莎白〉及〈再會吧！羅馬〉，詞曲均為其創作，而〈催眠曲〉則是其作曲，妻子作詞，均收藏於楊兆禎主編的《中國藝術名歌選》第二集裡（文化圖書公司印行）。這些作品都傾注著他濃郁的個人情感，如「父親」是懷念為民族而犧牲的父親，「母親」則是感恩於寡母的呵護和教育，「再見吧！羅馬」則是他在赴港前為對羅馬的不捨

而寫下的一首淒迷歌曲。

　　歐洲的生活並沒有改變伍伯就對中國的熱愛，他曾經有機會可以改變身分，成為旅居義大利的華人，但是他沒有這麼做，一直堅持以中國人的地位與人交往，深得當地人的尊重。

　　他在1966年曾應邀去過臺灣訪問，在當地舉行了獨唱會，受到教育部部長閻振興頒授匾額，對他在音樂上的造詣表達景仰之意。

　　因為受到中國不同政治因素的影響，他和「保衛中華」作曲家何安東及著名小提琴家馬思聰，有著不同程度但卻又相似的被罷黜命運。這兩位中國的傑出音樂家，因為生活在大陸，當反右鬥爭及文化大革命運動發生時，何安東及馬思聰都沒有逃脫被冠以「右派」及「反動學術權威＋叛國投敵份子」的罪名，前者在上海音樂界裡被除名，後者因為逃亡美國而客死他鄉。

　　伍伯就因為從未回過大陸，所以幸免於何安東及馬思聰的不幸遭遇。不過因為可能他曾經擁有臺灣護照，而且在大陸最動亂的時候出訪過臺灣，所以上海音樂學院發展史中，從未提過他的名字。最終何安東及馬思聰都得到了平反，2007年在紀念何安東百年誕辰時，廣東省文聯在培正中學校園內，為何安東豎立了塑像，表彰這位為抗戰寫下激勵人心歌曲的貢獻。馬思聰也在他兒子直接函電溫家寶總理後，其骨灰最終得以長眠於故鄉。

　　伍伯就的恩師吉利是在1957年去世的，直接影響到他日後的音樂生涯，隨著歲月的增長，他最後決定回到香港退隱。原本他有到臺灣隱居的打算，但他的三女兒建議他回香港，因為那裡有他熟識的友人，有共同語言的同行。而臺灣人地生疏，又不諳閩南語，生活中難免會受到諸多的不便。大陸對他而言，那裡的物是人非情景只能勾起無限的傷感。

　　自父親伍漢持烈士殉難後，母親畢生辛勞一面負責女兒在海外籌款創立的醫院業務，一面要承擔起幾個孩子的教育。不幸的是，

因為大陸接二連三的政治運動，醫院及家中所有財產均遭沒收，伍伯就的母親及大哥都遭到無情的打擊，伍伯良被囚禁及下放，母親則被掃地出門鬱鬱而終其一生。這些負面的現實，成為伍伯就面對充滿思念的故鄉卻裹足不前的阻力。

伍伯就曾有過一段傳奇性的婚姻。他在嶺南大學學成後，前往上海進入蘇州東吳大學學習法律，在那裡認識了秀外慧中的千金小姐鄭漢生，她的父親是赫赫有名的教育家鄭洪年（1875-1958）。滿清末年時，兩廣總督端方於1906年計畫興學，鄭洪年提議創辦學校，在1907年興建了「暨南學堂」，端方為創始人，鄭洪年為首任「堂長」，到1909年離職。1927年再度出任為校長，將「暨南學堂」改為「暨南大學」。此後又任職了七年，到1934年離任。

伍伯就在上海求學時，認識了他女兒鄭漢生並結成連理。他們結伴從上海搭乘加拿大輪船「亞洲號」前往香港時，鄭漢生已身懷六甲，途中突然難產，嬰兒雖倖存，妻子鄭漢生最終回生乏術而不幸離世。待伍伯就抵達香港後，將剛出生的嬰兒交給了家人照料扶養。

到重慶後，他又重組家庭，先後誕生了兩個女兒。在赴歐洲前，也只能將兩個嗷嗷待哺的孩子交由祖母扶養，一直到十六年後，伍伯就可能思親心切，想起在重慶時和周恩來有過交往，於是直接致函給北京周恩來總理，請他考慮批准三女兒到義大利團聚的要求。

周恩來和伍伯就在重慶接觸時，對伍伯就的愛國抗戰熱情倍加讚賞。所以當周總理接到信後，對這位名噪一時的男高音的記憶猶新，隨即批准了他女兒的出國手續。最令人感動的是，周總理並沒有用政治的偏見來看待這位曾經服務於國民黨轄下的音樂家，而是從愛護文化人士的大局出發，使得伍伯就終於在十六年後，與襁褓之中即告分離的孩子重聚。

　　伍伯就自1966年回到香港後，一直在幾所中學執教，而且還執導了普西尼的歌劇《圖藍朵公主》（Turandot），及因膾炙人口而搬上銀幕的輕鬆音樂戲劇「仙樂飄飄處處聞」（Sound of Music）。

　　後因檢查出肝癌經過手術後不治，於1974年3月31日病逝，安葬於香港天主教公墓，聲譽卓著的一代聲樂家從此殞落！

　　台灣梁寒操先生以中國廣播公司及中國電視公司常務董事的身分，為伍伯就撰寫了悼文，並篆刻在墓碑的後面，文中將伍伯就與斯義桂相比擬，是對伍伯就最高的表揚。

　　然而伍伯就的後裔仍然有一個夙願，上海音樂學院及重慶音樂學院是否能考慮，對這位早期校友及執教導師，恢復其應有的地位？

（2020年12月22日完稿於溫哥華）

# 為什麼《仙樂飄飄處處聞》歷久不衰？

　　維也納在世人心目中，就是一個音樂之都。在歷代的頂尖音樂人物中，奧地利幸運地出現了一位舉世觸目的音樂家莫札特，從而將奧地利推向音樂王國的崇高地位。而莫札特的出生地薩爾斯堡（Salzburg）更成為人們嚮往的音樂搖籃。

　　每次到奧地利就不能脫俗，維也納和薩爾斯堡也自然而然地成為主要目的地。除了參觀欣賞有關古典音樂的歷史遺跡，就是出席較有深度的音樂會。維也納的莫札特故居以及中央公墓的音樂家墓園，都是每次旅程中必不可缺且重複觀賞的重要場所。

　　2019年筆者和妻子為慶祝結婚五十週年，四個月的歐洲旅程中，維也納和薩爾斯堡就成了行程重中之重的安排。在維也納出席了一年一度的安德烈·柳（Andre Rieu 1949-）音樂會。這位荷蘭籍的小提琴家及指揮，5歲開始學習小提琴，在父親的影響下，最終成為舉世聞名的音樂家。

　　他的成就不止於自己的演出，而是組織了一個史特勞斯圓舞曲樂團，將古典音樂融入到流行和搖滾音樂中，深得普羅大眾喜愛。他從一個只有十二個音樂手的小樂團發展至今約六十位樂手的大型樂團，每年作全球巡迴演出。樂團成員中有相當多的音樂人，是他在全球各地巡迴演出時發掘出來的，而且都是街頭賣藝的社會底層，經他的培養，儼然成為樂團中極具特色的節目。他的演出場地幾乎都可容納萬人觀眾，每年的總收入介於四千萬到七千萬美元之間，可見其實力之雄厚。

　　觀賞他指揮的音樂會，不僅可盡情享受古典音樂的深沉莊重，同時也能對舞台上不同的民間音樂產生共鳴。為了出席是場音樂

會，筆者早在九個月前就從網站上預訂入場券，但已經跡近銷售一空，餘下的有限座位就只能透過望遠鏡粗枝大葉地一窺舞台上的演出。為了能完成我們金婚紀念計畫中的重點項目，也就只能勉為其難地給自己找到心滿意足的藉口了。

這次在奧地利，就是將古典和流行音樂相結合的內容，作為我們旅途中的享受。維也納安德烈・柳的音樂會結束後，就成為行程中回味無窮的談話內容。直到抵達薩爾斯堡，我們的話題才隨著參觀的內容而轉換。

薩爾斯堡離維也納三百公里，搭乘火車需要兩小時38分鐘，一天有41個車次，非常便捷，乘坐奧地利火車也是旅途中的一個享受。薩爾斯堡城市不大，從地圖上琢磨一番後，步行參觀就是最好的安排。從火車站步行到薩爾斯堡老區也只需要十五分鐘。

我們步出車站，極目四望，穿過貫穿全城的莎爾沙合河（Fluss Salzach），即抵達古樸寧靜的老區，雖然旅客蜂擁，卻絲毫感受不到一般旅遊區煩人的嘈雜。老區裡教堂林立，古蹟遍佈，如沒有事前的準備，肯定會有不知所措的窘境。

歷史中奧地利的政治演變頻繁，王朝相互傾軋，宗教領袖政治權勢的膨脹，無人能理解這個音樂王國，如何在歷史長河中安然度過那一波又一波的政治鬥爭。

我們這次在薩爾斯堡主要的參觀內容還包含從好萊塢1965年拍攝的影片《仙樂飄飄處處聞》（Sound of Music）各個場景中，尋找歷史的痕跡，同時通過參觀的過程，尋

筆者夫婦在薩爾斯堡的電影故事旅遊車前留影

找與影片裡的家庭人物及其真實生活近距離的接觸。在老區市中心「莫札特廣場」上莫札特雕塑前留影後，即展開我們探尋這個真實歷史故事的來龍去脈。

《仙樂飄飄處處聞》影片的故事是根據一個動人的真實故事改編而成。描寫一位準備進入修女院實習的修女瑪麗亞・奧古斯塔・庫特雪拉（Maria Augusta von Kutschera 1905-1987）的一段人生奇遇。

故事主人公是當地一個奧匈帝國海軍軍官喬治・馮・特拉普（Georg von Trapp 1880-1947）在第一次世界大戰中立下赫赫戰功，被授予伯爵和騎士的勳績。不幸喪妻後留下七個子女無人照料，第三個女兒瑪麗亞・佛蘭基絲卡（Maria Franziska）正患病無法上學，父親只得設法尋找一位家庭教師作為輔導。

這位修女見習生，是她母親臨盆時在前往維也納火車上出生的早產兒。兩歲時母親病故，生活上遭遇到一連串的折磨，經過自己的努力，十八歲畢業於國立師範專科學校。

在一次和傳教士的交談中，瑪麗亞有意獻身宗教，於是以見習生的身分進入薩爾斯堡的嫩伯格修女院（Nonnberg Abbey）。剛進入修院，即因有師範的背景，被修院安排前往特拉普家裏為病中的女兒當家庭教師。

當我們的「仙樂飄飄處處聞」參觀團到達嫩伯格修女院後，導遊為我們介紹了修女見習生不平凡的動人故事。置身在714年屬於本篤修女會（Benetictine Sisterhood）最古老的修院中，不由得在腦際裡出現修院的歷史過程，這座修道院是經過數度遭遇祝融之災後重建的。

通過電影的情節，我們融入到修女的現實生活中。瑪麗亞在特拉普家工作不久後，主人對她產生情愫，為了避免違背她的宗教夙願，只得逃回修院，並如實地向院長報告。院長對她曉以大義，認

為這是天主賦予她為孩子們挑起膽子的責任。此時特拉普的孩子們來到修院懇求這位見習生回心轉意，於是她勇敢地回到特拉普家，並於1927年和特拉普走進了婚姻殿堂。當時她只有22歲，而特拉普已經是47歲的中年男子了。

1938年因納粹的入侵，維也納情勢突變，猶太人被迫害，特拉普受到威逼利誘要為納粹服務。因為他的拒絕，將遭致被捕的厄運，於是舉家設法逃離奧地利，經過長途跋涉抵達瑞士。

《仙樂飄飄處處聞》的結尾是特拉普一家抵達瑞士，重獲自由，在快樂的音樂節奏中落下帷幕。

我們的參觀也就是在真實的歷史和電影的情節交相融會中進行。在薩爾斯堡的市中心，我們先參觀了「宅邸廣場」（Residenzplatz）的主保堂及主教府。這是座自1588年開始建造的宗教府第，歷史上當地的總主教被尊稱為「王子總主教」。因為在神聖羅馬帝國的統治下，薩爾斯堡的總主教皆為帝國的王子，「王子總主教」名稱也就在歷史上傳承了很久。

在這部歌舞影片的劇情中，瑪麗亞第一次前往特拉普家之前，途經「宅邸廣場」，載歌載舞地一邊唱著〈我有信心〉一曲，一邊在廣場中央的噴泉中，用雙手汲水灑向池中的馬身上。然後鏡頭轉向特拉普的別墅，在大門前唱完此曲。

隨著電影的情節，我們身歷其境在薩爾斯堡幾處歷史遺跡中。如影片中佔據了重要位置的「赫爾伯魯古堡」（Schloss Hellbrunn），是當地王子總主教馬庫斯・希狄庫斯（Markus Sittikus 1574-1619）下令建造的別墅。他在任期間每年有一半時間住在羅馬，所以回到薩爾斯堡後就希望能有一座義大利式的住宅供他享受，在1613年開始建造了這座私宅。

就在這座龐大的宗教領袖私宅花園中，一座簡單的玻璃涼亭，成為影片中的定情場所。先是特拉普的大女兒和男朋友在涼亭中談

情時唱的〈從十六歲到十七歲〉（Sixteen Going on Seventeen）。

瑪麗亞重新回到特拉普家中後，她和特拉普也在此吟唱〈積緣〉（Something Good）情定終身。

我們又在湖畔遙望著湖對岸十七世紀的雷奧波德斯克隆古堡（Schloss Leopoldskron），這是當地王子總主教雷奧波特・安頓・福爾緬（Count Leopold Anton Eleutherius von Firmain 1679-1744），在驅逐了22000名新教徒後，將附近的土地竊為己有。他後來將這一大片私產留給堂弟，1837年之前始終掌握在福爾緬家族手中。

這一大片財產數度易手，並經歷過納粹的侵佔，上世紀中葉改為對外營業的酒店，許多國際政治人物都曾慕名而下楊其間。在電影中，雖將它作為特拉普別墅，但真正的電影實景並未在這裡攝取；而原來設置在赫爾伯魯古堡花園中的玻璃涼亭，如今見到的只是一個複製品而已。因為電影劇情的影響，不論其是否原物，遊人們仍然興致沖沖地留下「到此一遊」的紀念。

瑪麗亞率真地領著孩子們，越過河上1901年建造的「莫札特橋」（Mozartsteg），唱響了〈我的心愛之物〉（My Favorite Thing）。橋下暢流的「莎爾沙合」河與這座城市的名字有著歷史的淵源。

它雖然是一條淡水河，卻在過去兩百年來承擔著運輸白鹽出海的重責。因為鹽是當地的經濟命脈，薩爾斯堡城（Salzburg）的名稱也因這個特產應運而生。城市名稱的前半個字（Salz）意

筆者夫婦在湖畔留影，背景是電影中特拉普的別墅。

思就是「鹽」，而後一半是「古堡」（Burg）。顧名思義，這是為保護運鹽通道而建造的城堡。

有趣的是，一座因出產鹽的城市，日後卻成了音樂之都；而建立在河上的橋樑，也是用音樂家的名字予以命名。出資建造這座橋的富商，目的只是方便河對岸的居民前往老區喝咖啡不必繞大圈子而已。

瑪麗亞先是帶著孩子騎著單車穿過這座橋，輕鬆地沿著古堡道路上馳騁，他們的歌聲在整個薩爾斯堡城市間穿梭；繼而他們又乘坐馬車，歡欣地唱著主題曲〈Do-Re-Mi〉，製造了劇情中的高潮。這是瑪麗亞開始教孩子們唱的第一首唱歌，用七個階音順序學唱，鏡頭最後停留在市區裡古老的米納貝爾花園（Mirabell Gardens）。

據歷史的記載，這是一座在十八世紀由當時掌權的王子總主教沃爾夫·狄艾特利希·拉特納（Wolf Dietrich Raitenau 1559-1617）為他的情婦莎樂美·阿爾特（Salome Alt 1568-1633）所建造。他們的公開私情，幾乎震驚了整個薩爾斯堡。最終總主教失勢，被囚禁後去世，他的情婦為此一直穿著喪服，象徵著她是總主教的結髮夫妻。

電影裡描述特拉普一家在納粹的監視下，舉家參加了設在舊馴馬場劇院的一個演唱會比賽，男主人公動情地唱了〈Edelwess〉，這是阿爾卑斯山裡的一種小白花，他唱出了即將遠離故鄉的不捨，用這小白花暗示全家在唱完這首歌後即將遠離而去。

電影的結局是在修女們協助下，特拉普全家先躲藏在墓園石碑後避難，最終逃出納粹魔掌，翻山越嶺抵達瑞士獲得自由。

跟隨著導遊走完《仙樂飄飄處處聞》的重點鏡頭，似乎是在歷史的隧道中，和劇中的人物一同穿越了人間的真善美歷程。

其實電影的內容和真實故事有一定的差距。真實的故事是，特拉普和瑪麗亞結成夫妻，瑪麗亞不僅要擔負起教養他前妻遺留下來

七個兒女的責任，自己後來也和特拉普誕生了三個孩子。

在實際生活中，特拉普的第一任妻子阿卡提・葛貝爾蒂納・懷特艾德（Agathe Gobernina Whitehead 1891-1922）出生於一個顯赫的世家，除擁有爵位外，祖父又是魚雷發明家，父親投資魚雷的生產，是一個名副其實的軍火商。特拉普妻子繼承了偌大的遺產，由此改善了特拉普一家的生活狀況。

妻子去世後，他購置了一座別墅，然後和瑪麗亞結成夫妻。家庭原本可以開始恢復歡樂，卻突遭巨變。特拉普為了幫助一位朋友，將存放在倫敦銀行的積蓄全部轉移到奧地利，不料因為歐洲的經濟蕭條，當地銀行出現危機，特拉普的存款頃刻之間化為烏有。

一家人的生活頓時陷入困境。瑪麗亞當機立斷，毅然挑起家庭的重擔，決定全家擠在樓下一層，上面的房間出租來彌補家用。

瑪麗亞注意到七個孩子的音樂天賦，於是組織了「特拉普家庭合唱團」（Trapp Family Choir），教孩子們唱歌。通過收音機，德國著名女高音洛蒂・樂赫曼（Lotte Lehmann 1888-1976）極為欣賞他們的歌喉，於是鼓勵他們舉辦音樂會。不久奧地利總理庫爾特・舒斯尼格（Kurt Schuschnigg 1897-1977）也從收音機裡聽到他們的歌聲，於是安排他們到維也納獻藝。

當地的總主教委派佛蘭茲・瓦斯勒（Franz Wasner 1905-1992）神父作為提供特拉普家庭服務的神父，「特拉普家庭合唱團」組織後，他擔任了指揮和團長的職務，開始了歐洲的巡迴演出。演出內容有古典音樂，有民俗歌曲和牧歌等，受到廣泛的歡迎。

1935年他們曾在薩爾斯堡的舊馬廄改裝成的劇院裡公開演出，受到極佳的好評。這座舊馬廄建於1693年，原來是一座馴馬場，由當時的王子總主教約翰・厄爾斯特・馮・杜（Johann Ernst von Thun 1643-1709）下令建造，他在曾作為建築主保堂後廢棄的採石場，利用其下沈的低窪土地改裝成馴馬場（Felsenreitschule），同時還

建有三層拱廊作為來賓觀賞馴馬之用。

1938年納粹佔領奧地利後，曾經下令要特拉普加入納粹的海軍服務，遭到他的嚴詞拒絕。為了一家的安全，他計畫遠離家鄉。他是在今天的克羅地亞的扎達爾（Zadar）出生，當時是義大利的屬地，所以特拉普擁有義大利籍的公民。於是他在這一年帶著全家搭乘火車抵達義大利，與美國的演出經紀人聯繫後，獲得六個月的旅遊簽證乘船抵達美國。

為了更適合演出的商業目的，經紀人將他們的合唱團改名為「特拉普家庭歌唱者」（Trapp Family Singers），開始在美國公開演出，以此彌補生活所需。六個月之後因簽證到期，他們只得回到歐洲，為避開納粹的騷擾，他們選擇在北歐作巡迴演出。1939年9月再度申請美國簽證獲准，從挪威乘船抵達美國。

他們先在賓州落腳，繼續巡迴演出，也因此聲名大噪，受到觀眾熱烈歡迎。1942年決定在東北角新罕布夏州（New Hempshire）佛蒙特（Vermont）地區的小鎮斯托（Stowe）購買了660英畝土地，建了一座鄉村旅社，名為「特拉普家庭旅社」（Trapp Family Lodge）。在慘澹經營下，舉家生活才得以安定。

在舒適的生活中，他們並沒有忘記家鄉的同胞，所以在二次大戰結束後，特拉普重返奧地利，目睹了戰後的慘狀，於是和妻子在美國成立了「特拉普家庭奧地利救助基金會」（Trapa Family Austria Relief Inc.）由和他們一起共甘苦多年的瓦斯勒神父擔任財務主管。

他們每當演出時，就在舞台上呼籲並特別強調稱：「奧地利將海頓、舒伯特、莫札特及平安夜曲獻給了世界，如果這世界不給奧地利伸出援手，這些奉獻遲早會消失。大家都知道歐洲當前的局勢，但是幾乎無人知曉奧地利的人民正在失去他們的勇氣和希望。」

由於他們的援助計畫長期不懈，1949年教宗庇佑十二世（Pope

Pius XII）特地給特拉普家庭頒授了勳章。

一家十口後來申請加入了美國籍，最小的兒子是在美國出生的，自然就成為美籍公民。唯獨特拉普本人一直到1947年去世從未放棄其義大利國籍。瑪麗亞在1948年出版了她的回憶錄「特拉普家庭歌星的故事」（The Story of Trapp Family Singers），暢敘他們一家的奮鬥過程。1965年好萊塢拍攝的「仙樂飄飄處處聞」就是根據這本書，並參考1956年和1958年德國拍攝的兩部影片「特拉普家庭」（The Trapp Family 1956）及「特拉普家庭在美國」（The Trapp Family in America 1958）以及百老匯的舞臺劇改編而成的。

為了螢幕上的浪漫表現以及美國好萊塢以商業利益為出發點的要求，電影中有很多地方與特萊普家庭的實際生活相差甚遠。

比如，男女主人公的性格，在影片中，特拉普是一個具有軍人嚴肅本色的一家之主，而瑪麗亞則是溫和善良的女性。與現實生活中正好顛倒。他們的子女後來透露，瑪麗亞是一個脾氣極其暴躁的女人，稍有不稱心的地方即暴跳如雷，而特拉普則是一個充滿耐心而且深愛音樂的紳士。

真實的生活中，他們的婚姻是在修女院中完成的，而電影中，為了使氣氛更為濃郁浪漫，將鏡頭放在郊區摩德希（Modesee）的大教堂裡。

電影戲劇化的高潮，放置在電影結束時，特拉普夫婦帶著一群孩子在阿爾卑斯山上，為獲得自由前往瑞士而深深地呼吸。

編劇選擇瑞士，可能是認為瑞士有著中立國的地位，更有名副其實的效果。實際上，因為特拉普有義大利國籍的背景，所以舉家搭乘火車前往義大利轉往美國。

在電影裡接近尾聲前，幾段納粹的搜捕特拉普一家，以及他們在舊馴馬場改建的劇院裡舞臺上獻唱作逃亡的準備，顯然就是美國好萊塢慣於製造高潮的手法。其實這幾段特拉普家庭和納粹鬥法的

經歷,從未發生在真實生活中。或許用另一種更具有藝術性的手法處理,應比這幾場較為牽強附會的納粹鏡頭更為生動。

我們參觀的行程,在距離特拉普家庭不遠處的摩德希(Mondsee)小鎮結束。到這個小鎮有兩個目的,一是導遊要大家在那裡喝咖啡休息,品嚐當地出名的乳酪。

但更重要的是,參觀一座自公元748年建設的修道院,經過千餘年不尋常的歷史過程,如今是當地較具規模的巴洛克式「聖麥克大教堂」(The Collegiate Church of St. Michael)。原來電影中特拉普和瑪麗亞結婚的儀式就是在這座教堂裡進行拍攝的,場面宏偉而動情。

在真實的故事裡,特拉普一家在瑪麗亞悉心培養下所組織的合唱團,稱得上是專業的藝術演唱者。他們從1934年到1956年,在三十多個國家巡迴演出,創下逾三百萬觀眾的紀錄。除了正式的劇場外,他們也在各地中學禮堂及社區音樂廳獻演。

1952年及1953年他們在美國加州的聖巴爾巴拉的「羅貝洛劇院」(Lobero Theatre)演出,轟動一時。這兩場音樂會,也給編劇人許多額外的啟發。

從看過電影,再進入薩爾斯堡拍攝場景的參觀,以及對女主人公的描

特拉普和瑪麗亞進行婚禮的教堂內景。

述，游走在歷史和現實中。在導遊的帶領下，一路上巴士裡的遊客歌聲不絕於耳，除了筆者之外，幾乎人人都能將電影中的插曲唱得一字不差。說明六十年前的老電影，迄今仍然是影迷的追捧，尤其是美國人更將這部電影視為他們在影視圈裡的珍寶。

1965年影片殺青後，在全球放映，筆者在羅馬看過後的感受是一部娛樂性極強的影片，尤其是英籍女主角朱莉・安德魯斯（Julie Andres 1935- ），能歌善舞，整部影片從頭到尾一氣呵成。男主角克里斯多福・珀魯默爾（Christopher Plummer 1929- ）沈穩的表現，令筆者好奇而曾追蹤其家庭的背景。

男主人公的曾祖父約翰・白修（John Bethune 1793-1872）是聖公會傳教士，為加拿大蒙特利爾市建立教會的重要人物。而約翰・白修的曾祖父約翰・厄波特（John Abbott 1821-1893）曾擔任過為期只有一年的首相（1891-1892）。

因為姓氏白修（Bethune）在蒙特利爾歷史傳統中佔有重要的一頁，也因為這個姓氏增加了我更多的好奇，原來電影男主角的父輩裡有一位名震中外的革命鬥士白求恩（Norman Bethune 1890-1939），是一位傑出的外科醫生，鑒於他思想激進，加入了加拿大共產黨，成為一位國際人士。他於1936年前往西班牙，在內戰中救死扶傷。稍後中日戰爭爆發，他又奔赴中國，進入晉察冀共產黨抗日前線，不僅擔負起前線救治傷兵，還為當地貧困百姓義務診病。不幸在一次進行手術時染上破傷風而身亡。

毛澤東後來在1939年12月29日發表了〈紀念白求恩〉一文。在文化大革命時，與另外兩篇文章〈為人民服務〉及〈愚公移山〉成為人人必讀的「老三篇」，也因此白求恩在中國成為家喻戶曉的國際主義者。

雖然這是一篇政治性很強的文章，但閱讀過的人數，遙遙領先於《仙樂飄飄處處聞》的觀眾數字。如果男主角得知這個信息，不

知有何感想？

　　薩爾斯堡旅程中的電影拍攝景點參觀，和歷史古蹟中的徘徊，體會出生命中的兩極世界。

　　那些古老的建築留給後人的只是一些藏垢之所，遺留下政治人物以及「道貌岸然」的宗教人士心目中，權力金錢的慾望和卑劣的情慾。

　　然而電影裡一個善良柔情的女性，給觀眾展現出幫助丈夫重建家庭，通過音樂教育孩子，經歷不懈奮鬥解決家庭的困境，從絕境中脫穎而出！展現出女主人公的真情和善良，建立了一個充滿「美」的家庭。還承擔起援助同胞的義舉，體現了「愛屋及烏」的善良品德！

　　這不就是人類經常吊在嘴邊卻難以企及的「真善美」的詮釋嗎！

（2020年12月31日完稿於溫哥華除夕夜）

# 日本「浪漫特快」的體會

　　2017年，筆者和妻子計畫到日本作一次真正的文化之旅，目的地是箱根的「露天雕塑博物館」，然後順道前往富士山一看究竟。

　　在日本旅行，基本上不必為交通工具發愁，那裡的鐵路四通八達，幾乎連僻靜的小村莊都有火車連結。所以我們抵達東京後，就直接在火車站內的日本觀光部門預訂火車票。

　　在閱讀火車的資料時，一個頗為有趣的詞彙吸引了我們的眼球——「浪漫特快」（Romancecar），我們彼此不禁宛然一笑，而決

| 日本「浪漫特快」的英姿。

定試一下日本的浪漫火車究竟浪漫到什麼程度。我們原先已經購買了五天的「套票」價廉物美，方便旅客隨上隨下。但是為了要嘗試一下「浪漫特快」的情調，就另外加付額外費用。

我們第一站「浪漫特快」行程是從新宿（Shinjuku）到湯本（Yumoto），路程為83.8公里，車行需要一小時14分鐘，每人加付890日圓，很多外籍旅客對這昂貴的票價只能搖搖頭。

為了好奇，我們對「浪漫特快」的來龍去脈，先作了簡要的瞭解。它的前身是1957年在窄軌火車道上設計的舉世第一條時速達145公里的快速火車，震驚了全世界。這條快車的設計啟發了後來的「新幹線」，而且還獲得日本藍絲帶設計大獎，日本從此鐵路在全球名聲大噪。

「浪漫特快」屬於日本私營鐵路公司「小田急電鐵路株式會社（Odakyu Electric Railway Co.），其規模相當龐大，下屬有101間子公司。「浪漫特快」主要是往返於日本重點旅遊區，如新宿到箱根的專線。另外該地區的「箱根登山鐵路」（Hakone Tozan Line），以及到江之島（Enoshima）海濱度假的火車「江之島急電鐵路株式會社」（Enoshima Electric Co.）都是其屬下的公司。

自1957年的第一系列「浪漫特快」問世後，經過了近七十年的發展，先後發展有不同系列的快車。迄今為止，1996年的系列30000EXE / EXEalopha，及2008年的系列60000 MSE仍在運行。

於是我們開始了在日本的「劉姥姥進大觀園」，嘗試火車的「浪漫情調」。我們乘坐的是2005年開始運行的系列50000VSE。整個八節車廂均為白色。

「小田急電鐵路」辦公室位在新宿火車站的西端，初次尋找這個有別於日本國家鐵路的私營公司還頗費周章。它的位置偏離了火車站的中心地帶，所以一路上向過往路人打探，最後才看到「小田」（Odakyu）的標記，但離我們登車時間只剩下十分鐘。

匆匆地上到月臺，一眼望去，「浪漫特快」的外觀，給人的感覺似乎是「福婆婆」的體型。找到預訂的車廂號，剛一進入車廂，令我們頭疼的問題出現了。整節車廂約六十個座位，只有座位上端有行李架，可以放置隨身行李。雖然我們多年來習慣了長途旅行的「輕車簡從」，但每人仍然有一件行李。因為我們到車站的時間緊迫而無法托運，只能自己帶上火車。

車廂裡根本沒有存放大件行李的空間，環顧四周，只見坐在那裡的乘客，大多數是成年男人，看到我們推著兩件行李不知所措的尷尬神情，也沒有人伸出援手。在焦急心情糾纏下，我還注意到有些乘客的表情，似乎對我們攜帶大件行李很不以為然。可以想見是怎樣的狼狽了。

我們搭乘的是第31車次，下午二時十分離開新宿，到三時三十五分抵達。從現代化的車速來衡量，這車速並不很「浪漫」！

坐下喘息片刻後，我才有機會環顧車廂內四週。如同所有日本火車一樣，整節車廂裡鴉雀無聲，有的忙著使用電腦，有的專心一致地看著書報，還有的低頭玩弄手機。我領會不出車廂內的「浪漫」到底在那裡？那麼「浪漫特快」的意義是否僅是吸引旅客的宣傳手段？

按照須知說明，車廂內應該有販賣飲料的服務，但直至我們下車，均未見服務人員的蹤影。也許我們購買的車廂沒有這項服務吧？

我們的計畫主要是參觀箱根露天雕塑博物館和富士山，所以在湯本下車後，還得要轉搭箱根登山鐵道前往強羅（Gora）。為了不遺漏強羅的自然風光，我們安排了在中強羅過夜。箱根登山鐵道是在1919年6月開業的，至今也是百年老店了。從湯本到強羅共有十一個車站，是日本坡度最陡的鐵路，最陡處達80%。從湯本到強羅，要穿越密茂的森林，而且中間有三處因為坡度陡峭，火車需要

先換軌後退，然後再前行，被視為是旅途中的奇景。這條鐵路全程為十五公里，需要四十分鐘走完。抵達「強羅」終點的前一站，就是「露天雕刻博物館」，為了方便旅客，火車站自1972年將原來的「二平站」（Ninotaira-eki）改成「雕刻之森站」（Chokoku-no-mori）。

箱根登山鐵道和瑞士的雷蒂亞鐵路（Rhatische Bahn 1889年開業）有密切的合作關係。它的興建得到這家瑞士鐵路不少的協助。所以在1972年，經過瑞士國家旅遊局的從中撮合，兩家鐵路公司結成了姊妹鐵路。

這條鐵路的代號為OH，在旅途中注意其代號就不至於迷路。如「湯本火車站」代號為OH51，「雕刻之森站」為OH56，終點站「強羅」則為OH57。

從強羅下車後，我們還要再經過一個只有幾分鐘的鐵路旅程，才能到達預訂的酒店。這一段是從強羅搭乘「箱根登山纜車」，這個名稱很容易被人誤以為是鋼索上運行的空中交通工具，實際上它是另一種纜索登山鐵路。1915年開始建造，所有車廂等材料都由瑞士進口，到1921年12月1日通車開業，迄今正好是百年大慶了。

這條只有1.2公里長的鐵路線，全程約為7分鐘。共有六站，每一站都是旅遊勝地，所以將其稱為「觀光專列」一點都不誇張。

從強羅上車後，依序為「公園下」，「公園上」，「中強羅」，「上強羅」和「早雲山」共六站。我們在「中強羅」下車，環境極其幽靜，只要步行約三百米，就抵達預訂的酒店。

這家酒店有西式客房和日式榻榻米的傳統客房。我們選擇了榻榻米，作為享受日本式的「浪漫」。酒店的周圍環境是一幅典雅的農村風光。在離酒店約百米的街旁，我們找到了一家只有四張餐桌小巧玲瓏的日本餐館，店東是一位而立之年的男士，裏外兼顧忙得不亦樂乎。

一夜在榻榻米上的睡眠，既舒適又安詳。自離開臺灣後，我和榻榻米已經睽違了五十年。早餐後，我們搭乘箱根纜索鐵路下到強羅，再轉登山鐵路，一站路就到達「雕刻之森」。

這是一座別開生面的博物館，除了一些室內展覽外，主要是欣賞分布在庭院中的露天雕塑作品，出自歐美及日本一百多年來重量級藝術家之手，如英國的亨利·莫爾（Henry Moore 1898-1986），早在六十年代，我曾在羅馬對他採訪過，後來在溫哥華的伊莉莎白百年紀念公園中，遠遠地就能辨別出設置在廣場上的莫爾作品。他的聲譽早已遍佈全球。

起初以為最多只有一到兩座他的雕塑作品，想不到在整個花園中，居然有十座之多，不禁由衷敬佩日本在國際藝術文化交流工作

筆者夫婦在箱根露天雕刻博物館中英國藝術家亨利·莫爾作品「家庭成員」前留影。

上的積極態度。這座博物館中還設置了畢卡索的專館，是歐洲以外與眾不同的展館，除了少數幾幅畫作外，所收藏的三百多幅作品，幾乎都集中在很少人知曉的陶器上，令我大開眼界。

　　漫步在遼闊的花園中，仰望藍天，環視青山綠水中這些藝術極品，是無上的心靈享受，時間的雜念一掃而空。在接近參觀尾聲時，離出口不遠處，突然發現義大利著名自學成功的雕塑家賈科莫‧曼祖（Giacomo Manzu 1908-1991）的專館。帶著好奇又興奮的心情，進入到館內觀賞。

　　展出的主要作品，是他在1964年為梵蒂岡完成的「死亡之門」雕塑的澆鑄模型。他完成這件震驚全球的藝術作品時，我正在梵蒂岡大公會議新聞室工作。曾經在羅馬採訪過他。這件具有歷史性的雕塑是教宗若望二十三世（John XXIII 1881-1963）委託他設計建造的。遺憾的是教宗在1963年去世，而這件作品在一年後才完成。

| 1 | 2 |
|---|---|

1　博物館展出的瑞典藝術家創作的「人與飛馬」氣勢恢弘。
2　筆者在博物館中畢卡索專館前留影。

　　這件藝術作品是曼祖藝術生涯中最受爭議的一件，主要是其中參雜著藝術家的政治思維。他是義大利共產黨的擁護者，而共產主義和天主教教義是背道而馳的。儘管如此，這座鑲嵌在梵蒂岡聖彼得大堂最左側的前廊大門，之所以被稱為「死亡之門」是因為它是在教堂舉行喪禮後的專設出口。

　　在箱根的露天雕塑博物館看到曼祖的專館，不僅是一個額外的驚喜，更加對日本在國際藝術界中吸取不同滋養的精神肅然起敬。雖然展出的只是澆鑄模型，卻反映出日本對各種藝術形式的尊重。事實上曼祖在國際上的地位遠高於在他自己的故土。

　　結束了博物館精彩絕倫的藝術欣賞後，我們重登纜車，回到強羅，期待著在素有「日本的法國式花園」內一覽其真面貌。這座花園建於1914年，當時是專為上流社會設計的消閒處所，在強羅高地佔地面積達三萬六千多平方公尺。最早的設計分西式花園和日本庭園。現在已經合而為一。花園裏的確是花團錦簇，鳥語花香。幽靜中帶有幾分日本式庭園的肅穆。中間的噴泉聊備一格，兩邊各設有咖啡座，還供應日式料理。

　　我們進入左邊的一家，依窗而坐，居高臨下，庭園中的景色盡收眼底。只是那日式的咖啡桌椅感覺上如同小學生上課一般。

　　從強羅搭乘纜車前往「御殿場」（Gotemba），那是為觀光旅客設計的購物中心，卻引不起我們的興趣，因此未作稍片刻的停留，即直接換乘大巴前往河口湖（Lake Kawaguchiko），準備欣賞日本的另一個浪漫，即聞名全球的富士山。

　　我們預訂的「河口皇后大酒店」，是名副其實的觀賞富士山景色處所。也不知為什麼酒店自動將我們的客房升級到五樓套房。甫一進入，立即被窗外的富士山美景所吸引。放下行李，和妻子佇立在陽臺上，深深地被那雲層飄忽不定的自然風光所震懾。

　　富士山在陽光下一會兒展現出它那優雅的風姿，不一會兒又立

即被漂浮的白雲所遮掩。就這樣不停地變化，令我們對次日的富士山之行更添幾分期待。

從火車站接我們的酒店擺渡車司機，特地在途中向我們介紹，離酒店不遠處，有一家頗負盛名的餐館價廉物美，而且很有特色。他們秘制的味噌湯底麵條是食客的最愛。按照他的建議我們在傍晚按圖索驥到該餐館，首先被它那古色古香的門面給吸引住了。招牌上書寫的漢字「不動」令我們大惑不解。

進入餐館後，裡面已經幾乎是高朋滿座。這餐館全名是「Hoto Fudo」，前一字意思是「味噌湯底」而後一字翻譯成「風堂」也許比「不動」更為雅緻。

他們的特製蔬菜麵是這次日本浪漫之行的額外收穫，期待著第二天我們旅行中的另一高潮。我們在上午9時50分，搭乘從湖口開往富士山五合目（第五站）的巴士，行車五十五分鐘即抵達。這是遊覽富士山的中心點。

為了暢遊五合目，我們先到衛生間如廁洗手，居然見到衛生間有人看守，而且要支付一美元的「入場費」不由大吃一驚，心忖這似乎不是日本人行事作風。我抬頭注意到牆上有富士山觀光株式會社的「富士山無水電供應」告示，同時靠牆邊的一張高腳桌子上還擺設了

| 筆者妻子在富士山五合目的傳統郵筒旁留影

印刷說明供遊客取閱。

　　說明告訴旅客，山上每天要使用的五千公升清水，需要用五輛水車每車運載1000公升清水上山，整個行程30公里，每天的費用是五萬日圓。

　　另外山上還要使用兩台巨型發電機，二十四小時不停地發電供第五站使用。為此每天需要使用550公升柴油來運轉兩台發電機，每天費用也是五萬日圓。

　　所以在遊客使用衛生間時，支付的「入場費」一美元，就是這兩項額外開支的唯一收入。我們看到後不禁面面相覷。因為進入到富士山第五站時，每一位旅客都已經支付了20美元的交通費，為什麼當地觀光部門不能技巧地將這筆費用包含在交通費之內，而要大事張揚地在衛生間上做文章，這顯然和大和民族的行事作風相悖。

　　不過一美元也不是什麼大事，就將它看成是旅途中的趣聞吧。我們在「五合目」周圍遛達，只感覺到是一片空曠的山區，空氣清新，環境優雅。然而到了出售觀光禮品的購物區時，卻使人聯想起

筆者夫婦在大江公園以富士山為背景留影。

臺灣的日月潭，不禁令人懷疑這是否日本的觀光旅遊景點？我們欣賞了遠方的富士山片刻後，即搭車下山，前往附近的「大江公園」（Oishi Park），去尋找更具風韻的景象了。

這裡是一片欣欣向榮的風光，花海般的薰衣草，迷人的色彩和清香的芬芳引人入勝。我們在湖邊漫步，心情豁然開朗。富士山如同一個巨人巍然佇立在湖畔，和水中的倒影交相輝映，頓時忘記了人間的一切雜念，久久不能割捨離去。

這是我們日本浪漫之旅的終點站，在啟程出發前本計畫搭乘「浪漫特快」回新宿。因為已經有了來時的經歷，而且要搭乘「浪漫特快」還得轉三次車，前後約需七到八個小時才能抵達新宿再到機場。

於是決定改從湖口到新宿搭乘直達大巴，然後直接在新宿火車站二樓的東京觀光株式會社旁邊，換乘機場大巴，就可直達成田國際空港。前後約四個小時即可。

總結這次的日本之旅心得，與其追求那些因西方式名稱而衍生出的虛無縹緲觀光，不如安分守己，遵循日本大和民族的傳統文化，也許更能體會其中的奧妙而享樂無窮。

在前往機場的途中，偶爾閉目養神，更不時注視車中的旅客，如同往昔到日本一樣，相遇的是當地人嚴肅生活方式中的幾分樸素。他們的循規蹈矩，彬彬有禮，使我們再一次享受到日本人的平實單純，這是在「浪漫特快」中難以找到的氛圍。

（2020年11月30日完稿於溫哥華）

# 「馬爾維納」與「佛克蘭」之間的紛爭

　　在我全球旅行的經歷中，除了常受到歐洲文化歷史音樂藝術的吸引之外，就是拉丁美洲的旅遊了。墨西哥和中美洲原住民的傳統歷史，有著濃郁的親和力，而南美洲則每到一個國家，就有數不清的獨特習俗激勵著旅客去探索、追尋。巴西、阿根廷、烏拉圭、智利、祕魯……，每一個國家都擁有數不清的文化色彩，善良的人民，豐富的生活內涵，甚至複雜的政治內幕。每每令人在接觸之後難捨難分。

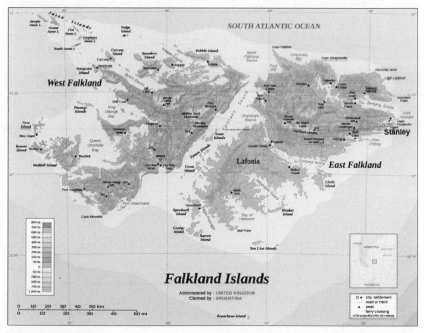

佛克蘭群島地圖。

在離阿根廷首都布宜諾斯艾利斯（Buenos Aires）1953公里的南大西洋上，有一組群島，在近五百年的歷史潮流中，給人留下諸多令人歔歔的波濤。說穿了，不過是歐洲白人自開始在全球尋找殖民利益的一段小插曲，卻充分反映了歐洲白人在殖民過程中的殘酷無情。

這組群島在1982年因為一場戰爭而名震全球，最終勝利究竟是屬於阿根廷還是英國？仍然是各執一詞。然而從島嶼的名稱中去尋找，即可發現兩者皆有各自的滿足。阿根廷稱之為「馬爾維納群島」，而英國則用「佛克蘭群島」的稱呼代表著他們的自豪。作為一名觀光者，單從了解阿根廷和英國對該島稱呼的背景，即可獲得一絲情趣。

阿根廷一直對這個擁有一萬兩千平方公裡面積，海岸線長達一千三百公里的群島稱之為「馬爾維納群島」（Islas Malvinas），它除了東西兩座較大的島嶼外，共有776個小島。

馬爾維納一詞源自於法文名稱「馬羅伊勒島」（Iles Malouines），是法國探險家路易－安東‧狄‧波蓋威爾（Louis-Antoine de Bougainville 1729-1811）在1764年登陸此島時予以命名的。他從法國最南邊的波里塔尼地區（Brittany Region）的聖馬羅（Saint Malo）港口出發到達此島，而該港口是由基督教福音派的傳教士所建立後用「聖馬羅」（St. Malo）予以命名，「馬羅伊勒島」就是為了紀念他的出發地而採用的。到了西班牙人時代，就將「聖馬羅」直接譯成「馬爾維納」。

英國人為這個群島取名為「佛克蘭島」，有一說為英國探險家約翰‧史東（John Strong 1654-1693）給這個島嶼取名為「佛克蘭海峽」（Falkland Sound）。但還有另一說似乎較為更切合實際。是約翰‧史東抵達島嶼後，即將此島嶼取名為「佛克蘭島」（Falkland Islands），為的是紀念蘇格蘭一位政治人物安東尼‧凱利（Anthony

Cary 1656-1694）。

凱利的第五代「佛克蘭子爵」（Viscount Falkland）頭銜即來自蘇格蘭Fife的佛克蘭王宮。當時凱利在海軍主管財務，史東的探險經費都是來自凱利的資助，因此就直接將這個在南大西洋發現的群島命名為「佛克蘭群島」。

其實早在1592年8月14日，英國的一位名叫約翰・戴維斯（John Davis 1550-1605）的探險家就發現並登上了這個島嶼。

使用「佛克蘭群島」作為正式名稱是在1765年。當時英海軍艦長約翰・拜倫（John Byron 1723-1786）創下兩年（1764年6月-1766年5月）單獨完成環球航海的歷史紀錄後，登陸佛克蘭群島，並由英國國王喬治三世（King George III）正式宣布。

這次的登陸幾乎點燃與西班牙之間的一次戰爭，因為當時兩國都在不遺餘力地爭奪「佛克蘭群島」主權。英國和阿根廷為這群島爭奪主權，早在十六世紀時期，就已經在英國和西班牙之間埋下了誘因。

英國和西班牙在十六世紀時曾發生歷史上一次極其重大的海上戰爭。當時的西班牙國王菲利普二世正處於其王朝的鼎盛期，萌生侵略英國的意圖。他下令由130艘戰艦組成的「無敵艦隊」（Grande y Felicisima Armada），由毫無航海作戰經驗的梅迪納・希多尼斯七世公爵（7th Duke of Medina Sidonis 1550-1615）率領，於1588年出征。

想不到這一個所謂海上無敵艦隊卻是不堪一擊的烏合之眾，加上大西洋上氣候惡劣，130艘戰艦最後潰不成軍，折損了三分之一艦艇後狼狽撤回。次年英國也曾試圖對西班牙艦隊採取攻擊，但未獲得成功。兩國之間從此埋下了敵對的隱患。

西班牙國王菲立普二世之所以會興起侵略英國的意念，是因為英國在世界各地拓張勢力建立殖民地，令菲立普二世擔憂其在南美

洲根植的殖民權力遭英國覬覦。「佛克蘭群島」在南大西洋中的戰略位置，就如同是插在南美洲的一把利劍。

英國最早發現這個島嶼時只是一個無人的荒島，理論上應該是屬於英國的。然而在殖民擴張勢力的競爭中，英國、法國和西班牙都曾先後在這個群島上駐軍，英國雖然在1765年宣稱其在島嶼上擁有主權，卻也在1774年一度放棄佛克蘭群島的利益，以避免與西班牙出現戰爭危機。

阿根廷在1816年脫離西班牙殖民成為完全自主的獨立國。當時這個島嶼尚在西班牙的控制下，所以阿根廷向西班牙提出對這個島嶼的擁有權，甚至在1829年6月10日還宣布路易斯‧維爾納（Luis Vernet 1791-1871）為布宜諾斯艾利斯派往馬爾維納島的總督。

維爾納是一位出生於德國的法裔人士，在政治及商界中極具爭議性，擁有精明的經商手腕，游走於英國和阿根廷之間。他對佛克蘭島的主要興趣是在當地捕獲野牛牟利。雖然當時的政治氣候非常複雜，但他能在英國、阿根廷和美國之間，憑其智慧及商業頭腦，獲得多方面的支持。

最後他將部分利益出售給英國商人，並成立了「佛克蘭島商用漁農業協會」（Falkland Islands Commercial Fishing & Agricultural Association）。佛克蘭島並非用武力成為殖民地，而是通過這個民間商業組織的積極推動下，促使英國盡快完成殖民。

時至今日，他留下的歷史遺產，因為與不同國家的不同關係，得出的評價也不盡相同。在阿根廷人的眼中，他是一位愛國者，因為他在1829年被阿根廷政府委任為身兼總督及「佛克蘭島及合恩角周邊島嶼軍民司令」（Military and Civil Commander of Falkland Islands and the Islands adjecent to Cape Horn）；而在美國政府面前，他就是一個唯利是圖等同海盜的奸商。但是英國人又視他為開拓佛克蘭群島經濟的企業家。

1833年英國決定重返佛克蘭島。從英國的角度而言，自第一次發現島嶼開始，佛克蘭島在英國人手中佔領了180年的時光。而阿根廷在1833年前，控制佛克蘭島的時間只不過幾年。阿根廷始終耿耿於懷的最大因素是這個島嶼離阿根廷最近處僅300英里，而英國倫敦卻遠在7900英里之外。更多的擔憂是，鑒於英國人悠久的殖民歷史，他們未來會否對阿根廷產生任何威脅，始終是阿根廷的一塊心病。

1982年阿根廷軍方向佛克蘭島發動攻擊，發號施令的是當時的總統雷奧波多‧卡爾迪艾利（Leopoldo Galtieri 1926-2003）。他從政變中接掌阿根廷國家領導人地位，是一位極端主義的獨裁者，他掌控的軍政府曾和英國就佛克蘭群島的主權問題談判卻毫無成果。

於是他給英國政府撒切爾首相來個下馬威，發動了令對方出其不意的戰爭，以迅雷不及掩耳的行動佔據了島嶼達74天。在發動戰爭之前，獨裁總統曾到華盛頓訪問，和時任總統里根會見，因為他的反共意識深得里根的歡心

佛克蘭島戰爭令美國政府大為憤怒，於是對英國提供了有力的情報支援，使英國的反擊將脆弱的阿根廷海軍打得潰不成軍。原本令阿根廷自豪的「馬爾維納戰爭」結束三天後，阿根廷總統也因為其魯莽的行動遭到解職並成為階下囚。

英國從阿根廷手中奪回島嶼後，除了開發豐富的海底天然資源及出口羊毛外，並開始將該島全力打造成一個以旅遊為中心的島嶼。出於對拉丁美洲文學的研究，及對英國和阿根廷之間糾纏不清的爭執產生好奇，筆者和妻子決定親自前往該島嶼一窺在英國人統治下的現狀。

「佛克蘭島」地處南大西洋，從北半球前往，路途遙遠，且交通銜接極為不便。不論是從歐洲或從拉丁美洲前往，都需要轉機。經過縝密的計畫，筆者決定在2015年冬天選擇前往拉丁美洲旅遊。

從那裡搭乘郵輪，先從阿根廷啟航，到達烏拉圭的首都蒙特維迪奧（Montevideo），再直接駛往佛克蘭島，是整個拉丁美洲航程中的一站。

筆者和妻子搭乘的是荷蘭美國郵輪公司郵輪「贊丹號」（Zaandam）。這是一艘2000年開始航行的郵輪，已經有十五年的船齡，噸位是61396噸，可載客1432位，郵輪上工作人員共有607位。在郵輪行業中屬於中型，是最適合中老年旅客選擇的郵輪，航程中不僅提供較為正規的古典音樂會，也給乘客提供了安詳而舒適的環境。

「佛克蘭島」當地經常會發生狂風大浪。在出發前一天，船長宣布要看次日的天氣狀況才決定是否前往該島。如果天氣狀況很差，就只能取消這段行程。我們的運氣還不錯，經過一夜的等待，終於船長向全體乘客宣布了好消息。

從蒙特維迪奧到佛克蘭島航程是1066海里，需要兩天兩夜的時間。在海上整整兩天，天氣一直是灰濛濛的，有時還會飄雨，六萬噸的郵輪在海浪中，就像嬰兒的搖籃。乘客在行走時都要小心翼翼地扶著欄杆才能平衡。晚上躺在床上，筆者向妻子戲言，這是重溫嬰兒時代的生活，就差母親在搖籃邊唱兒歌了。

第三天清晨抵達斯丹利外港，由於港灣較淺，郵輪只能在外海下錨，旅客需搭乘擺渡船前往。登岸後，第一個感覺就是島上充滿了英國的氣氛，由衷地佩服這個老牌殖民帝國控制殖民地的手腕。

阿根廷雖一直喋喋不休地宣稱對這個島嶼的主權，並一直用「馬爾維納島」相稱，但是在這個港口卻嗅不到一絲拉丁味。島上的交通規則是靠左邊開車，路邊的郵筒設計和倫敦一致，聽到的語言是清一色的英語，交易使用的是英鎊，即便是公共衛生間裡的消毒藥水味，也幾乎令人誤以為身在英倫三島。

由於人口稀少，島上沒有專科以上的教育設施。在市區遇到一

位看上去約20歲左右的
青年人，彼此禮貌地
打過招呼後順勢聊了一
陣。筆者藉機向他瞭解
當地的教育體系。

　　他很坦誠而簡略地
介紹說，當地16歲以下
的青少年都由政府提供
免費義務教育，16至18
歲青年如有志深造，則
由英國政府負責提供從

| 島上地雷區的警示牌。

佛克蘭島往返倫敦的免費機票。倫敦有兩所指定的專科學校，專門
接納來自佛克蘭島青年人為期兩年的專科教育。如畢業後仍希望繼
續深造，英國政府仍然會負擔大學教育費用。

　　英國政府對佛克蘭島上年輕人的教育培養無微不至，可以想
像阿根廷政府自獨立以來，始終是處於軍事獨裁與政變的政治環境
中，社會經濟一直搖擺不定，即使控制了「馬爾維納島」，又哪來
精力和經濟條件去培養當地的青少年？

　　市中心並不大，不論大小商店完全是典型的英國陳設，自1884
年創辦，總部設在倫敦的馬克斯・史本塞爾（Marks & Spenser）百
貨公司，是全市唯一較具規模的大百貨公司。

　　穿梭在這個充滿英國氣氛的市區，不由聯想起位在地中海和大
西洋之間的直布羅陀，那也是西班牙和英國至今仍存在主權爭議的
殖民地，目前仍在英國控制之下。雖然兩國之間爭端不息，至少西
班牙勞工階級還能夠早出晚歸地在直布羅陀打工。

　　筆者回顧到香港1997年的回歸。7月1日那天，成千上萬的記者
從世界各地蜂擁而至，他們只有一個共同的問號，那就是香港會因

過渡而流血嗎？然而當晚的交接儀式在豪雨中順利進行，所以第二天所有的記者即一哄而散！

英國是在萬般無奈的局面下，將香港歸還給中國，但是這個曾經是「日不落國」的殖民帝國，內心並非那麼大度。所以在撤走之前留下中國未及發現的隱患，而這些隱患如今逐漸浮出水面。

「佛克蘭島」可以用地廣人稀來形容，整個島嶼的人口在三千左右，大部分在斯坦利生活，當地出生的居民佔島上公民的大多數，有部分來自直布羅陀和北歐移民。

阿根廷在1982年突然發動戰爭時，為了鞏固佔領，軍方在島上共設置了117個佈雷區，埋設了兩萬個地雷，所以我們在島上參觀時，必需要參加當地旅遊機構安排的參觀團，避免誤踩地雷造成意外。在參觀的途中不時看到有警戒線的佈雷區，上面設有警告字眼，提示任何人不得進入。

由於人口稀少，整個島嶼令人感覺的是一片空曠，島上沒有高山峻嶺，很多地方極目遠眺就是一片大海，令人心曠神怡。島上有五個企鵝繁殖的定點，我們選擇了離斯丹利港較方便的姆雷爾農場（Murrell Farm），是一個專門繁殖島上動物的基地，從港口搭乘越野吉普車，約需半小時即可抵達。在這片空曠的島嶼上，必需要具備和世界各地旅遊景點不同的心理，要忍受不便的條件，而且要冷靜對待刺骨的寒風。

這裡沒有一望無際的高速公路，因為地處郊野，從普通柏油路先轉到村野的石子路，再上到坑窪不平長滿及膝的野草堆後，在起伏不定的山崗子上停留下來。

一下車迎面而來的是從大洋上吹來的狂風，還帶著吱吱的尖叫聲，好在事前研究過這個島嶼的氣候，我們攜帶了防寒的衣物，免於受凍。我們這個團共16人，分乘四輛吉普車，為我們開車兼導遊的司機領著我們一車四人，朝著大洋的方向走去，就在抵達一排因

經年累月受到風雨侵蝕的木圍欄前，擋住了我們的去路。撲鼻而來的是一陣難聞的氣味，空氣中洋溢著企鵝發出此起彼伏的叫聲。

導遊告訴我們前方就是企鵝群居的地方，順著他手指的方向，我們看到在大洋邊的一塊海灘上，成群的企鵝如同紳士模樣般直立在那裡。我們站立的地方距離企鵝群聚處還有一些距離，有圍欄設立防止旅客影響它們的生活規律外，也避免旅客有可能因動物的受驚而遭到攻擊。

其實在我們下一站抵達阿根廷最南端的旅遊景點時，就有一座小島是企鵝的群聚點，而且風景和氣候比這裡更令遊客有舒適感。我們所以在佛克蘭島上選擇參觀這個景點，實在是找不到其他更具吸引力的參觀內容。

在圍欄邊佇立了十數分鐘後，漸漸感到寒氣的威力，於是趕緊掉頭，到原來下車點旁邊一所類似農舍的狹小木屋裡去避寒。那

島上特有的麥哲倫企鵝（左）及金塔企鵝（右）。

是當地旅遊部門專為遊人設立的「咖啡座」，裡面有幾張塑料折疊椅，旁邊有一個設備極其簡單但功能完整的衛生間。窗戶旁放置了一張小長桌，上面擺了一個咖啡壺，還有幾隻塑料咖啡杯，和白糖等雜物。這就是旅客享受的「咖啡座」。

這個毫無旅遊色彩的觀光項目價格不菲，設備一般，條件簡陋，在回到斯丹利的歸途中，我忍不住輕聲用英語問坐在旁邊的一位中年男士，對這個旅遊參觀節目的觀感。他朝我忘了一眼，只是露出微笑，而沒有作答。

其實在出發時，我就曾禮貌性地和他打了個招呼，但他似乎有所顧忌地將頭縮在翻過來的大衣領子裡，眼神也儘量望著車窗外。所以在歸途中，我想方設法希望他能打開話匣子。

也許經過參觀時的接觸，他對我的戒心似乎減弱不少，終於在我對他表示友善後，逐漸放鬆了警惕性，在我耳際輕聲地自我介紹，他是來自阿根廷的旅客。他還告訴筆者，自1982年阿根廷攻擊佛克蘭島失敗後，他們的政府頒布了嚴禁公民前往該島的法令。此時筆者恍然大悟他在一開始接觸我們時的拘束不安。

因為我們彼此轉用西班牙語交談，也使他能毫無顧忌地暢所欲言。

他是阿根廷首都國立大學的教授，對阿根廷和英國之間就「馬爾維納島」爭執的歷史淵源，只是輕描淡寫地講述，從中得知阿根廷人內心深藏著難以言表卻又無可奈何的辛酸。

回到斯坦利港口後，我們相互交換了電子郵箱地址，旅途中結識了這位忠厚卻帶有幾分靦覥的阿根廷教授，是筆者在這短暫參觀行程中的額外收穫。

其實將這個大洋中的島嶼稱之為「佛克蘭島」也好，「馬爾維納島」也罷，歸根結底只不過是歐洲白人在地球上掠奪殖民潮流中又一個典型而已。阿根廷是從西班牙殖民後獨立的一個新興國家，

意欲在殖民的利益問題上，和深沉的老牌殖民帝國對抗，不堪一擊
的命運幾乎從一開始就已經注定。然而阿根廷卻不知天高地厚，莽
然以卵擊石地出兵，導致大禍當頭，不僅失去了「馬爾維納島」，
還折損了633條寶貴的年輕人生命，島上16個平民也成為戰役中無
辜的陪葬品。

　　「佛克蘭島」原來每年以8月14日為國定假日，紀念歷史上約
翰・戴維斯在1592年發現該島的日子。但2002年當地政府執行委員
會將這個節日廢除，取而代之的是將每年10月第一個星期一作為
「割泥炭星期一」（Peat Cutting Monday）公定假日。

　　當地人每年在此時刻，即會到野外從泥土表面上割下成塊的
泥炭作為取暖或烹調用。用這個民間傳統的勞作，定為一年一度
的「佛克蘭島日」，既有傳統的美感，又避開了刺激鄰國就領土爭
議的尷尬。為紀念1982年戰爭的結束，就將每年6月14日定為「自
由日」（Liberation Day）。這就是老謀深算的英國殖民主義者精明
之處。

　　對阿根廷而言，整個島嶼雖已落入英國之手，但仍然是念念不
忘。歷史上他們曾將1829年6月10日派遣路易斯・維爾納前往馬爾
維納島擔任總督的那天，作為國定紀念日。

　　1982年的戰爭失敗後，阿根廷將4月2日入侵「馬爾維納島」那
天，定為「為馬爾維納戰爭作戰老兵及殉難者紀念日」（Dia de los
Veteranos y de los Caidos en la Guerra de las Malvinas）。

　　這正反映了阿根廷對「馬爾維納島」發動戰爭失敗的無奈和耿
耿於懷，然而現實的殘忍是，無人能否認，這是一場本就不該發生
的戰爭，但是卻發生了。就好像那位阿根廷教授欲言又止的神情，
充滿了難以釋懷的遺憾！

　　　　　　　　　　　　　　　　（2021年元月7日完稿於溫哥華）

# 烏蘇瓦亞

## ——建立在斑斑血淚上的地球最南端港灣

在中學時代學習世界地理時，曾經對老師講述的許多發生在歷史上的探險故事有所憧憬，這些憧憬影響了筆者的一生。如第一個發現南美洲極南端島嶼的歐洲探險家，葡萄牙籍的費爾南多・麥哲倫（Fernando de Magallanes 1480-1521），在筆者的腦海裡留下深深的烙印，進而萌生出要親身體驗的意願，在忙碌的人生歷程中始終未曾忘記。

但老師在課堂裡講述的歷史故事，只是側重在探險家的偉大發現，卻對當地原始部落的悲慘命運隻字未提。這次的南美洲之行，不僅懷著謙卑的心願，以中學生複習功課的態度去進一步瞭解麥哲倫發現的島嶼，更冀望從中挖掘出當地少數民族被滅絕的來龍去脈。

筆者和妻子結束了現在被英國控制的佛克蘭島。從地圖上看，佛克蘭群島就在阿根廷的沿海大灣中，儼然如同一個躺在母親懷抱裡受寵的嬰兒。但是嬰兒的母親卻無法接近日益成長的孩子，形成骨肉分離永遠無法相聚的傷痛。

郵輪從佛克蘭島啟航先穿過麥哲倫海峽，經過一夜的航駛，抵達智利南端最大的城市「沙角」（Punta Arena），航程785公里。在那裡稍作停留後，繼續向阿根廷最南端的烏蘇瓦亞（Ushuaia）出發。從沙角到烏蘇瓦亞航行里程為628公里。

又是一夜的航行後，我們抵達了這個位在地球末端的港口。測算了一下，從我們生活的加拿大溫哥華市到這裡，距離為12640公里，的確是一次長途遠征。

烏蘇瓦亞港口的標誌，背景是國際郵輪停泊在港內。

　　烏蘇瓦亞是阿根廷南端的「火地大島」（Isla Grande de la Tierra del Fuego）省的首府。「火地大島」是阿根廷最大的群島，然而歷史留給後人的卻是原始部落的斑斑血淚。當地的原住民在一萬年前就已經在這裡定居，而白人的「探險」就給原住民佈下了厄運的深淵。

　　島上共有五個不同的原始部落分布各地，原來都相安無事。他們面對的唯一勁敵就是惡劣天氣，終年受到強風侵蝕，雨水不斷，每年只有不到三十天的陽光氣候。這樣極度寒冷的天氣，原始部落民族自我適應，一代又一代在狂風暴雨冰天雪地的酷寒中生存下來。

他們沒有衣物蔽體的習慣，日以繼夜地赤身裸體，僅用一塊動物皮製成的腰布圍在下身。他們的取暖方式就是圍在篝火周圍，或是在開鑿的岩石洞裡避寒，並用動物脂肪塗抹身子防寒。

在這五個部落民族中，「亞翰」（Yaghan）也稱「亞馬納」（Yamana），「塞爾南」（Selk'nam），或稱為「奧納」（Ona）分別生活在島嶼最南端的兩邊，面對大洋。當充滿海盜行為的歐洲掠奪者來到這裡時，這兩個民族首當其衝，面臨毀滅性的襲擊。

早在10000年前，定居在這個極南端島嶼上的「亞翰」部落以海上捕撈為生，男的在海上獵取海獅為主要食物，女的則在海中捕撈貝類。「塞爾南」部落則是以陸上狩獵捕捉駱馬（Guanaco）或羊群為生。

麥哲倫是在1520年第一個抵達這個地球極南端的歐洲「探險家」，他在率領探險艦隊抵達時，從海上望見島上白天藍煙裊裊，晚上則火光閃耀，引起了他的極大興趣。登陸後，見到當地部落民族（Amerindians）在燒火取暖，於是就將這個島嶼稱之為「煙霧之地」，後來又改稱為「火地」（Tierra del Fuego），這個名稱一直沿用到今天。

之後歐洲的探險從未間斷。1579年及1581年，西班牙探險家彼得・薩爾米恩多・迪・甘波阿（Pedro Sarmiento de Gamboa 1532-1592）兩次率領艦隊穿過麥哲倫海峽。但在1584年探險途中，被英國艦隊抓獲，送到倫敦呈獻給英國女王伊莉莎白一世。兩人見面後用拉丁文交談，女王很欣賞他的才華，在釋放他回國時，命他帶了親筆信給西班牙國王菲律普二世。然而在歸國途中，又遭到法國艦隊囚禁，一直到1588年才將他釋放。

假如沒有這一次的劫難，甘波阿就能順利地將英國女王的信函呈獻給國王菲律普二世，也許因此而避免當時西班牙無敵艦隊和英國的交戰。

歷史上層出不窮的探險故事，就是一部極其殘酷的掠奪史，歐洲白人以探險為名縱橫世界，殘殺當地土著，毀滅他們的傳統文化，無所不用其極。古巴、祕魯、拉丁美洲……俯拾即是。

歐洲白人發現「火地」後，打著探險旗幟登岸尋找財富的「探險家」接踵而來，設法將當地的資源竊為私有，土地則成為他們的領地。麥哲倫自己的命運在菲律賓悲慘終結，但他因第一次發現「火地」卻留下了不朽的盛名。大西洋穿越到智利彎曲而狹窄的海灣也被命名為「麥哲倫海峽」。

1830年英國的艦隊指揮官羅伯特・費茲洛伊（Robert Fitzroy 1825-1865）曾以「小獵犬號」（HMS Beagles）軍艦指揮官的地位，前往南美洲探險，為的是擴張他們的殖民陰謀。艦隊在南端停泊時，發現被人偷走了艦上的小船，於是逮捕了五名「亞翰」部落的兩名女孩，一名男孩及兩名男性成年人。並在1830年10月返航倫敦時將他們一同帶回，交給一名傳教士理查德・麥修士（Richard Matthews），由他負責教這幾個土著學習語言，意圖將他們感化成「有文化」的人。

傳教士給他們分別取了名字。兩個女孩叫「芙愛佳籃子」（Fuegia Basket），因為英國艦隊抵達後見到這些「亞翰」原住民，就稱呼他們為「芙愛佳人」（Fuegian），女孩的名字由這個稱呼引用出來。

男孩取名為「吉米鈕扣」（Jemmy Button），兩名男子則分別取名為「約克牧師」（York Minister）及「船的回憶」（Boat Memory）。傳教士給他們取的名字中都含有與偷竊船隻有關的意思，頗具諷刺。

經過了近一年的教育，費茲洛伊認為他們具備足夠的文化水平，於是安排他們觀見國王威廉四世和王后阿德萊德，展示他在南美洲探險時教育土著的功勞。此時除了「約克牧師」因為接種天花

疫苗不幸身亡外，只剩下了四人。

　　1832年費茲洛伊奉命第二次赴南美洲探險時，同行的除了後來享譽全球的「進化論」學者查爾斯・達爾文（Charles Darwin 1809-1882）在此進行五年的勘測繪圖外，這四名原住民也一併被帶回，作為英國在當地傳播宗教的媒介。

　　幾個世紀以來，當地原始部落和歐洲人彼此之間不時有衝突有矛盾，但都還能相安無事地過著他們的原始生活，歐洲白人的探險隊也盡可能和他們和平相處。到十九世紀，基督教開始向這個古老傳統的部落地區滲透。英國聖公會傳教士湯瑪士・布里吉斯（Thomas Bridges 1842-1898）在烏蘇瓦亞建立了第一個教會基地。

　　他原來是一出生就在家鄉被遺棄在橋邊的棄兒，當地傳教士將其抱回扶養，帶他到佛克蘭島上靠北的開普爾小島（Keppel Island）。後來其養父回到英國，布里吉斯留了下來，時年17歲，跟隨教會繼續發展。

　　被費茲洛伊訓練出來的四個亞翰族之一的「吉米鈕扣」和其他幾個亞翰部落年輕人一同被送往開普爾島上接受培訓。由於「吉米鈕扣」能說英語，所以就由他負責影響其他幾個，一同跟隨學習歐洲人的語言和文化。

　　於此同時，布里吉斯潛心學習亞翰語言，用十年時光編輯了一部亞翰語和英語雙語字典，共收錄了三萬個詞彙，直到現在仍是一部極具研究價值的字典。

　　英國聖公會所以選擇佛克蘭島的開普爾小島作為宗教基地，是因為在「火地」上與以游牧為生的部落衝突不斷，到了這個小島，就避免了許多不必要的紛爭，同時能悉心地培養亞翰族年輕人接受洗禮成為基督徒，從而影響其他族人改變他們的思想及生活方式。

　　布里吉斯在1871年從小島移居到阿根廷的烏蘇瓦亞，開始在那裡佈道。表面上看一切似乎相安無事，歐洲白人為淘金、畜牧，開

始向島上尋找定居點，圈地建立牧場，這種有計畫的畜牧擴張，和原始部落傳統的牛羊散養方式，難免產生矛盾。

在歐洲人抵達之前，「火地」原來有近一萬名不同部落原住民平靜地生活著，而自歐洲人抵達後，僅僅五十年的時間裡，其中亞翰族人從4000人急遽下降到只剩下三百五十人。原因之一是歐洲人帶進來天花、猩紅熱和麻疹等傳染病，而當地部落民族對這些傳染病沒有任何的免疫力，從而導致大量死亡。

為了掠奪土地及資源，歐洲人開始進行慘無人道的滅絕種族大屠殺。如塞爾納人在1896年還有3000人，然而到1919年就僅存279人。是一個出生在羅馬尼亞的白人丘里伍斯‧勃貝爾（Julius Popper 1857-1893）扮演了屠夫的角色。

他在1885年先到智利尋找財富，然後到達阿根廷，得悉「火地」藏有金礦，於是向阿根廷政府申請開礦成功。他的手下有八人遭到塞爾納部落的攻擊而死亡，憤而將攻擊他的部落殺得只剩下兩人。

但他並未因此而罷休，為了搶佔土地，和塞爾納部落之間的矛盾日漸惡化。主因是原住民世代相傳捕捉羊群的領地，如今被白人佔據改建為牧場。而白人挖掘金礦的土地，也原屬於塞爾納部落生活的領地，均被白人佔為己有。為此勃貝爾下令對當地原住民狠下毒手，只要一發現他們的身影即格殺勿論。並且鼓勵士兵在槍殺原住民後，可以割下他們的雙手或兩耳作為憑證領取賞金。尤其是殺了女性後，賞金更多。平均身高187公分魁梧的塞爾納原住民，卻無法抵禦白人手中的槍彈！

勃貝爾因開金礦而致富，於是建立了自己的軍隊，並發行錢幣和郵票來展示他的勢力。1890年阿根廷貨幣比索貶值，他居然用自己發行的金幣作為流通貨幣。

奇怪的是他突然在布宜諾斯艾利斯去世，年僅35歲，他的死因

在歷史上始終是個謎。勃貝爾在「火地」無情殺戮原住民、滅絕種族，其臭名昭著的劊子手行徑，是永遠無法洗刷的不爭事實。

我們到達烏蘇瓦亞時，正好是當地的春天，卻依然寒氣逼人，小小的火車站大門上標示著西班牙文「芙愛佳南方鐵路」（Ferrocarril Austral Fueguino），用較為現代化西班牙文解說就是「世界盡端火車」（El Tren del Fin del Mundo），是當地特地建立通往國家公園的觀光火車。觀光客一抵達即蜂擁而上，迫不及待地搶佔座位，對眼前的觀光旅遊興奮不已，但很少有旅客對這條鐵路背景的些許瞭解。

在過往數十年的國際旅遊經歷中，筆者到過的旅遊景點，不乏曾經發生因殖民或探險而導致當地原住民被滅絕人種的殺戮。加拿大原住民早已瀕臨滅種的厄運。拉丁美洲的印加文化、瑪雅文化等都瞬間從地球上消失。古巴因原住民被趕盡殺絕，導致當地勞動力嚴重匱乏，最後要到非洲去掠奪奴隸來取代被徹底消滅掉的原住民。印度洋中的毛里求斯，遭受過同樣的悲慘命運，而遠在南極的澳大利亞，當地的一些部落也是在白人手中滅亡！

為此筆者每到一個曾經發生過原住民受屈辱甚至被殺戮的「觀光點」時，就不免會對當地的悲慘史有深入追究的衝動。這次在阿根廷南端旅遊也沒有例外，因為亞翰和塞爾納族的被屠殺，使得整個旅程和他們的不幸命運深深地連結在一起，從而在心靈中激起我無法解釋的同情和不平。

烏蘇瓦亞在十九世紀原本是當地的「刑事殖民地」，與英國將囚犯流放到澳大利亞塔斯馬利亞島上的手段如出一轍。一開始這條鐵路就是為了運載囚犯而興建的，當時被稱為「囚犯火車」（Tren de los Presos）。

第一批囚犯運送到烏蘇瓦亞是在1884年。早在1828年，阿根廷就曾將馬爾維納島的路易斯港（Puerto Luis）作為囚犯的流放地。

後來因為與英國的爭執，只得考慮在「火地」上另起爐灶。這條囚犯鐵路一直建造到深山高地處，鐵路的另一個作用，就是在運載囚犯後，將森林中砍伐的木材及開採的岩石等自然資源運到烏蘇瓦亞。

從歷史資料中獲悉，流放到烏蘇瓦亞的囚犯都是阿根廷的重刑犯，開始時沒有正規的監獄，直到1902年政府下令，命囚犯自己搭建監獄。由於地勢原因，開始建造的只是500公分寬的窄軌鐵路。經逐年的大肆砍伐，森林裡木材幾近枯竭，於是在1909年將鐵路擴建為600公分寬的窄軌鐵路，並延長縱深到密林中繼續採伐木材。

1947年監獄關閉，改為海軍基地。1949年當地發生大地震，大部分鐵路被損毀。阿根廷政府盡力設法維護鐵路，由於已沒有了囚犯的運輸任務，所以在1952年將鐵路關閉。

| 地球上最南端的烏蘇瓦亞火車站。

　　直到1994年為了發展旅遊業，政府決定重啟鐵路的運營，以接待觀光客為主。如今已成為世界各地觀光客到阿根廷之後不可或缺的旅遊景點。

　　烏蘇瓦亞一直被認為是地球上最南端的港口，它和智利之間近在咫尺，也因此地理環境與自然資源始終是雙方爭論不休的議題。

　　由於兩國之間的磨擦不斷，暗中角力的事態也偶然會出現在兩國之間。最典型的就是在1982年當阿根廷以閃電方式出兵攻佔馬爾維納島時，時任智利軍政府總統奧古斯多・皮諾切（Augusto Pinochet 1915-2006）就利用有利的地理位置，監測到阿根廷空軍出勤調動信息，而直接交給英國，致令阿根廷遭到戰況的瓦解。

　　當前運營的觀光鐵路全程為23公里，車行一小時，從烏蘇瓦亞出發沿著皮克山谷（Pico Valley）進入到公牛峽谷（Toro Gorge），然後抵達馬卡雷納瀑布（Cascada de la Macarena）站。觀光客在這裡稍作停留，聽導遊講述亞翰民族的歷史。筆者注意到，許多觀光客聽到導遊提及「亞翰」民族時，面部表現出的是茫然神情，所以當導遊還在那裡滔滔不絕時，觀光客早已四散去自顧拍照留影了。

　　到達國家公園是火車觀光的終點站，導遊給了我們在公園中瀏覽的充分時間，並告知旅客可以選擇搭乘火車回程，或是用大巴走另外一條公路返回烏蘇瓦亞。

　　從烏蘇瓦亞啟程，筆者在車廂裡，試圖拼出一幅十九世紀運載囚犯途中的場景，獄吏的猙獰面目，窗外的狂風暴雪，以及囚犯們餐風露宿在惡劣氣候下進行勞動的淒涼場景。

　　筆者挽著妻子的手臂面對大洋凝視著南極美麗風光時，耳際呼呼的風聲猶如亞翰民族在驚濤駭浪中為生存捕捉海獅時的喘息，浪花衝擊著岸邊巨石發出的嘩嘩聲，似乎就是他們接連不斷在被屠宰時沈重的哀嚎！那被衝擊形成的浪花泡沫，又好似原住民被屠殺後的血流成河！

這裡是歷代原始且憨厚的亞翰族人，用他們的軀體在與大自然搏鬥，在經受殖民者殘害後，漸漸孵化成的肥沃土壤，已是另一番景觀。那個英國聖公會傳教士布里吉斯在退休後，阿根廷政府還居然犒賞他五百畝土地建立了牧場，供他養尊處優地享受著退休生涯。形成一個無人能理解的鮮明對比。

塞爾納部落幾乎沒有了純血統的人存在，他們最後一個純血統的女士安吉拉・羅伊（Angela Loij 1900-1974），父親是牧羊人，出生在「火地」中的大島（Isla Grande）上的小鎮「大河」（Rio Grande），已在1974年5月28日去世。她的離世彰顯了純血統塞爾納原住民在地球上的完全消失。據阿根廷政府的人口統計發現，仍有391個混血的塞爾納人生活在「火地」上，有114人散居在全國各地。

與塞爾納民族相比，亞翰族還算是幸運的。迄今為止，還有一位純血統而且能操亞翰語的長者克里斯蒂娜・卡爾迪隆（Cristina Calderon 1928-）生活在智利的威廉港（Puerto William）附近小鎮。威廉港的地理位置比烏蘇瓦亞更向南。歷史上阿根廷一直宣稱烏蘇瓦亞是地球上最南端的城市，因為它人口多，而且有重要的港口。

但是智利政府及媒體一直對外宣稱，世界上最南端的港口非威廉港莫屬。這是兩國之間另一個爭論不休的議題。

卡爾迪隆的妹妹烏蘇拉（Ursula）和弟媳婦艾美玲達・阿古亞（Emelinda de

克莉絲蒂娜・卡爾迪隆是是目前碩果僅存的亞翰部落純血統婦女，1928年出生。

Acuna）本是倖存的三位亞翰族的純血統，且都能操純正的亞翰語。遺憾的是妹妹和弟媳婦先後在2005年去世，所以卡爾迪隆就成為該民族純血統且能操亞翰語的唯一倖存者。因為她年高九十，所以在她生活的小鎮中，人人都尊稱她為「老祖母」。

卡爾迪隆有十個兒女和十九個孫輩，雖然已是耄耋之年（1928年出生），但從照片上看，她的精神面貌令人欣喜。

一路上，這位老祖母的形象一直在我眼前迴盪，對這個歷經苦難最後遭到滅亡的民族，我不僅是同情，更多的是嘆息！數百年來歐洲白人始終打著探險、傳播神的意旨，來實行他們的殘酷殖民政策，目的就是掠奪土地、資源，為了滿足他們的野心，視當地原始民族是他們掠奪的障礙，於是不擇手段給予無情地打擊直到完全消滅。

這次阿根廷的旅程，既有對少年時讀歷史的溫故知新，更體驗了原始部落被侵佔、被剝削，最終被滅絕的悲劇。但這並不是故事的終結，當今世界上仍然有許多少數民族正遭受著同樣的命運，只是白人以發動無情戰爭替代傳統的殖民凌辱，正此起彼伏地不斷發生，導致家庭破敗，妻離子散，四處盡是無依無靠的孤兒，難道這不就是另一類打著民主自由旗幟的種族滅絕嗎？

在歸途中，筆者只是默默地祝禱，但願那位碩果僅存的亞翰族老祖母，能夠健康長壽而且愉快地享受著僅有的天倫之樂。她的存在，象徵著這個苦難而被滅絕的民族，仍然在惡劣氣候威脅下的大自然中呼吸！

（2021年元月12日完稿於溫哥華）

# 艾娃‧貝隆

## ──阿根廷史上的奇女子

　　英國著名現代音樂劇作曲家安德魯‧洛伊德‧韋伯（Andrew Lloyd Webber 1948-），自1973年電影主題曲〈耶穌基督超級巨星〉（Jesus Christ Superstar）響徹雲霄後，1994年的舞台音樂劇《貓》（Cats）轟動全球，1996年以阿根廷的總統夫人艾娃‧貝隆一生傳奇性的故事為背景譜寫的「艾薇塔」（Evita）而再度震撼全球；2004年他的音樂舞台劇《歌劇魅影》（The Phantom of the Opera），更是登峰造極，到2012年創造了美國百老匯舞台演出一萬場的紀錄。

　　與韋伯多年來的合作夥伴蒂姆‧萊斯（Tim Rice 1944-）兩人攜手創作，一個作曲，一個填詞，用古典歌劇的方式，創作出容易為現代人接受的輕歌劇形體，在全球中，凡是對音樂有感悟的愛好者，莫不對他們的作品讚不絕口。

　　「艾薇塔」是一部嘔盡心血的不朽之作，兩人自1976年開始研究艾娃的故事，而先譜寫了經典之作「阿根廷，別為我哭泣」（Don't Cry for Me Argentina），並邀請了英國著名影星及歌星裘莉‧科維頓（Julie Covington 1946-）灌製成唱片後聲名大噪。

　　接下來在英國倫敦「西端」（West End）愛德華王子劇院（Prince Edward Theatre）從1978年搬上舞台，一直到1986年結束，八年中上演了3176場。英國女歌唱家伊蓮‧佩姬（Elaine Paige 1948-）扮演艾薇塔角色，通過她的演技及歌聲獲得英國提名的最佳女主角獎，其他獎項更是接踵而來。

　　就在英國開始上演一年後，1979年，兩人又將該劇在美國百老匯以兩幕音樂劇搬上舞台轟動一時。〈阿根廷，別為我哭泣〉一曲

作為舞劇開始時的插曲，到劇終前由女主角唱完全曲，緊扣著觀眾的心弦。由於該曲旋律優美，歌詞感人，深受歡迎，由此在歐美等地得到音樂界的高度評價，並相繼在多國舞台上與觀眾見面。

1996年該舞台劇經改編後搬上銀幕，製片人原先考慮由美國好萊塢著名影星芭芭拉·史翠珊（Barbara Streisand 1942-）或是麗莎·米雷麗（Liza Minnelli 1946-）擔任艾娃角色，經過慎重考慮，最後選拔了由美國另一位著名演員及歌星瑪丹娜（Madonna Louise Ciccone 1958-）擔任。她在全劇中不僅展現了動人的歌喉，並且將女主角艾娃的個性及感情表現得唯妙唯俏。

《艾薇塔》一劇是描述阿根廷在上世紀中一個窮苦人家的十五歲少女瑪莉亞·艾娃·杜阿爾迪（Maria Eva Duarte 1919-1952），如何從草甸地區的農村托爾多斯（Los Toldos）到首都布宜諾斯艾利斯，一步一步地掙扎奮鬥的故事。

1944年阿根廷發生大地震，當局舉辦賑災慈善活動，艾娃在慈善會上遇到當時頗有政治勢力的國防軍上校胡安·貝隆（Juan Peron 1895-1974），兩人隨即墜入愛河，次年結為夫婦，1946年貝隆成功當選為阿根廷總統，艾娃也成為第一夫人。

胡安·貝隆與第一任妻子奧內莉亞·蒂頌（Aurelia Tizon 1902-1938）早在1929年結婚，他們結婚時，貝隆已經是三十歲，而妻子才十七歲，曾擔任教師工作，不幸在1938年因罹患癌症去世。直到七年後1945年與艾娃結婚，雙方年齡相差為14歲，和他及第一任妻子歲數的相差幾乎一致。

貝隆當選總統後，曾有促使艾娃競選副總統一職的意願，但是因為艾娃是女性，而且出生低微，遭到軍方及特殊階級的反對。艾娃自己也沒有捲入政壇的慾望。為了輔助丈夫，她擔任了內閣的衛生及勞工部長職務，目的要為社會上無助的女性和孩子們爭取公平福利，特別是在關懷窮困民生及工廠勞工薪資的調整等，獲得了民

眾的普遍好評。

　　由於她出生卑微，不僅參與政壇高層活動的權利受到阻礙，連她計畫想主持政府福利機構的工作都遭到抵制，於是她在1948年創立了「艾娃貝隆基金會」（Eva Peron Foundation），給窮困的婦女及孩童們經濟上提供支持，獲得社會勞動階級的一致擁護。

　　雖然她在政府中沒有擔任重要職務，由於對社會底層的關愛，她的地位日漸上升。1949年她創立了「貝隆女性黨」（Female Peronist Party），她擔任了黨主席一職，總統貝隆受到她的影響，對工會組織等工人的福利日漸重視，由此增加不少對他的政治支持度。就在貝隆政治地位日正當中時，艾娃不幸罹患頸宮癌，健康情況日漸惡化，即使在政府大廈陽台上為群眾講話時，都需要貝隆在一旁攙扶。

　　為了挽救她的生命，艾娃經過了頸宮切除手術，並且接受剛問世的化療治療，成為拉丁美洲第一位接受化療的病患者，不幸回天乏術，於1952年7月26日晚上8時25分與世長辭。享年僅33歲。

　　頃刻之間，阿根廷首都陷入一片哀悼中，參加瞻仰艾娃遺容告別禮的群眾達三百萬之眾。首都布宜諾斯艾利斯的所有花店鮮花均斷供，需要從全國各地緊急調運到首都，甚至遠至智利訂購鮮花。雖然艾娃沒有政府的重要官職，政府卻用國家元首的禮遇為艾娃舉行國葬。是阿根廷自1816年獨立以來首次為一位女士舉行如此隆重的國葬。同時天主教會為她舉辦了最崇高的安魂彌撒。

　　貝隆總統曾計畫為第一夫人建立一座紀念碑，將其遺體安葬在紀念碑中。卻在施工期間，貝隆因1955年遭到軍人政變而出走巴拉圭，再轉往西班牙，直到1972年才回到阿根廷，結束了長達17年的放逐生涯。

　　筆者在西班牙求學時，正是貝隆總統被放逐在馬德里期間，所以電視和文字媒體上經常出現佔有重要篇幅的新聞報導。貝隆選擇

放逐到西班牙，是因為他和佛朗哥關係不一般。早在二次世界大戰期間，義大利在法西斯墨索里尼統治下，貝隆曾被阿根廷政府派遣到羅馬擔任阿根廷大使館武官，期間是否受到法西斯的影響，歷史學家說法不一。只是他日後的政治思想及理念中，幾乎處處隱約地反映出法西斯主義的精神。

實際上早在1945年時，因為軍方內部的矛盾，對貝隆在政治上的威脅產生不滿，而將其逮捕關押達一週之久，經過工會及勞工階級的抗議，最後軍方不得不將其釋放。他獲釋後即攜同艾娃在政府大廈陽台上向三十萬勞動者發表慷慨激昂的演講，並允諾帶領他們走向更為富強的道路，次年的大選中，貝隆以壓倒性多數當選為總統。

艾娃在擔任第一夫人時，曾於1947年到歐洲訪問，在西班牙受到佛朗哥元帥及葡萄牙總統沙拉薩（Salazar）的高規格接待。但在訪問梵蒂岡時，教宗沒有舉行隆重歡迎儀式，僅僅贈送了一串玫瑰經，至於瑞士及英國都是始料不及的冷遇，當然他們的意圖非常明顯，就是因為艾娃不是傳統特殊階級的一員。

貝隆放逐到馬德里，受到佛朗哥的保護，雖然有平靜的生活，但這並非貝隆所期待的。筆者在1964年離開了馬德里，所以對他後來如何歸國等情節，直到筆者在1999年到阿根廷參觀訪問時，才再次有機會對他和艾娃的淒迷故事做了較為深入的瞭解。

世界各地均以「艾薇塔」的名字稱呼艾娃，是對這位受到尊崇的第一夫人極為親切而少見的暱稱。在西班牙文中，對女性名字的最後一個母音「a」改為「ita」，如「Eva」改為Evita，就是家庭中對幼小孩子的暱稱。而阿根廷大眾對艾娃直接稱呼為「艾薇塔」Evita，就是用對幼小孩子的暱稱轉化為對她帶有親切感的尊重和敬仰。

筆者夫婦於1999年2月前往阿根廷訪問，5日那天專程到「瑞科

筆者妻子在首都公墓瞻仰艾娃貝隆時，在她家族陵墓前留影，右邊最上端的銅匾就是艾娃貝隆的墓碑。

勒塔公墓」（Recoleta Cemetery）瞻仰貝隆總統的第一夫人艾娃貝隆墓地。這座公墓是1822年開始對公眾開放的，迄今為止，已經有四千六百多座墓穴，其中不少是家族的陵園。還有國家元首，作家，第一位拉丁美洲榮獲諾貝爾化學獎得主，及諸多名人等，被公認為是全球最美的十大墓園之一。整座墓園的設計猶如城市的規劃，每條主要幹道兩旁栽種有樹木花壇，所有的墓穴或家庭陵園，就好像生活在那裡的居民住宅。墓穴及陵園前豎立著許多出自名家之手的雕塑，儼然是一座精緻的博物館。

　　艾娃沒有和貝隆總統合葬，而是安葬在杜阿爾迪家族陵園中。

從他們過去歲月的生活點滴拼湊起來，瞭解到貝隆總統自被放逐到馬德里後再回到阿根廷的始末。

　　1961年他在馬德里認識了阿根廷的舞蹈演員伊莎貝兒‧瑪爾迪內茲‧貝隆（Isabel Martinez de Peron 1931- ）兩人於11月15日在馬德里結成連理。

　　因為貝隆總統被放逐到巴拉圭，尚在施工的艾娃紀念碑，被接管的軍政府下令停止繼續建造，艾娃的遺體也從此神祕失蹤了約十七年，到1971年在義大利米蘭的一座小教堂裡發現了艾娃的墓穴，上面刻著的是假名瑪麗亞‧曼吉（Maria Maggi）。經過驗證後確認無誤，貝隆和夫人伊莎貝兒決定將艾娃的靈柩運到馬德里，並因其夫人的大度，將艾娃的靈柩暫厝在寓所餐廳的餐桌邊，以防萬一。直到1972年貝隆被允許回國後，才將艾娃的靈柩一同運回國。

　　國際間曾經有過一段未經證實的傳言，阿根廷政府認為艾娃的出生卑微，不具備安葬在國家元首陵園的資格，所以不允許她的遺體和貝隆總統合葬。實際情況並非如此，艾娃的靈柩最後安葬在杜阿爾迪家族陵園中，目的是避免其遺體再度遭到破壞。因為第一次失蹤尋回後，發現其遺體在運輸中受到破壞。為慎重計，在她家族陵園中，艾娃的靈柩安葬在地下五公尺深處，中間有兩道活門用水泥密封，密封上層還安葬了她家屬另一位靈柩，這樣就沒有任何人能隨意去破壞了。

　　我們在杜阿爾迪家族陵園前瞻仰時，大門緊鎖，大門的左側最上方鑲嵌著刻有艾娃貝隆名字的銅碑，參觀者見到此景，莫不受她一生為阿根廷貧窮婦女及兒童嘔心瀝血的精神所感召，也對她身後無法與夫婿同寢一穴而感到不平和惋惜。

　　更為感動的是，貝隆總統的第三任夫人對艾娃的安息提供了大度無私的協助。貝隆回國後不久在1973年再度當選為第三任總統。在這之前他已經先後擔任過兩任總統（1946-1952，1952-1955）。

在他擔任第三任總統時，夫人當選為副總統。不幸在就任一年後，1974年貝隆總統因病去世，伊莎貝兒接替為總統。兩年後，軍政府再度發動政變，將伊莎貝兒解職。

艾娃自擔任第一夫人開始，沒有一天停止為爭取女權而奔波，然而在大男人主義的社會裡，公開或是背後的詆毀與抵抗，幾乎無日無之，卻並沒有令艾娃因此而退縮。她拒絕擔任副總統一職，就是感到在男人操控的政治體系中，與其站在對立面而得不到任何好處，不如退而求其次，設立基金會，直接給弱勢婦女和兒童謀取福利。

一直以來，阿根廷的社會不僅女權的被踐踏，經濟狀況也是起伏不定。筆者與妻子在1999年訪問時，就感到阿根廷的物價昂貴，幣值不穩定。2015年再度訪問時，當地財政依然故我。走在商業中心，街頭到處是公開的黑市交易，見到貌似旅遊者，立即會趨前低聲詢問是否需要換取阿根廷貝索？這令筆者回憶起在1950年時代，台灣的美鈔黑市交易都是隱藏在小商戶裡面，不是識途老馬就無法登堂入室。

雖然經濟條件並不如一般所想像那麼穩定，另一邊反映出來的是阿根廷人的享受習性。喧嘩的酒吧四處林立，稱為「西班牙混血兒烤肉」（Sardor Criollo）的烤牛肉餐廳幾乎是高朋滿座。由於義大利後裔佔絕大多數，基因裡討旅客便宜的傳統習性也隨處可見。

阿根廷探戈舞是世界上享有盛名的舞蹈，為發展觀光旅遊，探戈表演成為賺取外匯的重要手段。我們在第二次訪問布宜諾斯艾利斯時，特地選擇了在觀賞探戈舞蹈表演場所的隔鄰酒店。入場券含有晚餐，票價不菲。進入演出大廳時，只見裝潢古典，氣氛優雅，顧客入座後，服務員即遞上紅酒，筆者淺酌了一口，不由皺起眉頭。

不久服務員前來問候，並期待顧客提出對酒水的正面意見。他

沒有預料到，筆者直截了當地告訴他，阿根廷孟多莎（Mendoza）地區的葡萄酒享譽全球，一邊指著手中的酒杯幽默地說，這裡面所盛的紅酒似乎不是地道的阿根廷酒。

服務員一聽便知遇到了識途老馬，立即取了兩杯不同品牌的紅酒讓筆者品嚐，其色澤及味道果然不同凡響。妻子在旁略帶微笑，她知道筆者在旅途中是從不會受到一丁點兒欺負的。

探戈舞蹈表演場所的商業行為，和出生於貧窮農村、畢生奮鬥為爭取女權的艾娃沒有任何的關聯，只不過在她辭世四十年後，阿根廷的社會似乎仍然處於貧富不均，爾虞我詐的環境中，不由得回想起阿根廷國會在1952年還通過給艾娃授予「國家精神領袖」的尊稱，為的是感謝她的貢獻，無私和慈愛，在貧窮婦女及兒童心目中，就如同宗教界裡的聖人一般受到他們的敬仰和膜拜。

在她輔助貝隆總統期間，阿根廷的國家財政曾有明顯的改善，人民的臉龐上也展現了對生活的樂觀。整體上講，阿根廷在拉丁美洲土地廣袤，自然資源雄厚，物產豐富，如有清明政治的管理，人民的生活理應舒適富裕。遺憾的是政壇的黑暗以及軍人強勢的連番交替，政治鬥爭頻頻，導致財政萎靡不振，外債高築，在國際上時常展現捉襟見肘的尷尬。

迄今為止，女性在社會中地位的提高，是阿根廷政治上難得的正面效應，這都應歸功於艾娃貝隆生前的積極投入。在她去世近七十年的歲月中，阿根廷社會一直視她為國家的最高偶像，2002年落成的艾薇塔博物館中，紀錄並見證了為千萬不幸婦女及兒童提供無私保護和支援的種種動人事蹟。

這座博物館建築本身就是一個動人的故事。它原來是屬於一個名叫卡拉巴沙富翁的私宅，1948年艾娃成為第一夫人後，用「艾娃貝隆基金會」名義買下了這棟私宅，將其改裝成無家可歸婦女兒童的臨時收容所。不僅為他們提供了床位及桌子，更重要的是給予她

們安慰，鼓勵及信念。

在收容所開幕的那天，艾娃貝隆語重心長地說：「這棟臨時收容所是專為無家可歸或是急需幫助的人的棲身之地。她們可以在這裡住下，直到找到工作或是有了自己的家為止。」多麼慷慨而令人動容的講演！

在艾娃去世後的五十週年，她的外孫女克里斯蒂娜‧阿爾瓦內茲‧洛德利蓋茲（Cristina Alvarez Rodriguez 1967-）主持了這座博物館的開幕式。

與此同時，在艾娃的出生地托爾多斯（Los Toldos），也在同一年成立了一所紀念博物館。這個距離首都約三百公里的小鎮，艾娃在那裡度過最艱難的童年，博物館裡展出的紀念物品基本上都和她的童年生活有關。

她父親胡安‧杜阿爾迪（Juan Duarte 1872-1926）是個富商，在當地經營牧場，艾娃的母親華納‧伊芭古內（Juana Ibarguren 1894-1971）出生貧窮，以幫傭為生。杜阿爾迪原來已經有了家室，但和華納先後生下五個孩子，艾娃是最小的。當她稍懂事後，才得知他們幾個孩子，都是杜阿爾迪的私生子。男人被允許有多個女人，是當時阿根廷社會不成文的陋習，而且法律上對擁有多個女人的男士也沒有懲罰的法律條文。所以杜阿爾迪在回到其原配身邊後，棄艾娃的母親及孩子們於不顧。苦命的母親只得用幫人縫製衣服來賺取收入養活孩子。

在這個小鎮的博物館中，艾娃母親所用的縫紉機是一件非常引人注目的展品。艾娃在1948年創辦了收留無依靠的婦女及兒童庇護所後，除了提供每日衣食等日用品外，還定期購置縫紉機分贈給婦女，教育培養他們學習技藝作為日後謀生之用。這都是艾娃目睹母親苦難的生活所得出的啟示。

貝隆總統在1974年去世後，先安葬在首都恰卡利塔國家公墓

（Cementerio de la Chacarita），他的遺體曾遭政敵破壞，雙手被斬斷。到2006年，貝隆政黨追隨者決定將其靈柩遷葬到距離首都48公里的聖文森特（Saint Vincente）。

貝隆總統夫婦曾經於1947年在這個小鎮購入一座牧場，作為兩人在繁忙公務後的休憩之地，後來他們的忠實追隨者決定將這座牧場改建成一座陵園，作為貝隆總統夫婦最後的安息之所。貝隆總統的靈柩遷葬後，迄今旁邊仍然保留有為艾娃規劃好的墓穴。因為有了其遺體失蹤十七年之久的前車之鑑，她的家人迄今始終不同意遷葬，再出現破壞的風險。如今她在家族的墓園中安息，雖然平凡簡單，卻是安全的最後歸宿。

艾娃雖然在短短一生中安享了六年的第一夫人地位，大半生卻在貧窮潦倒生涯中受盡欺凌白眼的羞辱。她為社會不幸的一群爭取權利和幸福的奮鬥精神，感召了阿根廷的各階層，至今在首都的各個角落裡，「女性橋樑」的建設，鄰近碼頭的眾多街道，均使用女性姓名為之命名，體現了艾娃精神的傳遞和延續

離首都僅24公里的一座小城，貝隆總統在1947年，受到夫人設立基金會作為慈善機構義舉的感召，特將該小鎮命名為「艾薇塔城」（Ciudad Evita）。艾娃去世後，貝隆總統在1955年失勢被放逐，軍政府用當時的軍人領袖名字為該城市改名。直到1973年貝隆重返政壇執政，復將該小城改回「艾薇塔城」，一年後貝隆總統去世，軍政府再將城市改換名字。到1983年全國舉行民主普選後，「艾薇塔城」的名字才再度進入到公眾的視野。最終在1993年正式通過成為「國家歷史豐碑」。

阿根廷在幾十年政治混亂中，逝去的政治人物無法安息，連一座城市的名字也不能倖免。不由得令筆者聯想到古今中外多少褻瀆政治死者遺體的事故，中國歷史上的「鞭屍」就是一個最卑鄙醜陋的例子。時至今日，還有扛著民主自由招牌，對死者施行不敬羞辱

的卑鄙行徑。如蔣介石的陵寢，曾經被澆上紅漆，原本豎立在各地的雕像也被集中在一起，對其做切割或斬首的象徵性洩憤。都是缺乏對死者寬容的下流行為！

日本軍國主義的殘酷無情世人皆知，但他們對逝者不分敵我的尊重，是地球上絕無僅有的道德規範。臺灣雖始終以日本為馬首是瞻，卻永遠學不會對死者尊崇的「日本模式」！

阿根廷第一夫人艾娃貝隆去世後，遺體失蹤達十七年後重返故鄉，人民對她的愛戴和敬仰並沒有減弱，體現了艾娃短暫政治生命中愛民如子的崇高情懷，深深植根在群眾的心中。雖然艾娃的冥誕或是辭世之日不是阿根廷特定的公眾紀念日，當地百姓卻自發地用不同方式來紀念他們心目中這位慈母般的奇女子。

墨西哥著名記者阿爾瑪・吉耶爾摩帕立艾多（Alma Guillermoprieto 1949-）曾高度讚揚艾娃，認為她的影響力才剛開始。美國的歷史學家胡伯爾特・赫林（Hubert Herring 1889-1967）更是公開宣稱，認為「這位最具洞察力的女士公眾形象，也許在拉丁美洲還剛開始展現」。

1 | 阿根廷政府有史以來，首次在2002年以艾娃貝隆頭像發行的100比索紙幣。

2 | 阿根廷第一夫人艾娃・貝隆（1919-1952）的遺容。

　　阿根廷有史以來第一位民選女總統（2007-2015）克莉絲蒂娜・費爾南德茲・迪・克爾池勒兒（Cristina Fernandez de Kirchner 1953-）曾如此高度評價艾娃：她的那一代人都欠了她一份恩情，因為在激昂的情感和競爭力上她留下了榜樣。

　　克莉絲蒂娜總統於2012年親自為印有艾娃頭像的100比索紙幣舉行發行儀式，這是阿根廷兩百年來首次將女性頭像印在國家紙幣上，象徵著女性地位的提高。克里斯蒂娜總統在致詞時，特別強調稱艾娃並不是一個完美的人物，也不是宗教上的聖女，而是一位屬於人民的極其謙卑的女性。

　　這些年來無論是阿根廷或者是國際上，經常會出現將克里斯蒂娜總統和艾娃正面的比喻，因為兩位都是在大男人主義社會中傑出的女政治人物，而且都登上政治地位的最高峰。自艾娃的出現，經過貝隆總統第三任妻子擔任過兩年總統職務後，直到克里斯蒂娜的正式當選為總統，雖然逐步提升了阿根廷女性在社會上的地位。然而在終究是男性控制的政治體系中，女性權利的鞏固依然任重道遠。

　　民主自由的大旗只不過是爭奪權利的幌子而已，真正的改變是來自充滿權利慾望的政客內心的大度和寬容。迄今國際上受到尊重的女政治人物，非德國總理默克爾莫屬。她不住官邸，穿著樸素簡單，當有人問及時，她只簡單的回答稱，她不是模特兒，而是人民的公僕。下班後和夫婿自己上超市採購。

　　相對地，也有女政治人物一心想著的是如何賣主求榮，購買坑害百姓健康的有毒肉類，還揮著「自由民主」的旗幟自我標榜。既沒有德國總理的大氣和自信，更缺乏艾娃貝隆為貧苦百姓爭取福利的寬容和慈祥。

　　每次在重複聆聽「阿根廷，別為我哭泣」時，都禁不住因歌詞及音樂旋律的淒迷震撼而濕潤了雙眼。她留給阿根廷人的不僅是愛

的傳播，更是為婦女爭取權力豎立了堅毅的典範。世人在聆聽這首代表著她傳遞愛心的傳世之作時，情感交會，莫不對這位阿根廷奇女子興起無盡的敬仰和懷念！

（2021年2月8日完稿於溫哥華）

# 愛沙尼亞

## ──波羅的海一顆閃亮的琥珀

記得童年的時候，母親在我的手腕上，配戴了一副琥珀鐲子，我幼時多病，母親給我戴上這琥珀鐲子，有著祛邪保健康的作用。經歷了戰火的洗禮，這串鐲子早已不知去向，我的健康並非得力於它，乃是靠著多年來的堅持鍛鍊，才有了今天的硬朗。

其實琥珀對健康的作用，並不是中國醫學上獨有的傳統，它的神奇功效，來自用琥珀漿液與鴉片混合，起到鎮靜的作用。歷史上琥珀也曾經作為貨幣流通交易使用，而且在很長一段時間被視為珍奇珠寶。

歐洲國家對琥珀也早就有不同的傳說。民間視此天然形成的物質是愛情、力量，及運氣的象徵。在保健方面，古羅馬時代就有婦女用琥珀來治療咽喉痛及腺體發炎病症。德國人在1930年時代，婦女將琥珀放在嬰兒身上，可以減緩長牙時的疼痛，而且可以令嬰兒牙齒長得更為健康。

不論何種傳說，琥珀在人類史上都有著源遠流長的發展過程。希臘的克雷特島（Crete）上，曾在公元前一千年的古墓中，發現波羅的海的琥珀珠子，證明琥珀歷史悠久長遠。

歷史上可以追溯到早在兩千至五千萬年前，琥珀就已經存在。它是從最古老的松樹為主的針葉樹脂滴落時，將蜘蛛，蜜蜂等昆蟲或是木屑樹葉等物質包含在其中，經過長期石化逐漸成為晶瑩剔透的固體物質。

研究結果顯示，世界上大約有250種不同的琥珀，其中以斯堪地那維亞北部地區發源最早。就是因為當地的松林茂密，大量的松

脂是演化成琥珀的原始材料。

　　經過大自然的變化，大小不同的琥珀隨著兩邊的河流衝入波羅的海，千年之後，又隨著海潮沖積到對海的沙灘上，與沙子混合在一起。聰明的商人在沙灘進行挖掘，成為獨樹一幟的商業行為。

　　然而人工的挖掘終究有限，每當海上湧起狂風暴雨時，這些沈積埋藏在沙灘裡的琥珀，被衝向波羅的海的愛沙尼亞、拉特維亞及立陶宛三個小國沙灘上，成為當地主要的商業財富。

　　筆者在臺灣讀中學時，從世界地理課程中，老師解釋波羅的海的三個小國，是蘇聯強佔後成為其卵翼下的附庸國，狀極悽慘，僅此而已。後來在環球旅遊時，親身體驗了當地的歷史傳統才幡然醒悟，原來在中學所用的教科書只是在反共抗俄意識形態指導下編撰的讀本，實有誤人子弟之嫌。

　　波羅的海三國，歷史上一直就是被列強鄰國爭相奪取的一塊大肥肉是不爭的事實。自1219年開始，愛沙尼亞就陷入命運多舛的境地。她受到四面楚歌的強權包圍；東邊與俄羅斯聖彼得堡相去320公里，俄羅斯最西端的軍港普斯科夫（Pskov）距離愛沙尼亞首都也只有332公里，如到其邊界僅有62公里之遙；南邊接鄰拉脫維亞首都里加（Riga），相距320公里；西邊與瑞典斯德哥爾摩隔波羅的海相望，距離380公里；北邊則與芬蘭首都赫爾辛基僅以80公里隔芬蘭灣接壤。

　　所以愛沙尼亞的處境就如同琥珀裡的一隻小昆蟲。只要周邊任何一個強鄰大嘴一張，這隻小昆蟲瞬間就被生吞活剝。

　　在歷史中有關琥珀的故事不勝枚舉。位在聖彼得堡郊區的凱瑟琳皇宮中的「琥珀廳」曾經被視為「世界八大奇蹟」之一，是極其奢華的室內裝飾。

　　來自世界各地的旅客，進入到凱瑟琳博物館，其注意力並非在這座「琥珀廳」歷史的來龍去脈，只是要感受並驚嘆一下它的金碧

蘇俄沙皇時代1917年的「琥珀廳」原型。

輝超級奢華。如今進入遊客眼簾的「琥珀廳」，只是在2003年重建的一個複製品而已。原來的歷史早已隨著主人的消失而灰飛煙滅。

「琥珀廳」原本是德國普魯士王朝時代，準備為柏林夏洛滕堡宮（Charlottenburg Palace）設計的一座大廳，是弗雷德立克國王（Frederic）皇宮，由於他性喜奢華，皇宮內部的設計裝潢都超乎一般人的想像。「琥珀廳」設計的目的就是要展現成為世界之最，超越法國路易十四凡爾賽宮的奢華程度，成為世界第一。由於後來的計畫有變，這座大廳轉而成為「柏林城市皇宮」（Berlin City Palace）的獨特裝飾。

當時國王下令德國巴洛克雕塑家及建築師安德烈·史魯特（Andreas Schluter 1664-1714）和丹麥琥珀藝術專家哥特弗雷德·沃夫蘭（Gottfried Wolfram 1683-1716）共同設計他心目中的「琥珀廳」，經歷了從1701年到1707年的精心設計，兩位設計者先後去世後，由其他兩位藝術家繼續製作完成了這座舉世聞名的「琥珀廳」。

此時弗雷德立克·威廉一世（Frederic William I 1688-1740）已自封為普魯士大帝，和俄羅斯帝國沙皇彼得大帝（Tzar Peter the Great 1672-1725）結成聯盟，共同抵禦瑞典。1716年沙皇彼得大帝訪問普魯士時，對「琥珀廳」的喜愛無比並推崇備至，於是普魯士

國王慨然將整個大廳贈送給沙皇彼得大帝。

這座大廳總共使用了近六噸的琥珀，先將設計製作的琥珀貼在金箔鑲板上，再將鑲板鑲嵌在牆上。為了運送這份大禮，國王下令將整個大廳拆卸後裝運到距離俄羅斯聖彼得堡約24公里的「沙皇村」（Tsarskoye Selo），凱瑟琳皇宮（Catherine Palace）就座落在這裡。

將柏林的「琥珀廳」裝設在凱瑟琳皇宮內，是沙皇彼得大帝女兒伊莉莎白女王的主意，經過專家們的精心安排，「琥珀廳」受到皇親國族的喜愛，並在數十年的精心保護下，成為皇宮中的稀世之寶。

1917年蘇聯大革命後，凱瑟琳皇宮成為國家保護的博物館。其所在地「沙皇村」，在1937年為紀念著名詩人亞歷山大・普希金（Alexander Pushkin 1799-1837）逝世一百週年改名為「普希金城」。但不對外開放。博物館內對「琥珀廳」施加了特別保護。

二次世界大戰改變了這座金碧輝煌的「琥珀廳」命運。原先以天之驕子著稱的世界藝術瑰寶，驟然間成為戰爭禍害中如同流離失所無依無靠的失孤！

1941年三百萬德國納粹進攻蘇聯，為保護無價之寶的歷史文物，政府將文物緊急移往西伯利亞地區，卻來不及移走鑲嵌在凱瑟琳皇宮內的「琥珀廳」。琥珀專家檢測後發現鑲嵌在牆上的琥珀因年代已久，琥珀乾燥牢固，稍有不慎，便會在拆卸過程中成為粉狀碎粒。但又擔憂德國納粹一旦佔領了凱瑟琳皇宮，勢必會加以破壞。無奈之下，專家們只得用最普通的牆紙將牆上的琥珀加以遮掩，以為萬無一失

1941年的夏天，納粹軍攻入列寧格勒（原名為聖彼得堡），並佔領了近郊普希金城及凱瑟琳皇宮。蘇聯專家們滿以為普通牆紙能起到遮擋納粹軍人耳目的作用，然而德國納粹軍只用了36小時，就

將拆卸下的琥珀珍寶裝入27個大箱中，運送到原東普魯士帝國首都柯尼格斯堡（Konigsberg）展出。

納粹下令拆卸「琥珀廳」主要原因是，希特勒認為這原本就是屬於普魯斯帝國的文物，是俄羅斯掠奪了這份財富，所以必須物歸原主。

未幾，戰爭局勢峰迴路轉，德國納粹軍節節敗退，英美空軍對佔領蘇聯的納粹部隊猛烈轟炸。緊接著蘇聯紅軍反攻又猛轟柯尼格斯堡，幾將其夷為平地。「琥珀廳」命運多舛，在後來的歲月中，對「琥珀廳」的下落只留下猜測和傳言。

有人認為，在德國將「琥珀廳」運上軍艦準備移送時，遭蘇聯紅軍潛艇發射魚雷炸沉。又有人認為，希特勒下令將「琥珀廳」祕密運出歐洲，藏在不為人知的地方。有關琥珀的下落眾說紛紜，言之鑿鑿，但終究都是無稽之談。

唯一略可採信的是，在被炸的柯尼格斯堡廢墟中，挖出一塊義大利藝術家製作的碎石鑲嵌的拼圖，其中有四顆琥珀，經鑑定確認是凱瑟琳皇宮「琥珀廳」的原物。據稱這四顆琥珀後來被俄羅斯政府沒收，並用來製作琥珀複製品時的原材料之用。這為蘇聯宣稱「琥珀廳」已經在柯尼格斯堡毀於戰火時徹底消失提供了有力佐證。

經過數十年的探討，德國及俄羅斯商定共同將戰火中遭到損毀的文化古蹟予以修復。凱瑟琳博物館在二次大戰時早已毀於戰火，所以在凱瑟琳博物館修復後，德俄雙方擬定在凱瑟琳博物館中還原「琥珀廳」的面貌，於1979年制定方案並開工，由俄羅斯提供技術人力，德國支付所有費用，於2003年重新開放。

俄羅斯總統普京（Vladimir Putin 1952-）及德國總理格哈德‧施羅德（Gerhard Schroder 1944-）在2003年共同主持落成儀式。雙方選擇這一年，是為特別紀念聖彼得堡建城三百周年。

至此結束了近一個世紀尋找原始的「琥珀廳」的案情，凱瑟琳

博物館的「琥珀廳」再度受到來自全球愛好藝術人士的青睞。但又有多少參觀者在欣賞之餘，會感嘆著，就因為區區幾個政治人物對珍寶的貪婪和掠奪，竟引起史上近兩百年的天災人禍？

筆者和妻子兩度參觀訪問聖彼得堡，在凱瑟琳博物館中，就親眼目睹現代人藉著旅遊表現的膚淺。第一次進入「琥珀廳」時，筆者和妻子以遊客的姿態四處觀賞，偶爾取出相機拍幾張照片留作「到此一遊」的紀念。卻就在興高采烈時，背後人群中傳來帶有吆喝甚至是譴責的口吻：「這裡不許拍照！」經過眼神的搜索，見到一位身著制服的女士，看上去是博物館的工作人員。她吆喝的對象就是筆者。

經驗告訴我不能讓她如此無理，即單刀直入地回答道：「這麼多人都在拍照，你怎麼不管？」

見到筆者的來者不善，她臉上立即閃出一絲笑容，改用輕鬆口吻問道：「你有沒有交拍照片費用？」

原來那一聲吆喝關鍵就是收費的問題，只要交十元美金，這個原本不准拍照的地方，立即被允許給「攝影家」大顯身手。

第二次再次光臨凱瑟琳博物館時，再也聽不到為十元美金拍攝費用而嚴厲的吆喝。參觀者可隨心所欲地拍攝。但筆者已經意興闌珊，不願為一個複製品去浪費心思。雖然整座大廳仍有藝術的美感，但歷史的價值早已隨風而去。「琥珀廳」給筆者留下的只是一絲難忘的歷史記憶。

凡是到凱瑟琳博物館的參觀者，必要一睹其真面貌，至於琥珀的真偽並不是他們所關心的。

波羅的海綿延的千里海岸線上就是自古以來商賈們尋寶的樂園，波羅的海沿岸三小國愛沙尼亞、拉特維亞及立陶宛也因此成為深受矚目的淘寶勝地。

筆者和妻子兩度在愛沙尼亞旅遊，見到古老市區中隨處可見琳

琅滿目的琥珀，沿街向遊客兜售琥珀的小販也是絡繹不絕。面對那些擺設在市場裡如同水果蔬菜般的「琥珀」就不由得產生疑竇，如同在泰國辨別紅藍寶石，也好似在香港、臺灣女士們在小商鋪選擇名牌手袋一般。

筆者在塔林搜集到一枚如雞蛋般大小的琥珀，晶瑩剔透的黃色固體化石裡，充盈著昆蟲，木屑和樹葉碎片等，卻情不自禁地將這顆琥珀和愛沙尼亞人民聯想在一起，他們被一個強大而虎視眈眈的力量包圍著而無法喘息，試圖衝破這如同禁錮的化石。

於是匆匆地對滿街的琥珀作「驚鴻一瞥」的巡禮之後，便將目光轉移到歷史與現代交替的社會現象中去探詢愛沙尼亞的過去與現在。

愛沙尼亞僅有一百三十萬人口，卻擁有星羅棋布在波羅的海裡的1500個小島。首都塔林（Tallinn）有居民四十三萬左右，換言之，全國約百分之四十的人口都集中在首都。

塔林位在愛沙尼亞的北邊海濱，城市面積不大，地理位置卻極為險要，從1219年丹麥入侵後，歷史上就一直是列強必爭之地。經歷了丹麥、瑞典及蘇俄先後的佔領，直到1917年才得以獨立。

然而愛沙尼亞人民的惡夢，一年之後被德國侵占而再度呈現，沒有多久，又在如同夢中般地回到獨立地位。1940年再次被蘇聯佔領，次年又因納粹佔領蘇聯遭到德國併吞，1944年納粹被擊敗，愛沙尼亞落入蘇聯之手，成為被統治下的「獨立國」。直至1990年蘇聯解體，愛沙尼亞才重新獲得解放直到目前。

一個只不過巴掌大的國家，卻在群雄包圍的壓力之下，經歷了數百年的痛苦掙扎，終於迎來了獨立自主的自由。此後在自身的奮鬥努力下，僅僅二十年之間，創造了經濟發展的奇蹟。雖然仍有大比例的貧窮，但從另一個角度去審視，愛沙尼亞已經一躍而居世界IT科技的領先地位。

　　1980年莫斯科舉辦國際奧運會，帆船比賽地點就選在愛沙尼亞的海濱城市畢律塔（Pirita），當時愛沙尼亞還是蘇聯的附庸國。為了接待國際選手，並向外播放奧運賽程，首都建造了64公尺高的電視塔，奧林匹亞大酒店接待來自世界各地的國際人士，政府行政大樓及專為奧運會帆船比賽建造的遊艇中心（Regatta Centre）等眾多重要設施先後落成，奠定了塔林現代化的基礎。

　　就這樣，塔林成為古老和現代交錯的旅遊城市。塔林老區分為上城和下城。上城是從十五世紀流傳下來的貴族區，是當今政府所在地，愛沙尼亞的政府機構和外國使館都設立在這裡。德國人早在十三世紀建造的托姆皮阿古堡（Toompea Castle）及其旁邊的赫爾曼高塔（Herman Tower）現在已經成為愛沙尼亞政治中心。每天在高塔上舉行升降旗儀式，雄壯的國歌「我的祖國就是我的愛」（Mu Isamaa on minu arm）響徹雲霄，以此來激發愛沙尼亞人民的愛國激情。

　　而下城就是過去的「公民城市」，是普羅大眾的居住地和商業區。上下兩區雖展現出首都的貧富分野。但筆者更喜歡「公民城市」，幾乎所有的重要歷史古蹟都集中在這個地區。市政中心廣場，是全城的心臟地帶。市政大廳已經穿越了六百年的歷史長河，卻仍然保持著它誘人的魅力。

　　十五世紀瑞典人為保衛城市安全而設計出古城牆，如今仍然保存有八座城塔。其中尤以「胖瑪格麗砲塔」（Fat Margaret）最受遊客歡迎。Kiek in de Kok防衛塔是整個古塔中的精華，這是十五世紀瑞典佔領後修建的。護城塔林下的祕密通道，總長達500米，二次大戰時曾用作防空洞，如今是內容極其豐富的博物館，從中可瞭解這個命運不濟的小國家是如何從壓制的千年艱辛中「涅槃重生」的。綿延的古城牆在現代的生活情趣中仍然靜靜地散發著古樸的氣息，激勵著愛沙尼亞人民秉持歷史傳承持續奮鬥。

1　首都塔林老城區的入口，兩旁的古
塔已有五百年的歷史。

2　愛沙尼亞首都塔林位在上城的托姆
皮阿古堡及赫爾曼高塔，如今為國
會大廈。

塔林自1422年開設的古老藥房，迄今仍在原址經營。

　　從丹麥到瑞典時代持續建築的城牆和塔林吸引不少遊客，但是老區內最高的教堂高塔非聖奧拉弗（St. Olaf's Church）莫屬。他的名稱來自於挪威國王，因戰爭殉職後被封為聖人，這座教堂為紀念他而命名。諷刺的是，蘇聯佔領愛沙尼亞後，從1944年到蘇聯解體，這座教堂的高塔竟然是蘇聯特務機構克格勃（KGB）監視站和無線電中心。

　　一個以勸人為善的宗教場所成為血腥的政治鬥爭機構，愛沙尼亞人民對這段歷史真是情何以堪。古塔在建築初期高度為159米，屬於歐洲最高的建築，居高臨下，可清晰地遠眺芬蘭灣及其周邊的風光。因「鶴立雞群」的凸顯高度，歷史上曾遭到數次雷擊而發生

火災。如今重建的高塔為123米，仍然可以環視塔下的優美景色。

漫步在古老的市區裡，經過一間藥房，仔細端詳方知這是一家自1422年即開設的藥房（Raeapteck），準確的開設年份已經無從查考。但從記載的年份1422年，紀錄著經營藥房的主人已經是第三位了。所以後人就用這個年份作為藥房的起始點。這是全歐洲最古老的藥房。裡面還出售愛沙尼亞當地的傳統古老藥劑。

走在街道上不時見到面貌秀麗的年輕姑娘在路邊擺設小攤售賣土產，對遊客溫文有禮。我們駐足在一個小攤販前欣賞少女製作杏仁糖，少女見到我們兩張東方臉，欣喜地將杏仁糖遞給妻子試吃。妻子眉飛色舞地稱讚該糖甜而不膩十分可口，高興地從少女處購買了這些可口的土特產帶回送親友。

鱗次櫛比的小餐館幾乎都是門庭若市。當地的一道特色烹飪「血腸」（Verivorst），是遊客的最佳選項。它是由雜糧、洋蔥、各種香料，再加入墨角藍或稱為牛至的調料和動物血配製而成，其誘人的香味從餐廳廚房裡傳到街心令人垂涎三尺。

屈指算來，第二次去愛沙尼亞已經是

| 筆者妻子與街邊小攤的少女合影。

近兩年前的往事了。但當地的歷史事蹟時時懸掛在心頭，小攤販上少女的親切笑容仍不時展現眼前。在這個被列強圍繞的一片肥沃土地上，上百萬人民正如同世界其他地區一樣，遭受著新冠病毒的騷擾，原本就有貧富懸殊的社會，是否處於雪上加霜的逆境，令人掛念。在旅客絕跡的脅迫下，那些美味的「血腸」可能已無人問津。小攤上的杏仁糖又是否依然無恙？那個善良少女的謀生前景，可能早已遭到摧毀！

　　經歷了一千多年的列強侵略，最終擺脫了獨立前蘇聯40年的控制，為了「安全」，愛沙尼亞選擇投入北大西洋公約的懷抱，究竟是福是禍，還需要時間的檢驗。因為地理位置的特殊，假如和拉脫維亞及立陶宛如同瑞士及奧地利般共同宣布為「中立」地區，也許更能鞏固獨立的地位？

　　愛沙尼亞的地理位置和瑞士及奧地利截然不同，如今雖已成為自由民主獨立的國家。然而歷史的見證告訴世人，這個「迷你」小國是否能將獨立自主的權利牢固地掌握在自己手中，就要看它的造化了。

　　歷史上愛沙尼亞數度獨立，卻仍然逃不出成為周邊列強砧上肉的命運；蘇聯佔領前也曾經享受過四十多年的獨立自主，但最終還是落入蘇聯長達近五十年的奴役掌握中。愛沙尼亞人民是否因為獨立及擁有北大西洋公約的「保護」，而逐漸疏忽甚至忘卻強權侵略的「歷史重演」？

　　新冠疫情全球肆虐，只能居家生活，仍不時把玩著從愛沙尼亞帶回來的那顆琥珀，注視著晶瑩固體中的那些昆蟲、木屑、樹葉……。

（2021年2月25日 完稿於溫哥華）

# 智利

## ——拉丁美洲詩聖雷魯達的故國

　　可能是因為長期生活在歐洲，選擇觀賞電影幾乎是以歐洲影片為主；一般來說，歐洲影片更具文藝氣息，而且製作細膩，內容貼近日常生活。如1994年發行的義大利影片「郵遞員」（il Postino），劇本創作及製片人是義大利著名演員馬西默・特利奧希（Massimo Triosi 1953-1994）。他自己還擔任了片中的男主角。

　　在拍攝過程中，男主角心臟病發作，需要入院進行手術，卻堅持要拍完該片再求醫。為防範拍片時可能發生意外，導演先將片中的對白全部錄好音，消耗體力的鏡頭也都由替身進行。為此全片僅用了十一週就告殺青，結束的第二天，男主角便在他妹妹家拍完合照後離世。

　　影片在全球上映好評如潮，但是男主角已經無法享此殊榮。這部影片是根據原籍克羅地亞的智利作家安東尼・斯卡梅塔（Antonio Skarmeta 1940-）在1985年出版的小說《燃燒的耐力》（Ardiente Paciencia）所改編。

　　電影的情節很簡單，智利詩人巴勃羅・雷魯達（Pablo Neruda 1904-1973）因政治避難，與妻子來到義大

| 智利詩聖雷魯達遺容。

利南部一個小島。當地一位只是臨時工的年輕郵遞員，每天專為雷魯達投送郵件，因而建立了友情。郵遞員受到詩人的影響，在他寫給咖啡館女侍應生的信裡抄襲了詩人的作品，得到她的青睞而建立家庭。

詩人後來得到智利政府赦免決定回國，不久郵遞員收到詩人的秘書來信，請他將詩人留下的用品寄回智利。郵遞員完全照辦，還在友人協助下，詩意盎然地將海浪、鳥鳴這些大自然美好的聲音錄製下來一併寄給詩人。

五年後，當詩人再度踏足小島時，只見到郵遞員的孩子，郵遞員已在當地一次共產黨的集會中遇害。

觀賞這部電影時，需要對智利詩人的背景有些許瞭解才能產生出共鳴。整個劇情簡單，人物突出，場景樸素，音樂沈穩，令觀眾細細品味人與人之間的友情。詩人的高雅和郵遞員的靦腆自卑，雖反映出社會上兩個不同的階層，卻在詩人謙虛中將兩個階級拉成一條地平線。現實生活中，雷魯達就是這樣一個為工人階級奮戰的人物。

筆者夫婦的南美洲之行，智利是必不可或缺的一站。旅途中，耳聞眾多觀光客對到達智利後的目的，不外就是品嚐聞名天下的葡萄酒，或是對當地的牛排大快朵頤，幾乎沒有任何人對這位拉丁美洲詩聖有片言隻字的期待。不知是因為無知，或是有意避開詩聖的政治意識。

的確，到了智利沒有品嚐紅酒肯定遺憾，而那鮮嫩的牛肉，也必是旅途中食慾的追求。我們預定的酒店就在聖地牙哥市中心的「公爵區」，入住後即向前台探尋能一飽口福的好餐館。

「智利海鱸」（Chilean Sea Bass）是名聞全球的餐館極品，更是高級餐館的寵兒，其價格自是水漲船高。然而懂得追逐這種名貴海魚的饕客，幾乎很少有人知道它的真實身分。其實「智利海鱸」

這個名詞是智利人高超智慧的特殊發明。

「海鱸」是全球家喻戶曉味道鮮美的魚類，為了攀比它的高貴，並有利於開拓市場，聰明的智利人就將生活在極南端帕達高尼亞（Patagonia）深海中的「牙魚」（Toothfish）改頭換面稱之為人見人愛的「帕達高尼亞海鱸」（Patagonia Sea Bass），如此則可登堂入室進入全世界的高檔餐廳裡，食客們點這道菜餚可顯出幾許「闊綽」。

智利政府在1975年決定將這個深海大魚進一步改名為「智利海鱸」，1977年還特地發行了以海鱸為圖案的紀念銀幣，這些舉措都是為了打開國際市場的精心設計。經歷了不斷的發展，這個曾經無人問津的海中生物，一躍而成為智利的「白金」。多年來漁民們用「竭澤而漁」的手段捕撈，導致「海鱸」繁殖率急遽下降，已在漁業界產生極大隱患。

「牙魚」的面貌奇醜無比，有鋒利的牙齒，故名為牙魚。它們生活在35米的深海中，捕食大洋中的章魚等海產，由於繁殖力很低，一般需要十年的時間才能完全成長。每年交配季節，雌雄兩性即分別在同一個區內排出卵子和精子，兩者在大洋中隨著水系接觸即能受孕。

一條成熟的「牙魚」身長平均為兩米，體重在100公斤左右，壽命可達50年。由於他們生活的海域距離智利海岸線很遠，所以漁民出海需要配備充足的冰塊，一旦捕捉到「牙魚」，就要用冰塊將其冷藏，不然溫度一改變，其肉質即會發生相應的變化導致無法出售或食用。

在北美地區的星級餐廳裡，一份「智利海鱸」要價在五十美元上下，許多食客喜愛其「入口即化」的肉質，且鮮美無比，成為食客彰顯出特殊身分的標誌。然而國際上營養學家分析認為，由於「智利海鱸」體內儲存水銀量過高，對人體有害。所以建議人類每個月最多只能食用兩次，十二歲以下的兒童則最好避免食用。

我們請酒店介紹品嚐當地海鮮的美味。並沒有特地尋找「智利海鱸」的慾望，只是希望能找到智利人喜愛的盤中餐而已。酒店前台很熱情地告訴我們附近有一家膾炙人口名叫Chilenazo的餐館，從酒店步行約五分鐘即可到達。

| 智利首都著名的餐廳Chilenazo。

一進入餐館只見人頭攢動，高朋滿座，撲鼻而來的並沒有絲毫海鮮香氣，而是炭火上烤得吱吱作響的肉香，全是牛扒，豬扒，羊扒等。原來這是一家以牛扒著稱的餐廳。我們平時對肉食興趣不濃，所幸菜單中也列有烤蝦的菜餚，就「既來之則安之」了。

食客大都是東方面孔，空氣中飄過來的是此起彼伏的純粹北京腔。緊挨著我們隔鄰的餐桌上，則是用朝鮮語在交談，其中夾著幾位西方面孔，估計是外貿人員的工作餐。他們的餐桌上，除了中間放著盛滿肉排的大餐盤外，就是數不清的啤酒瓶。

智利當地人生活中偏愛魚類和蔬果，畜牧業也很發達，和阿根廷不相伯仲。只是，智利是一個善於用產品換取外匯的國家。它每年將自己出產的牛肉出口到中國換取外匯後，再從巴拉圭（Paraguay）及巴西等國進口牛肉供當地人食用。

由於地理位置及氣候的大同小異，智利和阿根廷比鄰而居，兩國之間在國際上的競爭關係可想而知，牛肉和紅酒都是兩國的典型產品，如今中國就成為它們爭奪的重要市場了。

| 智利肉排的量令人望而生畏。

阿根廷的牛扒在國際地位上更勝一籌。那裡飼養的肉牛舉世聞名，質地上乘，瘦肉多，脂肪少，不需要添加任何的調味，直接煎烤就能享受到肉的鮮味。有人曾盛讚阿根廷牛肉的確是入口即化，雖是瘦肉卻可以用湯匙割開。

阿根廷和美國牛肉截然不同。阿根廷牛群生活在廣袤的草原上，自然養殖不僅令牛群減少脂肪的生長，更有強勁的免疫力避免細菌入侵，而且牛肉中含有高濃度的奧米加3脂肪酸，對人體極為有益。美國的牛群主要是依靠糧食如玉米等飼養，給牛群增加無益的膽固醇。而且要定期給牛群注射抗生素。

阿根廷牛群和人口的比例，就好似新西蘭的羊群多過人口一樣。阿根廷人口近四千五百萬，牛群卻有四千九百萬頭，大都集中在中部的廣袤草原（Pampa）。所以和阿根廷相比，智利的牛肉供應只能用小巫見大巫來形容。

阿根廷和智利的牛扒質量上乘，然而初臨斯地的亞洲觀光客，難免會被出現在面前的「量」望而生畏。一份好的牛肉端上桌平均是12安士，有帶骨頭的就是24安士。至於烹製到什麼程度，就要看食客的喜好了。

一般在阿根廷或是智利燒製牛肉是用炭火的溫度慢慢烤出其

香味。常用的四種燒烤程度分別是：如歐美人喜愛的四成熟，就用西班牙文「Jugoso」告訴服務員即可，要烤得適中就稱為「A Punto」，很多亞洲人不喜歡牛肉帶血，而偏愛外焦裡嫩的，就告訴服務員「Posado de Punto，而有些更喜歡熟透的就稱為「Bien Cocido」。

阿根廷是一個由多國移民組成的國家，其中義大利移民名列榜首，當前阿根廷總人口近四千五百萬，義大利移民後裔卻佔了兩千五百萬，佔總人口的62%。在阿根廷生活中義大利的影響力隨處可見，甚至使用的西班牙語中，往往不時夾帶著義大利的詞彙。其重要性可見一斑。

為此在烹調方面，如燒製牛肉，經常在義大利餐廳，較阿根廷本地的餐廳更勝一籌。筆者夫婦就曾經在美國聖地牙哥港口「小義大利區」裡一家名叫「好胃口」（Buon Appetito）的餐館晚餐。廚師烹製的阿根廷式牛肉，無論從手法及口味，都比在阿根廷本地出色很多。

在智利的那頓晚餐，因為有了幾隻烤蝦，才有了不虛此行的感覺。盤中的燒烤牛肉從質量上而言，體會不出阿根廷的那般鮮嫩，由於量太大，我們只好將三分之二留置在餐盤裡。也因此在用餐時，突然萌生奇想，不知首次發現這塊肥沃土地的西班牙探險家麥哲倫，是否曾發現當地鮮美的牛肉？假如他聰明些，和其他殖民征服者一樣留了下來，也許終身榮華富貴，盡享美酒牛肉。但是他的「探險」野心是要掠奪更多的財富，導致最後在菲律賓死於非命。

在抵達聖地牙哥之前，我們曾在更南邊的「沙角」（Punto Arena）稍作停留，藉機在博物館中觀賞麥哲倫環球航行的歷史過程，同時參觀了他航行中唯一安然度過艱險回到西班牙的帆船「維多利亞號」。

西班牙為紀念麥哲倫的首次環球航海，曾在1992年製造了一艘

複製品，陳列在塞維亞（Sevilla）的博物館中。智利為慶祝2010年開國兩百週年，原計畫在2006年開工建造同一艘帆船複製品，由於全球金融海嘯，整個計畫被拖延了三年，直到2011年始完工，比慶祝200週年活動整整晚了一年。

這艘體積按照原始比例建造的複製品，在「沙角」新維多利亞博物館露天展出，吸引不少觀眾。從船體到內部陳設，可以想像當時麥哲倫全球航行時，這艘僅80噸的帆船浮沉於大洋之中何等艱辛和凶險。未知麥哲倫是否曾經捕捉「牙魚」果腹？或許由於當時還沒有深海捕魚的技術，「智利海鱸」才得以傳宗接代，至今成為賺取外匯的海產品吧。

智利除了有紅酒，牛肉和海鮮，最難能可貴的是在拉丁美洲文學界裡佔有重要的一席之地，其中尤以獲得諾貝爾文學獎被稱頌為

麥哲倫探險時船隊之一的「維多利亞號」是唯一返航的帆船，圖為複製品在智利「沙角」的博物館對外開放展出，給筆者妻子作為留影的背景。

詩聖的雷魯達被視為是國寶級的作家。

筆者在學生時代學習西班牙和拉丁美洲文學時,雷魯達的詩歌是教授的推薦。所以對這位充滿傳奇性的智利詩聖,早就景仰於心,瞻仰他的故居也就成了聖地牙哥之行最具吸引力的節目。

他一生愛海,但在他的作品中,似乎從未提及「牙魚」的尊貴和牛肉的特質。他用平實的文字所寫下的詩歌,充滿了對情慾的澎湃,對人生的激情,以及對社會弱勢群體的同情和為他們的呼喚,從而反映了他一生不平凡的政治理想。

雷魯達出生於1904年,他的原名是里卡多‧艾力埃塞爾‧雷夫塔立‧雷耶斯‧巴索阿爾托(Ricardo Eliezer Neftali Reyes Basoalto)。1917年7月18日才十三歲的他,在當地的《晨報》(La Manana)發表了處女作〈激情與毅力〉(Entusiasmo y Perseverancia),獲得好評。從1918年到1920年之間,他從本名中取出雷夫塔立‧雷耶斯(Neftali Reyes)作為發表作品的署名。

1920年他開始用筆名巴勃羅‧雷魯達(Pablo Neruda)發表作品。他沒有用真名,是因為他父親一直不同意他寫詩。而他的筆名來源,據說是採用了捷克詩人英‧雷魯達(Ian Neruda)的姓,但更為準確的應該是他從摩拉維亞小提琴家威爾瑪‧雷魯達(Wilma Neruda)的名字上獲得靈感為自己取了筆名。這個筆名後來就成為他一生使用的正式姓名。

1923年他的第一本詩集《暮光之城》(Crepusculario)出版,接著第二年另一本詩集《二十首情詩和一首絕望之曲》(Veinte Poemas de Amor y una Canción Desesperad)問世,不僅成為當時的暢銷詩集,更令雷魯達一躍而為國際著名詩人。兩本詩集均已譯成數十種語言譯本。尤其是後者,時隔百年,迄今仍為最受寵的西班牙文詩集,銷售額已達數百萬冊。

在雷魯達浩瀚的詩海中,筆者獨鍾愛他為愛犬所譜寫的哀詩

〈一隻狗離世了〉（Un Perro Ha Muerto）。這首詩的開始幾句就勾畫出人與動物之間的愛：

> 我的愛犬離世了
> 我將他安葬在花園中
> 近生鏽的機器旁
> 那裡不偏不倚
> 正是我們再度相逢的地方

雷魯達在這首詩中所要表達的是人類與動物相互之間的無私關懷和珍惜，以及那無法用語言比喻的愛。從這首詩歌可以理解到詩人加入智利共產黨，並非完全是對意識形態的支持，更為珍貴的是他對社會被人忽略的弱者的同情和關心。

詩人在年輕時曾書寫帶有濃濁情慾的詩歌，他對男女之間的情慾大膽的描寫曾引起不少爭議，但最終卻成為唯一被文壇一致接納的詩人。

雷魯達自1929年即開始外交生涯，先後在緬甸、錫蘭、爪哇、新加坡等地服務，不久又調任到馬德里擔任總領事職務，因為他的文學才華，在馬德里任職期間成為當地文學中心活動人物，結識了不少當地文學家，其中有著名詩人拉法艾爾・阿爾貝爾迪（Rafael Alberti 1902-1999）及費迪利哥・卡爾西亞・羅爾卡（Federico Garcia Lorca 1898-1936）。

1936年西班牙內戰發生，羅爾卡的言論較為偏激，被認為有社會主義的傾向，因此被右傾政黨逮捕，在莫須有的罪名下遭殺害，迄今為止屍體仍然沒有下落。

羅爾卡的死對雷魯達是一個沉重的打擊，於1938年出版了他的著名詩集《心中的西班牙》（Espana en el Corazon）。因為言論上的

左傾，丟了駐馬德里總領事的官職。

　　但他隨即被派往墨西哥擔任外交職務長達三年之久（1940-1943），回到智利後於1945年4月正式加入智利共產黨，並且當選為國會參議員，開始了一連串的激進言行。他曾在1942年及1943年分別出版了歌頌史達林主義的詩集《歌頌史達林格勒》（Canto a Stalinggrado）及《新史達林格勒愛的歌頌》（Nuevo Canto de Amor a Stalinggrado）。為此在1953年，蘇聯向雷魯達頒授了「史達林和平獎」。

　　在左傾思想的主導下，雷魯達的言行更形偏激，幾乎遭到牢獄之災。1946年智利政治人物卡伯利艾爾‧岡薩雷斯‧維迪拉（Gabriel Gonzales Videla 1898-1980）參選總統時，邀請雷魯達協助競選活動。豈知維迪拉坐上總統寶座後，立即宣布智利共產黨為非法組織，而且對雷魯達頒布了逮捕令。

　　所幸得到友人協助，隱藏在其地下室達數月之久，最後騎馬輾轉穿過安第斯山抵達阿根廷，躲過了政治劫難。他甚至曾得到好友瓜地馬拉作家，也是1967年諾貝爾文學獎得主米蓋爾‧安赫爾‧阿斯圖里亞斯（Miguel Angel Asturias 1899-1974）的協助，用他在大使任內的外交護照，讓雷魯達掩護身分而逃脫。

　　1970年智利左翼政治人物薩爾瓦多‧阿延德（Salvador Allende 1908-1973）競選總統獲勝，成為拉丁美洲第一個馬克思左傾總統。他邀請雷魯達擔任總統顧問的重任。雷魯達在第二年（1971）榮獲諾貝爾文學獎。阿延德總統邀請他返國，在國家體育館向七萬觀眾朗誦他的作品。

　　1973年右翼政黨在美國中情局協助下，對阿延德總統施加壓力，並推翻其政權。阿延德總統拒絕辭職，在發表最後一次政治講話後，於9月11日自殺，結束了三年的馬克思政權。取而代之的是奧古斯多‧皮諾切（Augusto Pinochet 1915-2006）軍政府。在他的鎮

壓手段之下，智利失蹤人數在三千以上。

此時雷魯達因健康情況在1973年9月進入了醫院，在住院期間，他突然堅持出院，回到黑島（Isla Negra）住所，告訴他的家人，軍政府領袖皮諾切派人給他注射了有毒針藥，企圖將他置於死地。9月23日雷魯達在家離世。

雷魯達始終被國際文學界認為是左翼詩人，爭議不斷。但是在文學界有顯著地位的拉美作家則對他一致公認是20世紀無人能匹配的偉大詩人。墨西哥著名詩人奧克達維奧‧帕茲（Octavio Paz 1914-1998），生前是雷魯達知己，曾公開批評雷魯達稱，在他表達史達林主義時，會令人起雞皮疙瘩。不過他也公正地指出，雷魯達是這一代最偉大的詩人。

我們佇立在雷魯達的故居前，深為他對第三任妻子全心貫注的愛情動容，這座故居原是為她設計的，幾乎傾注了他全部的心力，給他妻子的不僅是愛情，更使她感受到詩人所賦予的關切和保護。雷魯達在總統阿延德自殺後兩週左右去世，他的名字也在被逮捕的名單中。妻子遵從詩人生前的遺願，在這座溫馨的家中舉行葬禮儀式。

在故居前面的廣場上，筆者凝視著用他詩句所設計出的露天紀念碑。不僅感慨萬千，為什麼政治人物可以隨心所欲地發表他們的政治意見，而作家偶爾的議論，不僅有牢獄之災，更有付出生命代價的可能。西班牙詩人羅

雷魯達在聖地牙哥為其第三任妻子建造的居所，如今是對外開放的紀念博物館。

爾卡至今屍骨不存，令人毛骨悚然。

中國北宋陸游的《老學庵筆記》中的「只許州官放火，不許百姓點燈。」的比喻，最是經典，可以說是「放諸四海皆準」的至理名言。遺憾的是迄今這種「只許州官放火」的無恥行徑，竟然在世界許多角落方興未艾。如小島上的電視台被官方強行關閉就是一個顯著的例子。

詩人在從政寫作時曾遭到如此的對待，因健康原因進入醫院後，軍政府仍然是「必先除之而後快」的步步進逼，卑鄙無恥地在醫院中對其施以毒手。

即使在政治圈裡，卑劣的相互殘殺古今中外也層出不窮。如抗戰時期的汪精衛，遭到日本軍醫的謀害，拉丁美洲革命先驅切‧格瓦拉（Che Guevara）在美國中情局主導下被殘殺後，屍體失蹤了數十年，這都體現了政治人物的殘忍無情。

然而歷史告訴我們，再狠毒無情的政治人物，雖然有過風光權勢，但終究被人遺忘。相對的，作家或革命英雄的氣節和精神，雖經苦難，最終長留在人民的心中。

筆者在雷魯達故居門前紀念廣場上默禱，旁邊是篆刻詩人作品的銅匾之一，以示對詩人的崇敬。

哥倫比亞獲得諾貝爾文學獎的小說家卡爾西亞‧馬爾奎斯，曾這樣讚頌雷魯達：「不論從哪一種語言的寫作角度審視，他都是二十世紀無與倫比的最偉大詩人。」

（2021年1月20日 完稿於溫哥華）

# 哪一座瀑布是世上之最？

　　每次談到世界上的著名瀑布時，經常會被問起，最喜歡的瀑布是那一座？這個問題很難回答，因為世界上最著名的三大瀑布各有特色，參觀者的愛好也有所不同。就好似社會人群中對酒的嗜好是一樣。台灣居民喜愛金門高粱，大陸卻偏愛茅台或五糧液，筆者的最愛卻是阿根廷的Malbac紅葡萄酒。

　　這三大瀑布分布在北美洲、南美洲和非洲。它們是尼加拉瀑布（Niagara Falls），伊瓜蘇瀑布（Iguazu Falls）及維多利亞瀑布（Victoria Falls）。有趣的是三座瀑布都是介於兩個國家邊界上。

　　尼加拉瀑布在加拿大和美國之間。伊瓜蘇瀑布在阿根廷、巴西及巴拉圭三國分界線上，其實際交會點就在阿根廷及巴西之間。而非洲的維多利亞瀑布位在非洲南邊由津巴布韋（Zimbabwei）和贊比亞（Zambia）共享。因此許多人會提出一個問題，兩個國家共享一座瀑布，難道就真沒有任何爭執嗎？

　　的確，美國和加拿大和平相處，共同維護瀑布的尊榮，共享開發的水力發電。兩國之間有彩虹橋相連，方便雙方旅客的來往。美國一邊與紐約州銜接，距瀑布最近的城市「水牛城」（Buffalo）只有二十公里，車行24分鐘即可抵達。加拿大這邊距離多倫多130公里，雖然有420高速公路相通，但在抵達瀑布前是一段普通公路，所以駕車時間需要一小時三十分鐘。

　　尼加拉瀑布是由三座瀑布組成，在美國這一邊有兩座，較大的一座名為「美國瀑布」，旁邊有座小瀑布，形狀如同新娘面紗，名之為「新娘面紗瀑布」（Bridal Veil Falls），這個極為浪漫的名稱不知出自於誰。

加拿大一邊的瀑布夜景，有燈光及音響效果。

　　加拿大這邊稱為「馬蹄瀑布」（Horseshoe Falls），也是整座尼加拉瀑布的精華所在，許多美國人都會駕車到加拿大一睹瀑布的真容。由於「馬蹄瀑布」氣勢雄偉，億萬立方米的河水形成水柱如同千軍萬馬順著岩石向下奔騰，發出震撼人心巨雷般的咆哮聲。

　　「馬蹄瀑布」的吸引力，為當地旅遊帶動了蓬勃的商業發展，除了商店餐館外，還有旋轉餐廳的設置。遊客居高臨下，在享受佳餚美酒的同時，瀑布的美景也一覽無遺。尤其是晚上隨著燈光的變幻，遊客如入仙境。

　　到加拿大的遊人，幾乎全都專注在雄偉壯觀的自然景觀，至於瀑布邊石牆上為紀念原籍古巴著名詩人霍塞・瑪俐亞・艾瑞迪亞

（Jose Maria Heredia y Heredia 1803-1839）所鑲嵌的紀念銅匾，似乎沒有引起任何遊客的注意。

　　美洲文學界曾有如此的讚譽，既然北美洲出現了艾德加‧艾倫坡（Edgar Allen Poe 1809-1849）和沃爾特‧惠特曼（Walt Whitman 1819-1892）兩位大詩人，那麼霍塞‧瑪俐亞‧艾瑞迪亞就是當之無愧的拉丁美洲大詩人。

　　艾瑞迪亞在十九歲時即因為在故國古巴抗爭西班牙的殖民，被迫流亡到墨西哥和美國。流亡的生活激發了他借詩歌為自由呼喊。他在到達尼加拉瀑布後，受到大自然的美景感召，賦予了他靈感而寫下詩集《尼加拉的讚頌》（El Cantor del Niagara），成為拉丁美洲爭取自由獨立的文學名作。

　　1955年世界童子軍在尼加拉舉行露營大會時，古

巴童子軍代表隊為艾瑞迪亞豎立了這塊銅匾，到1989年移到現在的位置。為這個世界聞名的風景區增添幾分文學的氣氛。

多年來，這座氣勢磅礡的大瀑布一直是冒險玩命者的樂園，其中居然不乏女性的參與，而第一個跳進瀑布的居然是一位女教師安妮·泰勒（Annie Taylor 1838-1921）。她在1901年突發奇想，要縱身跳下尼加拉瀑布，目的是藉此引起社會轟動效應，以賺取養老的財務支持。於是製作了一個橡木桶，裡面放置了床墊及枕頭。

為安全起見，她先用一隻小貓作實驗，讓它隨木桶沖下瀑布，看是否能存活。這隻小貓乘坐的木桶在下游撈起後，安然無恙。於是泰勒女士在10月24日成為尼加拉瀑布中有史以來第一位女士完成了這項「壯舉」。她回來之後夢想能通過演講及拍攝電影謀取利益，但最終仍然是在養老院中安息。

歷史上有記載，自1850年以來的150年中，尼加拉瀑布中曾發現有五千具遺體。平均每年有20-30人因為意外而喪生，其中大部分是「自殺」。但政府從不公布死亡者的名字及因由。

維多利亞瀑布介於津巴布韋和贊比亞之間，風景中仍然保有幾分原始的風貌。遊人在參觀時，有可能在瀑布頂上「魔鬼池」（Devel's Pool）遇到來訪的不速之客──鱷魚。觀光途中也有和犀牛相遇的機會，沼澤中還會看到河馬的芳蹤。

這兩個國家是由英國殖民的羅德西亞（Rhodesia）演變而來。北羅德西亞於1964年獨立為贊比亞，而南羅德西亞到1980年才獨立為津巴布韋，結束了自十九世紀被英國奴役的黑暗時代。

但是英國人在這裡仍然留下不少痕跡。如1905年修建連結津巴布韋和贊比亞的李文斯頓大橋，就是以英國傳教士大衛·李文斯頓（David Livingstone 1813-1873）的名字命名的。李文斯頓在1855年11月16日首次發現這個大瀑布，用英國女王維多利亞的名字為這座瀑布命名。

非洲「維多利亞瀑布」全貌，上面是著名的「魔鬼池」，前面的鐵橋連結津巴布韋及贊比亞。

　　實際上歷史記載，早在十六世紀時期，葡萄牙天主教耶穌會神父岡薩羅‧達‧希爾威伊拉（Goncalo da Silveira 1526-1561）被派往非洲建立宗教基地，去世前曾到達贊貝西河（Zambezi River）流域一帶，也就是瀑布的發源地。

　　因為英國人後來的殖民政策，勢力強大，葡萄牙傳教士的歷史因此被淹沒。今天旅客如要順瀑布逆流而上到達「魔鬼池」遊覽，就必須到河中間的「李文斯頓島」出發才能抵達。就這樣李文斯頓的名字在當地隨處可見。

　　「維多利亞瀑布」是由四座瀑布所組成，它們是「魔鬼瀑布」（Devil's Cataract）、「主瀑布」（Main Falls）、「彩虹瀑布」（Rainbow Falls），及「東方瀑布」（Eastern Falls）。其中百分之八十的瀑布景區位在津巴布韋這邊，四組瀑布相互連接，形成一片

寬闊而壯觀的水幕。巨大的轟隆聲響遠達40公里以外；其濺出的水花形成迷濛的霧氣，高達四百公尺，五十公里外也能得見。兩者結合，當地原住民為其取名為Mosi-o-tunya，意思是「能發出雷聲的煙霧」。也因此該瀑布被榮冠世界七大自然奇蹟之一。

與「尼加拉瀑布」相比，「維多利亞瀑布」很少發生事故，但在1910年曾發生一起悲劇。兩位白人摩絲夫人（Mrs. Moss）及奧查德先生（Mr. Orchard）在瀑布上方的長島附近划獨木舟，被河馬撞翻而掉入水中，不幸被鱷魚咬得支離破碎。

「魔鬼池」位在瀑布上方的斷崖處，即使再大膽的旅客，見到那巨浪般的水流也不由得膽戰心驚。所以當地嚴格規定，需要前往魔鬼池的觀光客，必需要參加李文斯頓單位組織的團隊。到了「魔鬼池」，旅客如有意在池中戲水，導遊會在水裡給客人加上適當的保護。但也不乏有吃了豹子膽的獨行旅客，難免行險生事。

為了發展旅遊，當地商業機構在李文斯頓橋附近裝設了「蹦極」。2011年一位澳大利亞女子在該地旅遊時，冒險去玩蹦極，不料彈力繩被卡住，導致該女子從24米高處掉入贊貝西河中。

因為有英國殖民的歷史背景，迄今在「維多利亞瀑布」旅遊區仍然可以感受到濃郁的英國殖民氣息，除了各景點的名稱外，當地的星級酒店皆以英國經營為主，所以內部的陳設及佈局就不免令人產生如同在英國的感覺，將筆者的遊興降到了最低。

「伊瓜蘇瀑布」在原住民心目中的名字是「塞翁果」（Seongo）或是「穹威」（Chongwe），迄今這個原始名稱在當地仍普遍使用。它的意思是「彩虹之地」，代表著瀑布在原住民心目中極其崇高的地位。

拉丁美洲的「伊瓜蘇瀑布」景觀和前兩者截然不同，它在阿根廷、巴西及巴拉圭三國之間相接壤，形成三角鼎力的氣勢。但是瀑布的位置介於阿根廷和巴西之間。旅客從阿根廷首都布宜諾斯艾利

斯（Buenos Aires）乘坐航機直達伊瓜蘇機場。「伊瓜蘇瀑布」位在
阿根廷密西翁奈斯省（Missiones），航程距離約為1064公里。從巴
西的里約熱內盧直飛阿根廷的伊瓜蘇瀑布機場，航程為1495公里。
瀑布約百分之七十五的美景在阿根廷這一邊，觀光客人多半從阿根
廷入境就不言而喻了。

　　「伊瓜蘇瀑布」的整體佈局層次分明，周圍都是參天大樹，
將瀑布圍繞在其中。呈現在旅客面前的是藍天、綠樹青山和白茫茫
的瀑布，沒有「尼加拉瀑布」濃郁的商業氣息，也找不到「維多利
亞瀑布」的原始氛圍。它分成上伊瓜蘇，下伊瓜蘇及「魔鬼喉頭」
（Gardanta del Diablo），後者是瀑布整體中的精華所在。

　　在這優美的自然環境裡，也曾有西班牙征服者的腳印。歷史記
載著第一個到達「伊瓜蘇瀑布」的西班牙探險者是阿爾瓦爾・魯聶
茲・卡貝薩・迪・瓦卡（Alvar Nunez Cabeza de Vaca 1490-1559）。相
傳這位歐洲征服者，在侵略美洲歷史中，不同於其他的殖民者，他
是唯一的白人，不僅對當地原住民的生活風俗習慣有著深入瞭解，
更對原住民深具同情心。

　　他在1527年加入西班牙另一位征服者班非羅・德・納爾瓦艾茲
（Panfilo de Narvaez 1490-1528）一同出征。征途中雙方因意見分歧
而分道揚鑣，瓦卡率領著他的隊伍在美國的西南部（即今天的佛羅
里達地區）、墨西哥等地繼續他的征程，因為地形的不熟悉，而且
受到接二連三強風襲擊，船隻嚴重損壞，人員大量傷亡，最後連他
自己，只剩下四人倖存。一路跋涉，通過不同的原住民部落，用他
的謙卑言行，甘願為原住民從事勞役工作，並用他的醫學常識治癒
了不少原住民的疾病，獲得他們的信任。這些原住民還慷慨地為他
提供協助和保護。

　　經歷了八年的艱辛探險，瓦卡終於在1537年回到西班牙，根
據他的記憶寫下了《友好關係》（La Relacion）一書，於1542年出

版，寫出他在美國西南角及墨西哥等地的艱辛歷程中，如何觀察一個接一個原住民時，對他們的生活起居習慣有了深入的瞭解。後來的歷史學家公認，他對原住民表達了公平且是最準確的描述，反映出他對原住民具有真實同情心。

他在1540年重返美洲，這次的行程得到西班牙朝廷對他的委任，成為巴拉圭的總督，並榮獲貴族才能得到的殖民地最高軍事頭銜（Adelantado）。遺憾的是，在他任期內因為行政效率的低落，於1544年被撤職後押返西班牙受審，雖然後來免於刑事，卻從此沒有再回到美洲。

他在這最後一次的拉丁美洲行程中，曾經經過阿根廷及巴拉圭的邊界河流地段，從而成為發現「伊瓜蘇瀑布」的第一人。

「伊瓜蘇瀑布」原意來自於「圖必」（Tupi）部落民族的語言，意思是「大水」。這個民族早在2900年之前就已經定居在巴西亞馬遜雨林中，後來逐漸向南方遷移。相傳在古老時代，有一個神祇愛上一個名叫乃依琵（Naipi）的美貌姑娘，這個姑娘卻跟隨她心儀的凡俗青年塔羅巴（Taroba），相偕划獨木舟逃走。神祇一怒之下將河道劈為數段，成為錯落的瀑布，他並詛咒這對男女永遠隨著瀑布墜落。

這則傳說與當今的伊瓜蘇瀑布分布情況頗有相似之處。瀑布因為河床中遍佈小島，將水流分成不同方向，而且錯落有致，形成上伊瓜蘇和下伊瓜蘇兩大部分，中間是一個分布有250個到300個大小不同的瀑布，然後經過一個斷崖，匯聚成萬馬奔騰般的巨浪，湧入時發出轟隆巨響。

由於地勢險要，如同巨獸的咽喉，不斷吞下巨浪，所以給它取名為「魔鬼咽喉」（Garganta del Diablo），形成整座瀑布之間的精華所在。當地旅遊部門在咽喉上架設有鐵橋，遊客通過腳下如鐵網般的踏板，透過空隙可以看到奔騰不息的水流，的確膽戰心驚，但

也是整個旅程中最值得回味的一幕。

也因此我們對這座瀑布有著特殊的情懷，除了上下錯落的瀑布所賦予的自然景色之外，還有瀑布邊上國家公園所提供的便利，是其他兩座瀑布無法比擬的。伊瓜蘇國家公園裡的喜來登酒店，為觀光旅客提供了不少的便捷。我們在前往觀光前，就預訂了客房。搭機抵達後，從機場搭乘出租車直接到國家公園，支付入園費後，即可駛入公園中的酒店。

筆者夫婦在「伊瓜蘇瀑布」的「魔鬼咽喉」前留影。

下榻在該酒店，省卻了入園諸多繁瑣手續，也因為設備完善，入住的旅客不必擔心一天的三餐供應。而且在休閒時間裡，可以隨時漫步在濃蔭蔽日的公園裡，欣賞不知名且發出陣陣清香的珍奇花草。徒步前往「伊瓜蘇瀑布」也只需幾分鐘即可到達。

酒店周遭有一群不請自來，隨時光顧的不速之客：成群的猴子。它們對旅客不僅沒有絲毫畏懼，還經常與旅客擺出針鋒相對的姿態。他們的神態豪邁，動作利索，不費吹灰之力即可從一層樓翻越到另一層樓。所以酒店立有告示，警告旅客隨時隨地要將陽台通往室內的玻璃門窗關好，稍有不慎，這些不速之客就會登堂入

室，展示它們喧賓奪主的威力了。

　　毋庸置疑的是，這三座瀑布被公認為世上最具震撼力的大瀑布，而且千姿百態各有千秋，它們的雄姿每年吸引大量遊人遠涉重洋，親臨其境一睹為快。至於究竟哪座瀑布最雄偉，或是哪座瀑布水量最大，只要從他們的高度及寬度分析，即可一窺究竟。

　　「尼加拉瀑布」高51米，寬120米，「維多利亞瀑布」高108米（是「尼加拉瀑布」高度的兩倍），寬1708米。而「伊瓜蘇瀑布」高64-82米之間，寬2700米（較「維多利亞瀑布」寬度多三分之一）。三座瀑布年均水流量分別是「尼加拉瀑布」2407立方米每秒，「維多利亞瀑布」是1708立方米每秒，「伊瓜蘇瀑布」則是1746立方米每秒。所以三者在各方面幾乎是不相伯仲。但是「維多利亞瀑布」被公認為世上最大的水簾幕，「尼加拉瀑布」則因為加拿大及美國的界限，形成兩個不同的瀑布，「伊瓜蘇瀑布」雖然面積最大，卻因為不同的間隔，成為275座大小高低截然不同的瀑布。

　　事實上，三座瀑布均不具備稱為陸地上最高的瀑布，這項榮譽只能歸之於委內瑞拉（Venezuela）的「克內帕庫帕爾瀑布」（Kerepakupal Meri），它高達979米，「維多利亞瀑布」108米的高度幾無法與之相抗衡。

　　然而地球上最大的瀑布並不在陸地上，卻是隱藏在深海處，它是迄今為止一座仍然保有諸多神祕莫測的水下瀑布，名叫「丹麥海峽瀑布」（Denmark Strait Cataract），位在丹麥海峽、界於冰島和格林蘭島之間的海底。它自格林蘭島南邊海底平面600米處，開始下墜直到海底約3000米處，形成一條高達3505米頗為壯觀的海底瀑布，它是因丹麥海峽兩邊密度不同的水量而形成。海峽東邊的水溫較西邊的水溫低，因此當兩種不同水系在海峽的頂脊相遇時，低溫較大水量從上向下流動時，較高溫的水量處於下方。

　　歷史上在巴拉圭和巴西之間曾有一座瀑布名叫「瓜伊拉瀑布」（Guaira Falls），它的水流量是「維多利亞瀑布」的十二倍。這座瀑布已經從地球上消失了。而「丹麥海峽瀑布」的水流量是五百萬立方米每秒，為「瓜伊拉瀑布」的三百五十倍。可見這座水下瀑布的威力。

　　迄今這個瀑布還沒有任何旅客曾經觀光，所以如用「處女瀑布」一詞來形容它絕不為過。也許在地球上觀光遊客對當前存在的景點開始產生厭倦時，會觸發對水下瀑布開發的動機。何況有人分析，三座著名瀑布因為氣候的變化，遲早有乾枯或起變化的一天。

　　在尋求刺激的驅動下，人類的智慧既然已經有太空人的出現，那麼「水底瀑布觀光潛艇」等稀奇古怪的運輸工具也許會有問世的一天，來滿足人類的好奇心。只是如同第一位藏在橡木桶裡，隨著「尼加拉瀑布」衝向河道的女士，地球上何時會出現有足夠勇氣跳入「丹麥海峽瀑布」的第一位奇人呢？

　　　　　　　　　　　　　　（2021年1月30日完稿於溫哥華）

---

| 1 | 1 | 地球上的最高瀑布在委內瑞拉。 |
| 2 | 2 | 地球上最大的水下瀑布：丹麥海峽瀑布。 |

# 西班牙宗教殖民下印加燦爛文化的覆滅

　　大凡在拉丁美洲祕魯旅遊的觀光客，到達利馬後，幾乎千篇一律地尋找生海鮮Ceviche，這是一道有著近兩千年歷史的傳統菜餚，用發酵的檸檬汁拌在生海鮮中，再配以胡椒及辣椒粉。

　　外來的旅客在選擇食用這道生海鮮時要特別小心，只要廚房在準備時稍有不慎，即可能引起嚴重的腸胃疾病。它和日本的生魚片不同，後者在使用前，必先經過冷藏消毒，而祕魯的生海鮮就沒有這麼講究了。

　　對中國旅客而言，亞洲餐館（Chifa Restaurante）就成了他們尋找滿足胃囊的地方了。祕魯西班牙文裡的Chifa實際上就是廣東方言中「吃飯」音譯而來，成為「酒家」或是「餐館」通用的代名詞。華僑到祕魯謀生是從1849年開始的。當時一群幾乎沒有甚麼文化且一貧如洗的勞工階級，到達祕魯後，加入金銀礦區、建築鐵路謀取生活。他們攜帶了一些簡單的食譜和調料，就這樣漸漸地將廣東炒飯融入了今天的祕魯菜餚中。

　　亞洲餐館裡一道別出心裁的廣東炒飯「Chaufa」是祕魯家喻戶曉的改良菜餚。這兩個名詞已先後延伸到智利、厄瓜多爾及玻利維亞，成為當地的美食。

　　觀光客到祕魯的重點參觀景點，就是聞名於世的印加歷史遺跡「馬丘比丘」（Machu Picchu），兩地之間的距離為503公里。一直以來旅客時常被誤導，以為「馬丘比丘」的海拔高度可能會引起高山反應的症狀。

　　在參觀「馬丘比丘」之前，旅客從祕魯搭乘飛機先行抵達庫斯克（Cusco），稍作停留參觀後再繼續向「馬丘比丘」出發。「馬

| 印加帝國中心城市庫斯克全貌。

丘比丘」距離庫斯克約為110公里，最佳的觀光路線是，從庫斯克搭乘巴士經過聖谷（Sacred Valley），到烏如班巴（Urubamba）過夜，次日在阿蘭塔伊潭波（Allantaytambo）搭乘非常舒適的觀光火車，穿過風景秀麗的安提斯山峽谷，抵達「馬丘比丘」火車站「熱水」（Aquas Calientes），即可開始嚮往已久的參觀行程。

實際上「馬丘比丘」位在峽谷裡，海拔只有2430公尺，影響旅客的是庫斯克城市，它的海拔高度為3399公尺，是世界上高海拔城市之一，與中國西藏拉薩的高原3656米僅差257米。

筆者夫婦將庫斯克作為重點旅遊目的地，一方面是探尋印加文化的歷史價值，另一方面是鍛鍊對高原的適應性。之前已經到過墨西哥城，中國的昆明市以及法國和義大利交界處的滑雪勝地白山（Mont Blanc），這些都是為日後到拉薩登山作的準備。

我們抵達後，當地陪同直接接往預訂的酒店。在大廳裡，酒店服務人員為我們送來熱茶，是印加文化中緩解高原反應的飲料。

傳說印加人是為逃避西班牙人的追殺而來到「馬丘比丘」避難的，這個以訛傳訛的信息竟讓來自世界各地的旅客信以為真。事

實是，印加民族的一個支系貴族，早在歐洲人入侵前一百年，約為公元十四世紀中葉，庫斯克薩巴印加王國第九代統治者巴卡庫迪（Pachacuti Inca Yupanqui 1418-1471），選擇了峽谷地帶建設王族的居住地，目的是供奉他們尊崇的傳統信仰太陽神。

在「馬丘比丘」的遺址中，太陽神廟的遺跡位在最高處，代表著太陽神的崇高地位，印加人認為日出及日落代表了大自然的威嚴。在廟宇遺址中至今仍然可以看到巨石等擺設，是統治者對太陽的崇拜。

整座「馬丘比丘」如今只剩下斷壁殘垣，從中仍可一窺原來的美觀造型，所有的巨石建築都不用黏合劑，工匠用其傳統的高超建築技藝，將開採出來的巨石切割得整齊光滑，使所有石塊都能自然

| 筆者訪問馬丘比丘時正逢滂沱大雨，只得在入口處告示牌旁留影。

拼湊契合，因而也讓建築造型顯得雄渾厚重。

「馬丘比丘」雖然規模宏大，其實當時每年到此居住的貴族連同僕人，總共約七百餘人，到了冬季就只剩下一百多勞工，進行維修打掃的工作，從來沒有發生過如傳說那樣曾有千萬印加人在此生活的歷史。

西班牙侵略者經過連綿戰爭統治了庫斯克後，很長一段時間裡，根本不清楚「馬丘比丘」有如此雄偉的建築群存在。印加文明的最終衰敗主要是因為歐洲人帶來了天花及麻疹病菌的傳播，由於印加人不具備對這些傳染病菌的免疫力，導致大量死亡，直到1571年，最後一個印加王朝試圖從殖民者手中奪回領土及政權，因失敗而趨於覆滅。

鑒於「馬丘比丘」已經成為祕魯發展觀光旅遊的重要景點，每天來自世界各地的旅客絡繹不絕，人潮摩肩接踵，要從擁擠的觀光群中去尋找歷史的痕跡，猶如海底撈月。

妤在筆者夫婦在出發之前，擬就了計畫以印加王朝的故都庫斯克（Cusco）作為我們的參觀重點。這個曾經是印加王朝的首都，擁有一千兩百萬人口，留下了三百年的光輝歷史成就。

對印加文化發生濃厚興趣，應該是受到1964年西班牙首都馬德里舉行印加文化展覽會的啟發，展出內容幾乎全是黃金製作的首飾及珍奇物件，光芒閃耀。自那時起，印加文化在筆者腦海中深植著一個無法抹去的記憶，期待能有機會到印加發源地，細細鑑賞這個人類歷史上曾經的輝煌。

這一等就是半個世紀，直到2015年才得以圓了夢想。我夫婦作了南美洲U型旅程的安排。先沿大西洋由北到南，途經最南端的帕塔果尼亞，然後順著太平洋再由南北上。將祕魯作為旅程的最後一站，留下足夠的時間對祕魯進行一次較為深入的探索。

要暸解祕魯的歷史發展，特別是印加帝國從燦爛到覆滅的歷史

過程，必需要先探索一個來自西班牙不學無術的「亡命之徒」——佛蘭西斯哥・皮薩羅（Francisco Pizarro 1478-1541）。這個自抵達新大陸後雙手沾滿印加人民鮮血的殖民侵略者，竟然成為祕魯首都的奠基人和開國功臣，在西班牙殖民拉丁美洲史上佔了極其重要的一頁。

此人出生在西班牙西部鄰近葡萄牙的一個小城特魯伊約（Trujillo），歷史上的記載他是一私生子，而且是個文盲，家境並不富裕，以養豬為業，所以從懂事起就一直憧憬著到新大陸尋求好運。

1509年作為一名士兵，他參加了遠征艦隊抵達巴拿馬，經過數年的拼搏，認識了總督貝德羅・阿里亞斯・達威拉（Pedro Arias Davila 1468-1531），幸運地被任命為巴拿馬市長，達四年之久（1519-1523）。

哥倫布的發現新大陸，給血氣方剛的西班牙年輕人指引了一條競相投入掠奪財富的明路。來自西班牙巴斯克（Basque）的強悍尋寶者巴斯瓜・迪・安達果亞（Pasqual de Andagoya 1495-1548）在19歲時（1514）即加入了遠航的行列。抵達巴拿馬後在當地發展，於1519年成為巴拿馬城市的奠基人，有近400名西班牙人定居在該地。

1522年他聽聞遠處有個富裕的印加王國，遂起了征服野心，途中遇到土著眉飛色舞地向他談及當地的富裕，但事後才得知這批人只是土著中的巫師及巫婆，所述各節不足採信，遭遇到極大挫折後，無功而返回到巴拿馬。

但他對印加的覬覦始終耿耿於懷，凡是認識他的人，都會聽到他講述印加的富裕。不久消息傳到皮薩羅的耳朵，引起他向新大陸遠征的動機。於是決定放棄市長一職，和當地結識的傳教士艾爾南多・迪・路格（Hernando de Luque？-1532）及一個軍人狄艾果・迪・阿爾馬格羅（Diego de Almagro 1475-1538），組成遠征軍，先

後在1524，1526及1528年三次出征，但均以失敗告終。在第一次遠征時，將當地三個港口分別命名為「渴望港」（Puerto Deseado），「飢餓港」（Puerto Hambre）及「燒燼港」（Puerto Quemado），反映出在遠征途中所遭遇的困境。

雖然經歷了三次失敗，皮薩羅並不因此罷休，計畫再一次的遠征時，遭到巴拿馬總督府的阻止，於是他回到西班牙觀見了國王查爾斯一世（Charles I 1500-1558）。為了取悅年輕的國王，他還特地從新大陸帶回紡織品，金銀財寶及美洲駝，果然得到國王的支持，任命他為當地總督及遠征艦隊隊長，攜帶著這柄尚方寶劍回到巴拿馬後，即和他隨行的兄弟等再度組織遠征軍，直接向新大陸南部出發。

1530年12月27日，在皮薩羅的率領下抵達南部沿海一帶，面對當地強悍的部落，被迫轉向內陸。1532年9月24日在聖米蓋爾‧迪‧皮烏拉（San Miguel de Piura）建立了西班牙人在拉丁美洲的定居點，並在11月15日抵達卡哈瑪爾卡（Cajamarca），準備向印加王國首都庫斯克進發。

此時，皮薩羅得悉印加王朝發生了一連串的內戰。印加國王阿塔瓦爾帕（Atahualpa 1502-1533）將其兄弟殺死後班師回朝，途經卡哈瑪爾卡（Cajamarca）附近一處著名溫泉，在那裡休養生息。

為了達到其征服印加王朝的目的，皮薩羅派了先遣人員到卡哈瑪爾卡摸底，得悉印加士兵的武器原始落後，雖然人多卻無法構成任何威脅，於是策劃與印加國王會面，事前先部署士兵及火器埋伏在城裏，一旦無法和印加國王達成協議，即可一舉將其殲滅。

與此同時，阿塔瓦爾帕國王也遣派人員到城裡一探究竟，見對方僅百多名士兵及數十匹馬，看不出任何的危機存在，估計皮薩羅對他產生不了任何的威脅。於是安排雙方會晤。

由於印加國王剛從勝仗中凱旋班師，有八萬部隊隨行，意氣風

發中難免帶有幾分氣勢凌人的架勢。而且他生性嗜酒，即使坐在十二人抬的轎子入城會見皮薩羅時，還在暢飲，何況有五千士兵隨行保駕護衛，其餘部隊分別駐紮在周圍，因此對入侵的「征服者」滿不在乎。

西班牙在殖民拉丁美洲時，除了武力征服外，宗教就是手握十字架，滿嘴仁義道德，骨子裡卻是消滅原住民的狼子野心。雙方領袖在會晤前，與皮薩羅同行的天主教神父維森特·迪·瓦爾貝爾狄（Vicente de Valverde 1498-1541）先打頭陣，單獨向印加國王遞上了一本聖經。國王翻閱後以不屑一顧的神情將其丟棄在地上，神父見狀轉身即向皮薩羅進言，建議以武力將印加國王擊垮。

皮薩羅隨即一聲令下，埋伏在廣場周圍的一百多名士兵一躍而起，用先進的火器片刻之間將印加部隊打得人仰馬翻，死傷枕藉。印加士兵從未經歷過如此威猛的武器，根本不是對手，不一刻，國王阿塔瓦爾帕就束手就擒，成為西班牙殖民者的階下囚。這一場為時只有幾個小時的戰爭，決定了印加王朝的最終命運。

在驚恐與擔憂壓力下，國王提出願意在兩個月內徵集黃金，裝滿他被囚禁的小屋，換取他的自由。這小屋長6.7米，寬5.18米，高達2.75米，另外還有兩間屋子則堆滿銀子，總共為24噸黃金和白銀，加上不計其數的寶石作為贖金。皮薩羅以不費吹灰之力，初次出征即滿載而歸，然而他並不滿足，為了剷除印加王朝的反擊，必須給國王治以重罪。

和同夥眾議之後，給印加國王定了十二宗罪名，除了國王殺死其兄弟是重罪之外，其中頗為諷刺的是，印加文化傳統裡的多神信仰及多妻制度也成為他的罪狀，判處用火燒死。國王對此判決極度驚慌，於是神父瓦爾貝爾狄再度出現，勸說國王改信天主教並接受洗禮，就可以減輕其罪刑。

在印加傳統中，如死後肉體消失就無法升入天堂與諸神相見，

| 印加國王阿塔瓦爾帕被西班牙入侵者囚禁的小屋。

為了免於被燒成灰燼，國王接受了洗禮，並為了表示對皮薩羅的尊崇，用他的名字佛蘭西斯哥作為自己領洗的聖名，將其名字改為佛蘭西斯哥・阿塔瓦爾帕（Francisco Atahualpa），卻仍難逃被處死的厄運。

　　皮薩羅殘忍地命令用鋼絲將印加國王處以絞刑，處死的那天是1533年8月29日。他被絞死後，神父還假裝仁慈地為國王舉行了天主教儀式的葬禮。當初給印加國王造成死罪的神父，成為他後來被任命為庫斯克總主教的功勳。

　　同年11月15日，皮薩羅帶著軍隊進入了印加首都庫斯克（Cusco），經歷了十四個王朝的印加王國從此滅亡。國王被處死之後，雖然他的兄弟先後繼續保持王位，但是印加王朝已經四分五

裂，有名無實，走向衰敗，導致最後的完全消失。

皮薩羅從此肆無忌憚窮兇極惡地在拉丁美洲繼續他的征服搜刮。1534年4月，他率部到達祕魯中部安地斯山脈高原地區哈烏哈（Jauja），將該地定為祕魯總督府的臨時首都。但由於該地海拔高達3400米，出入極為不便。

第二年1535年他的部屬發現靠近海港的地區土地肥沃，出產豐富，又鄰近海洋出海方便，於是在1月6日決定將西班牙屬地的總督府設在此地，皮薩羅在1月18日為首府舉行了奠基儀式，這位侵略者從此一躍而為拉丁美洲歷史上祕魯的征服者，以及利馬首都的奠基人。

不過他最後的命運仍然結束在內部因分贓不均導致的自相殘殺中。他的夥伴阿爾馬格羅為了爭奪控制庫斯克的權利，與其兵戎相見，最終不敵而遭殺害。此時皮薩羅位居總督要職，從印加王朝掠奪了大量財富，養尊處優，不可一世。而阿爾馬格羅的兒子，自其父被殺害後，誓言要為父報仇，在1541年6月26日潛入皮薩羅宮中，趁其晚餐時將其殺害。

但是阿爾馬格羅兒子的奪權陰謀並沒有得到西班牙國王的認同，反遭殺身之禍。西班牙殖民侵略者之間彼此不合，相互殘殺，持續了近二十年才得到平息。

皮薩羅和祕魯及首都利馬有密不可分的關聯，所以我們到達利馬時，第一個重點就是參觀天主教主保堂。這座教堂是在1535年1月18日由皮薩羅主持奠基的，他扛著第一塊木材開始建造，起初只是一間村落裡的小教堂，於1540年落成。今天座落在利馬的大教堂，是經過了百餘年不斷改建後的第三座主保堂，其規模之大與當初簡直不可同日而語。

從大門進口到盡頭的祭台左右兩邊，分列著傳統上專為供奉聖經中使徒的十五座小教堂，大門右手邊的第一座使徒小教堂，建成

主保堂時是作為領洗池之用，而我們眼前見到的，卻是西班牙殖民者皮薩羅的石棺，且裝潢得儼然是一座天主教信徒的墓園，見證了筆者縈繞於心的一個判斷，皮薩羅在祕魯的歷史上，果然被看待為創建祕魯的開國者，以及利馬建城的奠基人。

皮薩羅在1541年被殺害後，其遺體埋葬在第一座主保堂的地下，後來一直無人注意，到1891年才被發現有一具疑似皮薩羅的遺體埋葬在玻璃棺中，而其頭顱則安置在另一個鉛製箱中，於是將其妥善安葬。

1977年又發現另一具遺體，經過科學的驗證，證實是皮薩羅的真正遺體，所以當地政府在1985年，正值利馬建城450週年之際，將皮薩羅的遺體安葬在主保堂現在的位置。石棺上標示，他是祕魯的西班牙征服者，也是利馬城市的奠基人。

| 西班牙殖民祕魯的入侵者皮薩羅的石棺，已經移至利馬大主保堂中。

　　面對這樣的描述，筆者心裡久久無法釋懷。幾乎不敢相信這個事實，一個原本為「亡命之途」的西班牙人，遠涉重洋到達拉丁美洲，使盡手段欺凌當地原住民，將一個擁有三百年燦爛光輝文化歷史，並有一千二百萬人口的印加王朝，瞬間予以滅亡，並搶奪其領土財富，處死國王，還強佔其遺孀為其生育孩子。他居然恬不知恥地口口聲聲譴責印加國王的一夫多妻制，並以此為將其處死的罪狀之一。印加國王在相遇時以禮相待，他卻設下埋伏格殺印加士兵。

　　筆者注視著石棺上的描述，「征服者」及「奠基者」兩個字彙充滿著諷刺。究竟是因為西班牙殖民者的壓力，迫使祕魯政府要將這個征服者的遺體安葬在莊嚴神聖的大教堂裡呢，還是祕魯政府對過去的殖民政策的寬容大度所致？

　　最為不齒的是，一座以勸人為善的宗教祈禱場所，居然將一個雙手沾滿血跡的劊子手，和十四位聖經上的使徒並列，豈不是對使徒們的最大玷污！更有甚者，這樣的安排，無異乎對天主教以不仁不義的手段行「宗教殖民」的不打自招！

　　皮薩羅等一群無恥之尤，在凶殘殺害當地各個原住民部落後，又前往非洲購買奴隸，運送到拉丁美洲，補充當地勞役的匱乏。這一行徑與另一股西班牙殖民者在古巴的殘忍手段如出一轍。

　　印加國王阿哈瓦爾塔被處死後，他的兄弟曼可・印加・玉帕丘（Manco Inca Yupanqi 1512-1571？），在1536年曾經一度從西班牙侵略者手中奪回庫斯克，但是只維持了十個月即告終，轉往威爾卡班巴（Vilcabamba）偏安了三十六年，到1571年印加王國澈底覆滅。

　　我們結束了利馬的探索，按照計畫到庫斯克一探究竟。我們預訂的酒店就在市區中心地帶的「太陽大道」上，離機場只有幾分鐘的出租車程。這條以太陽命名的街道，代表著印加信仰中尊崇太陽的傳統。

　　在整個庫斯克城市裡，到處充斥著西班牙殖民時代的建築造

1 2 1 馬丘比丘的少數民族蓋丘
阿擺設地攤的婦女與筆者
合影。

2 在印加帝國巨石皇宮上建造
的天主教總主教的官邸。

型，只要用心觀察，印加民族的精湛建築造型仍然依稀可見。如曾
經是印加人崇拜的「太陽神宮」（Coricancha），與「馬丘比丘」
及另外一地的太陽神宮，可謂是三足鼎立的宗教神殿。

　　庫斯克城市給人的感覺是寧靜安詳，當地的居民從外型上觀
察，是西班牙血統和當地原住民後裔的混合體。印加中的一支流
「蓋丘阿」後裔仍然隨處可見，但他們的生活條件似乎在平均水平
以下。計程車也是破舊不堪，我們雇了一輛連兩個乘客都嫌擁擠的
小車，去各地遊覽了一圈。

　　西班牙侵略者為了消滅印加人文化的影響，自佔領後，即大肆
拆毀原有的建築。如極具權威的太陽神廟僅保留原來的基石，上面
則改建為天主教的多明戈教會聖多明戈修道院。被處死的國王在求
生之際，曾允諾為皮薩羅提供大量的贖金，這些黃金大部分都是取

自這座神廟，因為整座廟宇就是用黃金堆砌而成的。可見印加王國的富庶，也可推想，皮薩羅在進入首都後何等驚喜，使他們貪婪的慾望無限發揮。

市中心不遠處的安徒・如米亞葛大街（Calle Antun Rumiyaq）上原來有「印加巨石王宮」（Palacio de Roca Inca），被拆除後只留下基石，作為改建殖民時代建築的地基，建成後就成為殺害印加國王、後來晉身為總主教的那個神父的豪宅。

這位總主教還選擇了統治庫斯克的印加帝國宮殿舊址，作為建造他主保堂的基地。印加第八代國王維拉果卡（Viracocha）在1410年左右統治了庫斯克，是一位年輕而又驍勇善戰的君王，所建造的基斯瓦坎卡（Kiswakancha）神廟就是他的宮殿。宮殿對面的廣場上鋪滿了代表神聖不可侵犯的沙子。豈知西班牙征服者進入後，為了澈底消滅印加的文化傳統，不留任何痕跡，1559年一舉將這座輝煌的神廟拆除，只留下建築的基石，在上面改建了主保堂。

它的旁邊原來是國王貴族的禮儀中心Sunture Wasi，也被一併拆除，於1538年改建為「勝利教堂」（Iglesia del Triunfo）。這個中心原來就在維拉果卡國王王宮的旁邊，所以在21年後，開始建造主保教堂。兩個教堂的建築石材大部分都取材於拆除的印加建築。

大教堂對面廣場原來鋪設的沙子，是印加人心目中的神聖標記，也全部化為建造教堂的砂漿。

因此庫斯克的印加建築群澈底被拆毀一空，所有過去的印加廟宇都轉變成天主教堂，而往昔的印加王宮，皆被殖民侵略者佔有，成為他們的私宅。當地居民大多數是印加蓋丘阿族人後裔，所以西班牙殖民者也就順理成章地強制他們為建築勞役。印加帝國首都庫斯克城裡幾乎被西班牙殖民地的建築所取代。

西班牙殖民者滿以為用此手段足以消滅印加的建築文化，始料未及的是，1950年5月21日一場大地震，庫斯克三分之一的建築受

到嚴重損毀。西班牙殖民時代大部分建築物，包括建在太陽神廟宇上的天主教修道院均毀於一旦，而原來被西班牙殖民者精心掩藏在地下的建築基石卻完好無損，證明了這個被消滅的王朝擁有世界上獨一無二的精湛建築技藝。

我們在太陽道上漫步時，見到人行道旁有一幅巨大的街頭壁畫，這幅巨作是出自當地的藝術家胡安・伯拉波・維斯卡拉（Juan Bravo Vizcarra）之手。整幅作品寬五十米，高六米，是延續著墨西哥著名街頭壁畫藝術家狄艾戈・利威拉（Diego Rivera）藝術手法創作的一幅作品，內容敘述從印加文化的發展到西班牙人的殖民，描述城市五百多年來的歷盡滄桑和斑斑血淚。

為了殖民，西班牙征服者在庫斯克創立了一個藝術派別，鼓勵當地藝術家創作，但是作畫的主題必須是有關西班牙的文化藝術，不能含有任何涉及印加文化的內容，而且不允許藝術家在作品上簽名。當前保存在教堂裡的諸多作品，無法辨認出自哪位藝術家之手。

經過殖民者的大清洗，庫斯克淪為西班牙殖民拉丁美洲過程的中心，也是天主教向安第斯山脈地區傳布教義的基地。

在結束參觀前，筆者夫婦曾經到當地一所集貿市場探訪，裡面經營小販大部分都是原住民，他們除了說西班牙語外，還有一些能用傳統的蓋丘阿（Quechua）語言。這是沒有被消滅的印加王朝語言之一，西班牙殖民者征服祕魯後，仍然允許繼續使用這種古老語言，在祕魯一些地方仍被承認為官方語言之一。

經過多年的努力，庫斯克政府最後在上世紀九十年代決定，將其城市官方名稱改為蓋丘阿的拼寫法Qosqo。庫斯克曾經被西班牙征服者改稱為Cusco或是Cuzco，就是從城市最早原來的蓋丘阿名稱Qusqu演變而來的。

在一次乘坐出租車時，和司機聊起當地的社會情況。筆者無意

間提到印加王朝的歷史時，他很高興有機會向我們娓娓道來西班牙如何入侵他們的領土。還坦率地告訴我們，他的身體裡仍然流著印加的血液。

因為當地出租車沒有計價表，完全是司機和乘客先行商議好車費，他在要價時沒有一般旅遊城市敲詐遊客的欺瞞行為，所以車抵酒店後，特地多加了小費作為對他的感謝。他向筆者豎起了大拇指微笑著說：因為中國人對我們好，所以我們也要好好對待中國人。假如乘客是來自西班牙的，他肯定會加收三倍。話語中的意思不言而喻。

司機樸素的對話，引起了筆者無限的感慨，也勾起了從馬德里求學時代學習歷史時的記憶，拼湊出一張西班牙對外擴張的影像。西班牙本身在公元711年被北非的摩爾人佔領，歷時近781年。後來經天主教國王以「再征服」（Reconquista）為號召，在哥倫布發現新大陸的同一年（1492）消滅了摩爾人在南部的格拉納達王朝，並於1502年下令強制留在西班牙的摩爾人改信奉天主教，直到1609年最後的少數摩爾人全部被驅離西班牙。

南部城市柯爾多巴（Cordoba）原來是摩爾人在安達魯西亞王國的首都，當地的清真寺是785年建造的，生活在那裡的摩爾人後來被驅離，西班牙在1236年將清真寺改建為天主教堂。

就在參觀庫斯克參觀天主教堂時，突然回憶起西班牙驅逐南部摩爾人所使用的手段，將其和庫斯克對待印加民族的殘酷方式串連在一起，就是西班牙承先啟後一脈相傳的「宗教征服」，唯一不同的是，驅離摩爾人目的是收復失地，而殘酷消滅印加文化，則是無情的殖民征服。

西班牙教會征服印加，就是在本土驅逐摩爾人後的延續，為了征服一個民族，必先要剷除其本身的宗教信仰，這就是刨根究底的絕滅手段。那位後來成為庫斯克總主教的神父手握著著十字架，在

消滅印加王朝的過程中，雖不能稱為是主謀，卻也難逃幫凶之嫌。如今仍然佇立在拉丁美洲各地的天主教堂，不正是教會接二連三的「宗教殖民」最鮮明的罪證！

直到十九世紀拉丁美洲群起反抗西班牙，祕魯在1824年宣告獨立，古巴則遲到1895年才宣布獨立。經歷了三百五十年的殘酷殖民，西班牙一直以「伊貝洛美洲」（Iberoamerica）相稱，意即美洲是伊比利半島的屬地。然而拉丁民族堅決拒絕使用這個名詞，在他們的心目中，美洲只是因為使用了拉丁語系的語言，所以「拉丁美洲」（Latinoamerica）也就成了習以為常的稱呼了。

西班牙拉丁美洲的宗教殖民，和法國在亞洲的宗教殖民，是異曲同工的侵略分贓無恥行徑。在中南半島，在中國，都無所不用其極地用宗教蠶食當地財富，隱蔽地消滅當地文化。尤其在中國大陸偏僻的農村，用小惠收買信徒，就是一個改變中華文化的毒劑。今天中國對西方宗教的處處防範，正是對「宗教征服」提高警惕的一個有力措施！

西班牙在拉丁美洲窮兇極惡的殖民主義，之所以能成功，是因為被征服者之中內奸的作用。五百年前印加國王被殺害後，皮薩羅能輕鬆地進入庫斯克，就是印加王朝中內奸的合作與對自己民族的背叛所致。

類似的殖民企圖在地球上各個角落屢見不鮮，直至二十世紀仍然在各地橫行。日本軍國主義在侵華戰爭，漢奸的卑躬屈膝無恥獻媚就是一個鮮明的殖民企圖。朝鮮和台灣被日本帝國的佔領，更是亞洲史上最殘酷的「殖民征服」，其中也隱藏著宗教的征服。與五百年前發生在印加王朝的悲劇幾乎有許多相似之處。

遺憾的是，當二十一世紀來臨時，一種新殖民主義油然而生。其中固然有征服者的野心使然，但更令人大惑不解的是，在被征服的土地上，執政的政治人物，不惜卑躬屈膝、投懷送抱、引狼入

室，甘願以奴隸姿態緊抱征服者大腿，造成了新殖民主義的征服者不費吹灰之力，就坐享「自投羅網」而來的不勞而獲！印加國王再世，一定自歎不如！

（2021年1月26日完稿於溫哥華）

# 另一個被糟蹋的文明

## ──墨西哥阿斯迪卡

　　記得小時候生活在南京那一段時光，每逢春節接到長輩給的壓歲錢，放在手裡感覺得沈甸甸的。打開一看是一枚銀元，一隻老鷹站在仙人掌上，嘴裡叼著一條蛇。銀元反面則是一圈光束，中心處好像是一頂帽子，帽子邊沿處寫著幾個外國字。這些都不明白是什麼意思，但在我童心中留下難忘的記憶。

　　銀元後來也不知了去向，傷心了一陣也就忘了。等稍微長大後，看到市場裡的袁大頭、孫小頭等琳琅滿目的銀幣，又激起我回憶起曾經擁有的銀元，經過慢慢瞭解後才得知原來是墨西哥銀元。中國稱之為「鷹洋」，大概來自銀元上老鷹的圖案；反面小帽子上的幾個外文字母，則是西班牙文「Libertad」，是「自由」的意思。當然這些細節在一個孩子心裡，起不了什麼作用。

　　只是對中國市場裡流通的幾種銀元總想「打破沙鍋問到底」，尤其是對「袁大頭」和「孫小頭」更是好奇。原來這裡面大有政治意涵。「袁大頭」是代表袁世凱，因為當時大權在握，所以用他的頭像作為鑄造的圖案時，頭像幾乎佔滿了整個銀元，鑄造的年份是1914。而「孫小頭」是代表孫中山，直到1933年才開始鑄造，那時他已逝世。按照他創建民國的偉業，頭像大小和袁世凱平分秋色並不為過，不過畢竟孫是主張共和的人，大概後人認為不宜表現得如稱帝的老袁那般霸氣吧？

　　我生命中還曾有過接觸「袁大頭」和「孫中山」銀洋大開眼界的機會。那是1947年前後，父親在湖北擔任省稅務局長，正值國共兩黨打得不可開交之時。湖北的大宗煙葉是全省的稅金主要來源，

但已經被共產黨的地下組織控制而無法運下山，為此父親整日坐困愁城。當時湖北局勢已經吃緊，父親也有早日離職的願望，但是在拖家帶眷的困境中，唯一的收入就是父親這份微薄的薪酬，一家大小六口的盤纏談何容易！

正在無計可施時，父親手下一位年過半百的湖北籍雇員，在一個沒有月亮的夜晚，悄悄地來到我們住所。他腋窩下夾著一個藍布包，進屋後將小包交給父親，只簡單地說：「這是我一生的積蓄，局長先拿去作急需之用。我沒有家累，上面就一個年邁母親，我是本地人，即使共產黨來了，也不會拿我怎麼樣。」

說完他打開小藍布包，裡面是銀光閃閃的銀元。他接著說：「這裡一共是八十塊銀元，應該夠您一家大小盤纏之用了。」

他匆匆離開了我們的住所。我好奇地望著這些堆在眼前的銀元，不由得拿起幾枚放在手上把玩了一會，並沒有發現「袁大頭」和「孫小頭」上的頭像體積有的差異；所以好長時間我始終弄不清為什麼民間有「袁大頭」和「孫小頭」的差別稱呼。

| 墨西哥的國家盾徽。

自從離開湖北後，從此就失去了和這位好心的湖北前輩的音訊，父親一直對這位在危急時施以援手的老部下念念不忘。

自旅居海外後，我和妻子幾乎每年都必會前往墨西哥度假，有時一年還會去兩三次，之所以如此喜愛墨西哥，主要還是從學生時代研究當地文學及藝術時積累下來的文化感

情，所以從第一次的墨西哥之行後，就不由自主地喜歡上了這個文明古國。

墨西哥有許多令人喜愛的文化傳統，飲食上用玉米麵擀製的烤餅，夾上牛油果，洋蔥，雞蛋等佐料，雖然簡單，卻回味無窮，而且營養價值也頗高。墨西哥有一定的貧富不均現象。經濟上某種程度受到德國猶太商人及美國財團的制約。

我們每次到超市購物時，收銀處總會有一位頭髮花白的長者幫著將商品有序地放在塑料袋中，等購屋者付款後，將塑料袋遞給購物者，購物者一定會給這些長者一些小費，我們入鄉隨俗自也如法炮製。從這個細微的社會現象，可以透視出墨西哥仍然有相當比例的貧窮。

親歷墨西哥的社會現象，很自然地會聯想起童年時代曾經看過的「鷹洋」，並鍥而不捨地探尋墨西哥「鷹洋」的歷史。

在「鷹洋」流通之前，墨西哥在國際上經營貿易的貨幣是以西班牙殖民者鑄造的「頭像銀元」（Portrait Silver）為主，銀元上的圖案使用的是西班牙歷代王朝的君主頭像。

西班牙人在1773年開始鑄造發行國際上流通的銀幣，稱為「頭像銀元」，當時西班牙的貿易發展到亞洲包括中國，中國人稱之為「番銀」或是稱之為「佛頭」，是因為中國人看到銀元上的頭像都

1 2

1 | 1776年西班牙在墨西哥發行的銀幣。

2 | 1835年墨西哥獨立後發行的銀幣。

是胖嘟嘟的，有些像彌勒佛，就直接稱之為「佛頭」。

經歷了三百年的西班牙殖民統治，墨西哥人開始覺醒，再經過10多年的獨立革命，終於在1821年宣布獨立，於1823年（道光三年）廢除了殖民時代的銀元，開始鑄造「鷹洋」。「鷹洋」和西班牙的銀元結構一樣，重27.07克，但純銀成色度為95.30%，較殖民時代的銀元成色90%更高些。正面圖案是一隻蒼鷹站在仙人掌上，嘴裡喙著一條蛇。

墨西哥的「鷹洋」有兩種不同的設計鑄造。從開始鑄造到1897年，稱為「花邊銀洋」。「花邊銀洋」正面的圖案蛇尾與鷹翅相連接，邊緣上方刻有「墨西哥共和國」（Republica Mexicana）字樣。背面的圖案是中間一頂自由軟帽，帽子邊緣上刻有「自由」（Libertad）字樣的西班牙文。周邊是長短交錯的光柱，頂部三支光柱的中間一支較短。

自1898年開始，「鷹洋」的鑄造有了些微的變化，改成為「直邊銀洋」，和「花邊銀洋」不同之處是正面的圖案上蛇尾和鷹翅不相連，光柱的中間一支較長。

「鷹洋」的設計隱含著力量、忠誠、自由與和平的象徵，反映出墨西哥人對自己成為獨立國的追求。

因為墨西哥盛產白銀，而且成色優良，自鑄造銀洋後，引起了美國政府的妒意，美國同時發行了銀洋，意圖在國際市場上擊垮墨西哥。由於美國白銀成色的低劣，不足以和墨西哥銀洋相抗衡，在國際社會不予認同的情況下無疾而終。

為此墨西哥的「鷹洋」在國際市場中一枝獨秀，與中國的貿易也就順理成章地成為結帳的貨幣。經過了三十多年在中國的流通，旅居上海的36家國際商號於1856年（咸豐六年）一月一日會晤後，一致決定正式啟用「鷹洋」為國際流通貨幣，定二月六日開始作為商業記帳使用，並獲得中國政府的批准。

　　「鷹洋」在中國的流通到1933年被國民政府廢除，開始鑄造中國自己的銀洋，即孫中山銀洋。墨西哥「鷹洋」被廢除後，滯留於中國的大量銀元被國家收購予以融化打造成銀錠，作為製造銀器原料。一部分被私人所收藏，鷹洋從此退出貨幣舞台。

　　有趣的是，「鷹洋」在中國的政治鬥爭史上還留下一段極為珍貴而有趣味性的紀錄。1927年毛澤東率領秋收起義部隊抵達井岡山，為打破經濟封鎖，開拓對白區的貿易，就萌生製造貨幣的構思。當地有一名專製作假銀幣的工匠江西遂川縣人謝火龍，受到國民黨的通緝追捕而四處轉移。經過紅軍三十二團團長王佐的推薦，謝火龍及其兄弟和外甥，隨著紅軍在上井村一位名叫鄒甲貴的農民家裡，開設了造幣廠，開始鑄造仿墨西哥「直線鷹洋」。

　　為區別市面上的偽劣銀元，該造幣廠特地在銀幣上刻了「工」字，一開始由於鑄造機器的材料質地低劣，所以製作出來的「鷹洋」顯得略為粗糙，但它的成色和價值令使用者放心。謝火龍等一直為紅軍工作到次年一月，在國民黨第三次圍剿下，井岡山失守，毛澤東等率部隊撤離，謝火龍等隨即逃亡自救。

　　雖然這座造幣廠只運作了八個月，卻是紅軍歷史上創辦最早的造幣廠。「工字銀元」也就成為紅軍的第一批貨幣。

　　到了1931年中華蘇維埃共和國臨時政府成立，考慮到建立獨立貨幣制度的需要，於是在江西瑞金縣洋溪村成立了「中央造幣廠」。除了發行一套貨幣外，為了爭取白區的貿易，必需要繼續鑄造銀元。所以「袁大

中國共產黨在井岡山創立的「紅軍制幣廠」舊址，門前廣場上設立了一個歷史性的紀念碑，是革命時期鑄造的「工字銀元」，即仿製的墨西哥鷹洋。

頭」、「孫中山」及墨西哥「鷹洋」等銀元相繼出現。為了區別市面等偽劣銀幣，中央造幣廠特地在自己鑄造的銀幣上刻有「工人」二字，但並不固定在同一位置。製作的銀幣以五百個為一箱，輸送給中央設法向白區換取急需物資。

1932年3月27日，紅軍從國民黨手中繳獲的戰利品中，有一套鑄幣機和鋼模，立即轉運到瑞金，採用該機器製作改進了銀元的質量。

墨西哥政府對這段歷史可能一無所知。而中國共產黨在最艱難的時期，以仿墨西哥幣奠定了貨幣政策，而原來以製作假幣謀生的謝火龍，也成為功不可沒的「紅色銀匠」，給墨西哥「鷹洋」留下一段神奇而震撼的革命歷史。

中國和墨西哥之間的外交關係從1903年即開始，直至共和建立，八年之間清廷先後派遣了四次外交官，但都是派往美國的欽差大臣兼任。民國成立後，在1912年到1944年之間，基本上都是以公使銜派遣，而且是延續清末的欽差大臣方式，由駐美公使兼任。顧維鈞在1915年也曾奉命為駐墨西哥公使，但是直到卸任，從未出席過任何與墨西哥有關的外交活動。

直到1944年才正式由中華民國建立全權大使館。先後有五位大使赴任，1971年斷交閉館。自1972年墨西哥與中華人民共和國建交。

雖然中國和墨西哥有著逾百年的外交關係，墨西哥在中國人的觀念中，似乎存在著一定的誤區，被認為是一個落後、沒有文化的民族，好吃懶做。這都要歸咎於美國好萊塢拍攝的西部武打電影造成的印象，出現在銀幕上的墨西哥人，盡是一些不務正業或是以掠奪搶劫為生的流氓無賴，最後要靠美國的「英雄好漢」出面，救社會於倒懸。

另外就是反映墨西哥社會中販毒集團的貪婪無情，售賣毒品殘

害人的身心健康，造成諸多社會問題。事實上，販毒問題在美國本
土比墨西哥嚴重得多，但是善於嫁禍於人的美國影片，卻將墨西哥
毒販形容成十惡不赦的罪犯。

這就有如16世紀西班牙侵犯墨西哥後數百年來的宣傳如出一
轍。公元1519年西班牙侵略者赫爾南·柯爾蒂斯（Hernan Cortes
1485-1547）在征服當地阿斯迪卡王國（Azteca，另譯，阿茲特克）
後，距今已是五百年前的歷史。但是在西班牙的眼中，阿斯迪卡王
國只是一個野蠻沒有文明的部落。這些負面的描述，經由西方主流
媒體的灌輸，在中國人的腦海裡就形成了墨西哥落後、腐敗及野蠻
的印象。

實際上，墨西哥曾是一個從優越的文明王朝逐漸發展成為中美
洲的最強大帝國。阿斯迪卡王國就是他們的祖先，這個王國是由三
個部落組成的部落聯盟。他們分別是，中部的墨西卡·特諾克蒂特
蘭（Mexica Tenochtitlan），也就是今天的墨西哥城，東邊的特克斯
柯柯（Texcoco）及西南的特拉柯班（Tlacopan）。

這個中美洲歷史上最文明發達的王國，從1345年到1520年是它
的鼎盛時期。城市中的人口達到20萬到40萬之間。而王朝的統治力
量涉及到整個中南美洲達千萬人口。其城市發展的文明程度令西班
牙侵入者赫爾南·柯爾蒂斯震驚萬分。於是他在向國王寫信時，分
析阿斯蒂卡王國的城市規模相等於西班牙的南部柯爾多巴。

西班牙侵入者佔領阿斯蒂卡後，利用在其他佔領的殖民領土上
慣用的手段，先拆除其佔領區的廟宇王宮，隨即在廢墟上興建天主
教堂和殖民時代的建築，展示西班牙殖民及教會的權利。

經過了三百年的殖民統治，墨西哥終於在1821年脫離西班牙宣
布獨立，成為我們今天看到的自由開放的共和國。墨西哥城中心的
特諾克蒂特蘭（Tenochtitlan）廢墟，原本是阿斯蒂卡王國都城，被
西班牙建造的大主保堂所掩蓋，直到上世紀考古學家在旁邊發現了

阿斯蒂卡王國的大廟宇（Templo Mayor）的遺址，並發掘出一些相當珍貴的文物，證實了這裡就是墨西哥的元祖遺址。如果用中國河南安陽殷墟文化來比喻，也許是最為恰切。

阿斯蒂卡文化遺傳延續到今天最為明顯的就是「鷹洋」上的老鷹、蛇及仙人掌的圖案，這是墨西哥人的傳統尊嚴，也是民族的自豪和勇氣。從十四世紀一直堅持不捨沿用到今天的圖案，代表著墨西哥不忘祖先的道德傳統。

這是阿斯蒂卡王國世代相傳的神話教誨。故事中的戰神給部落送來一隻蒼鷹，嘴裡喙著一條蛇，站在仙人掌上。蒼鷹代表著墨西哥的正氣，仙人掌是墨西哥的國花，彰顯的是國家的領土。而蛇則是奸詐惡毒的象徵，佔領了墨西哥達三百年之久的殖民者，或許也當歸於此類吧。

值得留意的是，很多人以為和其他拉丁美洲國家一樣，西班牙文是墨西哥的官方語言。實際上迄今為止墨西哥始終未承認西班牙語是他們的官方語言，只將西班牙語視為官方允許通用的語言。這說明墨西哥政府仍然視他們祖先通用的那瓦赫文（Nahuatl）為他們的「國語」，但是因為有了三個世紀的殖民，使得稟賦中民族意識極強的墨西哥人陷入非常矛盾的困境。

現任墨西哥總統在2019年曾兩度向西班牙政府提出，他們應該為曾經的惡劣殖民行徑向墨西哥道歉，但是西班牙政府一直未有正面答覆，也許西班牙的顧慮是，如接受了墨西哥的要求，那麼整個拉丁美洲就會發生令西班牙難以承受的骨牌效應。

自1520年西班牙入侵阿斯蒂卡王國，不僅消滅了王國的歷史文明，且大肆掠奪。入侵者赫爾南・柯爾蒂斯原來是西班牙征服者迪艾果・維拉斯蓋茲・迪・古埃亞爾（Diego Velazguez de Cuellar 1465-1524）手下的一名士兵。古埃亞爾是西班牙殖民古巴的重要人物，他在哥倫布發現新大陸後的第二年即開始三次出征，1511年出任古

巴第一任總督,古巴的七個主要城市就是在他的任期內建造的,1524年在古巴聖地牙哥去世。

柯爾蒂斯在古巴期間,對自己的地位並不滿足,於是有了自己帶領士兵另起爐灶的念頭,得到古埃亞爾的批准向墨西哥進發,第一站先抵達墨西哥的東部城鎮維拉‧克魯斯(Vera Cruz),在那裡駐紮了一段時間,即向墨西哥中部地區的阿斯蒂卡首都探尋寶藏。

他在抵達墨西哥後,主動放火將兩艘船隻燒毀,明確告訴他的士兵,已經沒有了回頭路,只能跟隨他向內陸前行。他們抵達阿斯蒂卡王國後,一開始和當地國王莫克迪蘇馬二世(Moctesuma II 1466-1520)曾有過禮貌性的交往,由於周邊部落對西班牙入侵者的憤恨而製造了糾紛甚至殺戮的悲劇,而西班牙入侵者也一度因不敵阿斯蒂卡而撤出,經過整軍後以精良的裝備再度向阿斯蒂卡進

墨西哥城中心區的阿斯蒂卡王朝大廟宇的遺址。

攻，憤怒的柯爾蒂斯下定決心，除了殺害國王，並開始燒殺搶掠，
幾乎剷平了整個王國。

柯爾蒂斯從拉瓦（Nahua）部落呈獻的二十名女奴中選出一名
叫拉‧瑪琳切（La Malinche）的女奴，先教她學會西班牙語，這個
女奴就成為出賣民族的賤人，不僅在西班牙入侵者進攻阿斯蒂卡王
國時獻計，成為征服者的重要助手，還進一步和柯爾蒂斯發生私
情，為他誕下一子，取名為馬丁。歷史上記載這個男孩，是拉丁美
洲第一個歐洲人和當地土著的混血，西班牙文稱為Mestizo。

由於這個女人背叛了自己的民族，墨西哥就用她的名字製造了
一個貶義字Malinchista，形容對國家不忠誠的人，也是奸詐險惡的
象徵。

在西班牙的歷史檔案中，詳盡地紀錄著西班牙入侵者以文明自
居，而阿斯蒂卡王國則是落後野蠻，缺乏文明的部落。其中最顯著
的就是，把阿斯蒂卡王國用活人祭典神明的傳統宗教儀式，打成殘
酷的不文明行為，完全淡化活人祭典神明的習俗，是阿斯蒂卡王國
崇奉太陽神的重要傳統；而尊崇太陽神實質上也是美洲地區各民族
的普遍信仰。

在阿斯蒂卡王國最受
尊崇的兩個神明中，一位是
Huitzilopochtli戰神，也就是
王國崇拜的太陽神。太陽在
他們的信仰中是至高無上的
神明，每年必須給太陽增加
營養，不然就會失去光芒。
給太陽增加的養分就來自活
人的心臟或是血液。

這些活人祭品包括小

阿斯蒂卡王朝用來活祭時挖人心臟的匕
首，現存於大英博物館中。

孩、婦女，以及被俘的敵人。為確保每年活人祭品的來源，阿斯蒂卡王國就將與周邊部落戰爭中俘虜的敵人獻給太陽神。因為每年在舉行活祭時，需要兩萬人作為祭品。而活祭的方式有直接將人的心臟挖出獻給戰神，或者是將頭顱割下，其中以婦女的頭顱為主。

在墨西哥城中心地帶西班牙人留下的大主保堂旁邊所發現的阿斯蒂卡王朝大廟宇的遺跡處，曾挖出用婦女頭顱砌成的塔柱，這足以證明當時活祭的存在。

而西班牙入侵者就緊抓住這個他們認為是阿斯蒂卡王朝的野蠻行為不放，經歷了三百年的殖民，西班牙入侵者認為他們名正言順地改變了阿斯蒂卡的落後觀念。

自1492年哥倫布發現新大陸後，西班牙對拉丁美洲的殖民，就是本著掠奪搶劫併吞的手段。在祕魯的征服印加文化是如此，在古巴，在阿根廷均採取了相同的策略，在墨西哥的行為更是變本加厲。

柯爾蒂斯在1521年8月13日攻陷阿斯蒂卡王國後，單是金銀的洗劫就達到八千磅，另外還有羽毛、棉花及珠寶等物不計其數。

近些年來，西方考古學界對西班牙的歷史紀錄開始有不同程度的質疑，認為貶低阿斯蒂卡王朝的文明，無異就是為自己的掠奪行徑留下合法的藉口。

哥倫布的發現新大陸，就是當地部落厄運的開始。他的洗劫開啟了一個極為卑劣的殖民手段。西班牙在拉丁美洲的作為，葡萄牙在非洲、巴西及南亞的手段，以及法國、荷蘭、英國等的殖民策略皆如出一轍。

滿清末年，中國所遭遇到的列強簽訂不平等條約，直到八國聯軍達到了侵略的高潮。如細細琢磨，不難看出這些列強的無恥手段，幾乎皆是自十六世紀以來的殖民慣用手法。

時至今日，以強權打擊弱小國家始終仍處於「方興未艾」的局

面，中東地區伊拉克、阿富汗、敘利亞、葉門、利比亞，連綿不絕的戰爭又何嘗不是西方殖民侵入姿態的延續。只不過從十六世紀以來如西班牙等白人殖民殺戮搶竊的卑劣手段，改變為用現代化武器施行戰爭，摧毀其城市基礎建築，致令百姓生靈塗炭，無家可歸。這和入室搶劫的盜匪行徑又有何區別？

至於強權如美國，對中國的崛起始終是迄而不捨地多方打擊，造謠，毀謗。很顯著地這就如同西班牙在墨西哥殖民時的一貫伎倆，將文明部落詆毀為沒開化的野人，造成世人對其產生誤解。

墨西哥祖先阿斯蒂卡王朝給他們後人留下的輝煌文明，使入侵的西班牙人感到不適，妒忌，進而予以毀謗摧殘。甚至到了二十世紀，美國好萊塢銀幕上對墨西哥人施以乖張的歪曲、譏諷，導致世界各地對墨西哥存在著一定的成見。

由於土地被侵佔，物資被掠奪，民生凋敝，加之毒品氾濫，非法移民越境謀生，無形中給人的印象是貧窮落後。現任總統要求西班牙為歷史上的侵略道歉，就是為了挽回墨西哥的尊嚴和自豪。

令人感動的是，經歷了六百多年的墨西哥建都，墨西哥人始終秉承著祖先遺留下的傳統，引以為榮。1810年開始的獨立戰爭，是因為西班牙以無盡的重稅欺凌墨西哥，而所支付的稅務並沒有服務於當地的民生需要，卻將財物運往西班牙，逐漸引起墨西哥民眾的憤怒。

1810年的9月16日，多洛雷斯（Dolores）小鎮天主教神父米蓋爾‧依達爾果（Miguel Hidalgo y Costilla 1753-1811）在等待軍方前往華盛頓尋求軍事援助之際，深恐被當地政府逮捕，於是暗中說服當地警方釋放了80個支持獨立運動的囚犯，齊聚在教堂前，依達爾果神父在半夜兩點，敲響了教堂的鐘聲，引起信徒們的注意紛紛前往教堂。

伊達爾果神父發表了莊嚴的演說，控訴西班牙征服者的諸多暴

行，呼籲百姓揭開墨西哥的獨立革命。伊達爾果的演說便是墨西哥著名的《多洛雷斯的吶喊》（Grito de Dolores），依達爾果神父因而成為墨西哥的「獨立之父」，具有墨西哥「國父」的深重意義。9月16日這一天就成為墨西哥的國慶。

後來每逢墨西哥獨立紀念日的晚上，總統必定會前往多洛雷斯親自登上教堂鐘樓敲響鐘聲，高呼「墨西哥萬歲」三次。為方便國家領導人，政府已決定將這座有歷史意義的大鐘搬遷到首都的總統府。

如今的墨西哥，朝野之間不斷地努力建設國家，雖然毒品的氾濫，社會的犯罪率仍然高居不下，但這些都只是社會的個別現象，墨西哥人相當明白他們的自救道路仍然是任重道遠。阿斯蒂卡王朝遺留下來的寓言，一脈相傳的蒼鷹、蛇及仙人掌的標誌，也無時無刻教導著他們熱愛自己的民族國家。西班牙殖民者的三百年殘酷統治，沒有腐蝕他們擺脫邪惡的決心；美國好萊塢的電影也許一時蒙蔽了外界對墨西哥的真實瞭解，然而這些低俗的西部影片也早已沒有了市場！

至於墨西哥和中國之間，通過「鷹洋」的流通，無形中協助了中國革命的成功，不得不令我等後輩對這個萬里之外的異國肅然起敬，這和1810年發生由伊達爾果登高一呼而引起的墨西哥獨立戰爭，似有異曲同工之妙。

筆者和妻子每年前往墨西哥度假的熱衷，以及對墨西哥人特具好感的意識，是否歸因於墨西哥輝煌歷史的撮合，不得而知；然而這個曾經遭受三百年屈辱的民族能夠重新站立起來，尤其是他們祖先阿斯蒂卡王國的燦爛文明，筆者由衷敬佩，那是永遠屹立不倒的正義。

（2021年3月13日完稿於溫哥華）

# 從「新冠病毒」中看到的「社會病毒」

2020年3月11日聯合國世界衛生組織正式宣布，新冠病毒成為全球大流行的嚴重傳染疾病，而早在2019年12月中國武漢首當其衝，從起初在不知情的情況下，以為是流行性感冒，到病情的迅速蔓延，才得知此事非同小可。中國流行病專家先後發表談話，確認是一種尚不清楚病原體的傳染病在社區裡蔓延開了。於是中央果斷決策武漢封城，呼籲市民必須戴口罩，保持社交距離，有些發生疫情的居民住宅區實行更為嚴格的封閉，禁止居民出入。全國各地軍民紛紛組織醫療隊奔向武漢，提供多方援助。

一時間驚濤駭浪般的信息源源不斷，有病危的，有死亡的，種種駭人聽聞的醫療負面傳聞令人寢食難安。武漢一片恐慌，全國陷入緊急狀態。經歷了醫務人員三個多月的不懈奮戰，病情終於得到緩解，全國上下得以稍微喘息。

中國早在上世紀初，就曾經發生過傳染病的重大醫療事故，在東北地區因為旱獺引起的腺鼠疫，造成極大恐慌。清廷政府聘請了馬來西亞華僑醫生伍連德，以迅速的手段實行了有史以來第一個屍體解剖，得出呼吸道感染病毒造成瘟疫的結論，於是決定採取中國史無前例的焚屍措施，使得病菌無所遁形，並實行封城以杜絕因人民的往來而導致病菌蔓延。

為了避免人與人之間因呼吸而傳播病毒，伍連德醫生發明了口罩，宣布所有的醫護人員必須配戴，防止從呼吸道傳染疾病。這一幾乎釀成重災的瘟疫得到有效的控制，挽救了成千上萬的生命。

近一百年後，北京在2003年發生了「非典」的肆虐，一時間造成京城的極大恐慌。當時筆者正好因公在北京工作，每天上下班的

辦公大樓，是北京的國際商務區最先進的建築，「非典」爆發之後，整個大樓成了一灘死水。筆者因工作需要每天按時上下班，成為唯一出入的外籍人士。

整棟大樓幾乎是人去樓空，逾三十層高的大樓內，僅有一位保安看守大門，另有一位輪值員工，負責清理電梯間等公共區域的消毒。電梯裡放著一個水桶，裡面裝著半桶的消毒藥水，所以整個電梯裡瀰漫著濃濁的藥水味。筆者還曾打趣地向保安說，那半桶份量極其強烈的消毒藥水，不但將病毒迅即消滅，如碩壯的人體過久地被關閉在裡面，肯定會窒息而亡。

2002年11月16日在廣東佛山發現第一宗非典病案後，直到2003年3月12日世界衛生組織對非典正式發出警告，並在前一天定名為「冠狀病毒」（Sars）。當時感染的「震中」主要集中在廣東地區，後來逐漸蔓延開，更傳播到台灣及港澳地區，甚至東南亞及澳大利亞都受到波及，美國也發現少數幾宗病例，而加拿大多倫多城市最為嚴重。

最後在四月份，北京決定在近郊的「小湯山」由人民解放軍以超迅速的進程，建立了後來馳名全球的「小湯山非典醫院」。

筆者每天從不同渠道獲知非典的蔓延信息，加之北京當時已處於疫情風聲鶴唳的情景中，百姓們人人自危，不知所措，無形中給筆者增添不少心理的威脅。北京各大醫院均有人滿為患的險情。

為盡快遏止病情傳播，北京市在2003年4月22日上午，召開了《北京防治非典工作聯繫會議》，在會上疾病控制中心的專家們紛紛發言，重點是緩解病房短缺問題，需要普遍徵用包括小湯山在內的各療養院。

小湯山位在北京市郊，是著名的溫泉勝地，空氣清新，環境優雅。當地有一所建於1958年的「小湯山療養院」，由人民解放軍總後勤部管理，1985年更名為「小湯山康復醫院」，改由北京市衛生

局管理。所以在會議中討論選擇醫院地址就集中在小湯山。

於是衛生部，北京市政府、解放軍總後勤部衛生單位等負責人前往小湯山勘查後，決定在當地建立新醫院，專門治療非典患者。當晚十點，北京市建委急電中建一局集團等六個市屬企業集團負責人，前往出席會議，會上傳達了北京市委及市政府的意見，部署在小湯山建立療養院的緊急任務，立即調配人工及設備，並於次日（23日）開工。

奇蹟也就從這一刻開始了。次日一大早，北京「住總」，「城建」等六大企業，已經組織好屬下工人及機械設備一一開入工地開始現場作業。一塊600畝的土地，瞬間湧入近4000工人及500多臺設備器械，六大企業集團在群策群力下，依劃分好各自負責的範圍破土動工。

工地旁的「小湯山康復醫院」，原來只有200張病床，一旦輸入北京的患者，勢必人滿為患。要建造的療養院，基本上參照部隊的野戰醫院設施進行，簡易而實用。關鍵是要將一片雜草叢生的土地整平，方能進行建造醫院的工序。

在工人們24小時三班制的次序下，4月25日上午，醫院的結構已完成百分之六十，內部裝修也完成了百分之三十。27日主體工程完工，各方面開始收尾，29日通過全部驗收，由人民解放軍接收，北京、濟南及瀋陽三大軍區的七支醫療隊伍，共339名醫療人員正式進駐。

「小湯山醫院非典病房」設置了22個病區，508間病房，有1000張病床。5月1日晚上，整座醫院經過最後一道消毒工序後，11點開始將北京協和醫院等幾家病人轉移到小湯山。第一批為68名患者。

小湯山共到有1383名醫療人員，包括博士後51人，碩士166人，副教授以上級別人士110人。醫院內分設30多個學科，足夠完

善診治及研究病情的各種需要。

　　經歷了兩週的悉心治療看顧，5月14日開始有患者治癒後陸續出院，雖然不幸有八位患者病逝，在6月20日上午，最後留院的18名患者痊癒出院，小湯山醫院傑出地完成了治療非典病患的重任，留下了醫學界的一個大奇蹟。

　　全體工作人員不計辛勞，在24小時三班制下齊心協力，僅僅七個晝夜就完成偌大的醫院建置，這在人類醫學史上是絕無僅有的壯舉。這個壯舉為武漢提供了有力的借鏡。

　　武漢在2019年12月突發流行病，當地醫學界對此不勝恐懼。經過醫務人員的不懈追蹤，終於認識到這是一個繼2003年的非典病毒後的另一個醫學災情。

　　隨著病毒患者的急速增加，當地醫院不堪負荷。於是有人想起北京小湯山醫院的案例。2020年1月23日，武漢市城鄉建設局緊急聯絡非典時期的小湯山野戰傳染病醫院的設計部門—中國中元設計院，尋求技術支援。同時委託中信建築設計院負責在武漢建造類似小湯山醫院的設計工作。

　　兩天後，1月25日，小湯山野戰醫院原院長張雁靈少將親臨武漢，開始了指導建設方案。兩座醫院分別是「火神山醫院」及「雷神山醫院」。1月27日中國國務院總理李克強先生親臨武漢，視察建造醫院的細節。北京小湯山醫院的奇蹟，再度出現在武漢。

　　火神山醫院在1月24日開工，務工人員從一開始的240人逐漸增加到4200人，機械設備也由300台增加到上千台。整個工程於2月2日交付使用，再度展現了小湯山的七晝夜功能。自2月4日接受第一批45名患者，到3月15日先後出院1800多名患者，4月6日只剩下100多名，4月14日最後14名患者治癒出院。4月15日休艙關閉。

　　雷神山醫院在1月25日開工，1400名建築工人進駐，2月6日驗收，2月8日啟用。面積從原來的5萬平方米設計，到最後擴張到

7.99萬平方米。建設人員一度高達兩萬兩千人。醫院在2月8日接受首批患者，經過一個多月醫務人員的全力診治，3月18日就有970治癒者先後出院，4月9日最後15名患者離開了病院，次日（15日）和火神山醫院同時休艙關閉。

武漢經歷了這場病毒浩劫，粗略的統計有50008人感染，死亡2571人。在解封後，武漢施行嚴格的健康碼，使得每一位居民都能夠按規定出入。而且還要求配戴口罩，進出要接受體溫測量，保持社交距離，在公共食堂要堅守限制用餐時間等，難能可貴的是居民都能充分配合遵守規定，所以社會秩序很快就恢復正常。

筆者不厭其煩地贅述2003年發生在北京、2020年發生在武漢兩次疫情的處理奇蹟，是因為中國的抗疫經驗值得其他國家借鏡，尤其是西方歐美國家，後來造成疫情氾濫的局面，癥結就是他們對疫情的控制沒有如中國那樣的堅定意志，從上級到基層幹部，一聲令下，全體嚴格遵守，從而達到事半功倍的成效。

反觀歐美國家，即使在疫情氾濫的威脅下，竟然以意識形態、政治化來看待這捉摸不透的病毒。首當其衝的是義大利北部城市貝爾加莫（Bergamo），突如其來的病毒襲擊，造成醫院失控，教堂成為停放靈柩的場所，由此輻射，瞬間傳遍了全歐洲。南美洲巴西，南亞的印度，甚至南太平洋的澳大利亞，都紛紛中招，而且來勢洶洶。

但是當美國開始傳播病毒後，他們的總統特朗普竟然以反社會的言詞，妄論美國是偉大的國家，病毒絕對不會入侵，斷言三個月後病毒即會自動消滅。他呼籲美國人民不要害怕病毒，萬一發生，只要喝消毒水就可以去毒。他禁止傳染病控制中心每天發布新冠病毒感染人數，還不時禁止傳染病專家發表意見。他自己始終拒絕配戴口罩。

一時間科學的論證被壓制，媒體的傳播竟然是他那些未經大腦

的胡言亂語。他的白人至上言論籠罩著整個美國，獲得長期以來對美國移民政策及少數民族不滿的白人主義群眾的支持。豈料他本人竟然在10月2日被檢出病毒陽性，並立即送往醫院隔離。

美國的病毒感染人數急遽上升，至今美國感染人數已超過三千萬，死亡人數已高達五十四萬五千人，兩者均居全球之首。

假如美國從一開始就認真參考中國抗疫情的作法，也許感染人數及死亡病例不至於如此失控。然而美國人的自大狂作祟，認為中國是專制主義，他們的作法不值得採信。最嚴重的問題是，即使美國擁有先進疫苗，但是這種聞不到，摸不著，看不見的病毒無處不在，加之近來英國，巴西及南非均出現變異毒株，致令快速傳播的病例與日俱增。

美國是聯邦制國家，各州有獨立法規，聯邦政府縱有三頭六臂，也難以說服各州一體遵行。自從新總統執政後，儘管疫情嚴重

2020年10月2日美國總統特朗普因感染病毒被送入醫院。

發展後呼籲百姓外出必須配戴口罩，百姓們仍置若罔聞，聯邦政府要求保持社交距離，年輕人卻聚集在酒吧飲酒作樂，每逢節假日，航空公司仍然載運客流，凡此種種，病毒焉得遏止！、

歐洲各國對疫情的控制也是反覆無常。一旦疫情患者人數稍有下降，即刻欣喜萬分，開放群聚；疫情反彈後，又即刻關閉。如此周而復始，對疫情控制不僅毫無作用，反而益增困難。有些國家也曾打算效法中國的方艙醫院，然而零敲碎打的部署，根本起不到任何實質性的效果。

新冠病毒疫情已經肆虐了一年多，而且開始有病毒變異的毒株傳播，引起聯合國世界衛生組織的嚴重關切。截至目前，中國是經濟發展方面出現正面復甦的唯一國家，而且勢頭強勁。

然而西方國家不但不檢討自身問題的癥結所在，反而設計各種藉口一味和中國唱反調，甚至對中國施加無情打壓和毀謗。他們忽視了中國有十四億人口，而且是世界上唯一擁有完整生產鏈的國家。1950年以美國為首的對華禁運，除了讓中國缺少外匯使用外，並沒有令中國屈服。

就在全球陷入經濟危機時刻，接種疫苗是當前唯一能抵禦病毒入侵的「救命稻草」，於是美國，英國等具有雄厚資金來源的藥廠，全心全意投入疫苗的生產，以迅雷不及掩耳的速度投入市場。假如西方這些藥廠真的是抱著「救人一命勝造七級浮屠」的悲憫之心，將疫苗平均分配到全球各地，那就是真正發揚了佛法無邊的大慈大悲精神。

遺憾的是，從一開始，這些藥廠的運作，就被擁有強大實力的政治團體所掌控。美國兩家大藥廠的生產量劑，首先要滿足該國的需求，令所有的美國公民在一定期限內接受接種。

自病毒開始在全球肆虐後，世界衛生組織就發動了一項令全球能公平得到疫苗的分配計畫。這個計畫名稱為COVAX，是由設

在瑞士的「全球疫苗免疫接種聯盟」（Global Vaccine Alliance and Immunization，簡稱為GAVI），總部設在挪威奧斯洛的「傳染病預防革新聯盟」（Coalition for Epidemic Preparedness Innovation，簡稱為CEPI），「聯合國兒童基金會」（UNICEF），會同世界衛生組織成立了「新冠病毒疫苗全球使用權」（Covid-19 Vaccine Global Access，簡稱為COVAX）。目的是全球所有國家，不分大小，不分經濟差異，都有權利得到疫苗的分配接種，保護市民的健康安全。

然而在富有國家的操控下，這一世界衛生組織創設的善意主張，落得形同具文。唯有中國從一開始，就默默地將生產的疫苗，先後運送到歐亞非及拉美二十餘國，其中大部分都是中低經濟條件的國家。

中國國家主席習近平在國際會議中就語重心長地表示，疫苗將是全球的公共產品，強調中國不會將疫苗視為牟利的商業產品，而是挽救全球公民生命的必要措施。

令人不解的是西方國家及媒體，自己不支持世界衛生組織的COVAX計畫，反而在那裡冷嘲熱諷中國，譏諷中國是在施行「疫苗外交」。其實這種「欲加之罪何患無辭」的卑劣行為，恰恰暴露出西方國家的自私，自大及傲慢。

以美國領先的美澳印日四國聯盟，除了在軍事，貿易等領域合作外，還宣布由美國主導，日本，澳大利亞及印度各司其職，在大量生產疫苗後用來支援東南亞國家，目的是不讓中國有領先的地位。看到這則新聞，不由得令人噴飯，這不正是他們一直在攻擊中國的「疫苗外交」嗎？自己演出「賊喊捉賊」的鬧劇而不自知。

在利益驅使的前提下，爭奪疫苗的好戲連場，一幕接著一幕，令全球觀眾哭笑不得。因為疫苗的生產需要時間，於是從一開始就出現了惡性競爭。美國的大量囤積疫苗自不在話下，而有些國家為了一方面要滿足公民的需求，一方面卻要承受拿不到貨源的困境。

比如，加拿大原本計畫在接種第一劑疫苗後，過了三週即可繼續接種第二劑，但由於貨源的欠缺，政府不得不將接種第二劑的時間從三週改為四個月。至於許多亞非經濟較差的國家，除了中國的支援外，從未得到西方大國的些微幫助。

與此同時，西方列強諸國，儘管平時笑臉相待，一旦遇到來勢洶洶的病毒，真面目就暴露無遺。四款歐美國家開發的疫苗「輝瑞」、「莫德納」、「強生」及「阿斯利康」彼此間明爭暗鬥，互不相讓；但為了對付俄國及中國生產的疫苗，卻換上另一番合作無間的嘴臉。

在全球陷於疫苗接種的混亂和歧視局面下，有些國家已迫不及待地打算開始經濟復甦計畫，包括允許商鋪開門營業，有條件的搭乘航空往返於城市之間。但過早的開放還沒有成為事實前，病毒的傳播卻因為英國、巴西及南非的病毒變異毒株迅速跨洋過海，導致受感染地區的政府神經緊繃。

因此，「新冠病毒後的世界將何去何從？」成了坊間的談話主題，然而卻沒有人能給出具體而實際的答案。可以預見的是，受人類「健忘」本性的驅使，一旦世界衛生組織宣布病毒消亡，久處苦悶的群眾肯定會傾巢而出四處逍遙：郵輪復工了，航空翱翔在空中，公路恢復了往日的繁忙，酒店爆滿，餐飲店座無虛席……。

恐怕沒有人會擔憂新冠病毒有再次成為不速之客的可能。2003年的非典，經過了短時間的傳播後悄然消失，人們迅即將這個病毒忘得一乾二淨。這次的新冠病毒較之非典病毒更具威力，迄今為止醫學界仍然找不出元兇和源頭，世界衛生組織已一再強調，也許今後人類將與病毒在常態化中共同生存，意即對頑強病毒的鬥爭，將是一個漫長的課題。

或許在漫長的期待中，病毒離去的樂觀信息會突然降臨，給人類帶來意外的驚喜。值得重視的是，對於這次病毒在全球的傳播，

美國亞裔聚集在馬塞諸賽州
抗議種族歧視。

人類絕對不能大意甚至遺忘曾經的痛苦遭遇。西方國家始終不渝地將病毒和政治混為一談而製成的「政治病」也應該進行澈底消毒了。

　　經驗已經告訴全人類，西方政客們對他國的歪曲，毀謗及詆毀無足輕重，更於事無補，反而對自己會造成無可彌補的慘重損失。最為顯著的例子就是，美國感染及死亡人數居全球之首的悲劇，就是肇因於對他人的輕視和自大，甚至前任總統直到競選連任失敗，仍然口口聲聲詆毀新冠病毒為「功夫病毒」或是「中國病毒」，造成後來美國社會中極為惡劣的影響，種族歧視事端也由此加劇。

　　如亞特蘭大發生接二連三對按摩院的槍擊，奪走八條生命，其中六名為亞裔女性。另外在舊金山街頭，一位76歲的華裔謝姓老太太突遭人拳擊臉上造成傷害。這位老太太隨手拾起路邊的木條對襲擊者反擊並將其打傷送醫院治療。現在襲擊嫌犯已被送入監獄，但是謝老太太受到的不僅是肉體的傷害，更嚴重的是心理上的威脅。這位襲擊犯人在此之前，就已經將一位越南裔的83歲阮姓老太太推倒在地受傷。其他發生在美國對待亞裔的犯罪案件層出不窮，已經引起生活在美國的亞裔後代憂慮。

　　可悲的是，美國副總統曾經在電視上講話時，暗喻美國有權勢的人物對美國發生的病毒失控要負全責，尤其是從疫情中挑起美國

社會對亞裔的種族歧視嚴重問題，這一種族歧視的社會問題，迅即傳染到加拿大及歐洲國家，造成另一種極為嚴重而恐怖的「種族歧視病毒」。

稍有頭腦的電視觀眾會意識到這是對前任總統特朗普的指責，但是這隱去姓名不痛不癢的指責，又有多少美國百姓理解？只不過是暴露了官官相護的醜陋面目。假如這是發生在另外一個國家的元首言行上，美國媒體肯定不會放棄大加撻伐的機會。這就是典型的西方「雙重標準」

西方百年來的自大，並沒有因為病毒的傳播而稍有收斂。1910年發生在東北的腺鼠疫，得到馬來西亞華僑醫生伍連德的悉心控制，終於戰勝疫情。當時曾發生過一個本可避免的悲劇，這個案例足以告誡西方各國。

故事是這樣的：伍連德醫生受到清廷政府委派處理腺鼠疫病毒時，有一位名叫梅斯尼的法國大夫正在東北服務，他是日本細菌專家北里柴三郎的學生，見到伍連德受清廷重用，主持抗疫重任，心生妒意，認為這一重任應該交到西方人士的手中。伍連德發明了雙層口罩，要求所有人必須配戴口罩隔離病毒，但梅斯尼不屑一顧，拒絕配戴，幾天後他因直接感染鼠疫病毒而身亡。

這是抗拒傳染病歷史上的一個悲劇，足以告誡在當前疫情蔓延時，西方政客們應虛心約束「自大狂」。東北發生腺鼠疫時，旅居東北的日本群體伺機謀取醫療上的巨大利益，所幸伍連德醫生以快刀斬亂麻的手段，迅速遏止了疫情的蔓延，使得持續了六個月，奪走六萬條生命的病毒得以消滅。

110年前中國東北疫情蔓延過程中所發生的事，似乎在當前的新冠病毒蔓延時中重演，而且有過之而無不及：國與國之間因疫苗所引起的爭奪暗潮洶湧，金錢的暗中交鋒此起彼伏，充分利用病毒傳播的機會，謀求自身的利益。

　　如今還因西方政客對病毒處理方式的高傲自大，造成社會矛盾，導致相當部分民眾對疫苗失去信心，甚至拒絕接種，同時，因病毒引起的種族歧視案件也急遽上昇，也給社會帶來許多不安與恐懼。

　　然而在東方竟有政治人物不僅對此麻木不仁，反一味作政治思考，置百姓生命安全於不顧，拒絕購買視為「敵對」方所生產的疫苗，造成百姓遲遲無法接種疫苗的窘迫。縱然一面倒奉承美國，卻始終得不到疫苗的供應。

　　本來，全人類若能團結一致合作無間，再兇狠的病毒也能迅即消滅，然而迄今為止，病毒不僅沒有被消除，反而變本加厲地迅速傳播。首先要負責的當然是自私的政客，在如此脆弱的抗疫環境裡，他們似乎更熱衷於如何謀取政治、軍事上的利益！

　　誠如中國傳染病專家指出，新冠病毒將會長期與人類共存，換言之，這個病毒不可能在短期內消失，接種疫苗將是抵抗病毒入侵的唯一手段。然而，西方國家由幾家藥廠掌控的疫苗，是否能在世界衛生組織倡議的COVAX項目下公平分配，仍然是一個懸疑；西方國家急於開放社會活動的態度，始終是消滅病毒過程中一個莫大的掣肘；即使病毒問題得到解決，種族歧視的悲劇危害仍然會到處滋生。凡此都是從「新冠病毒」衍生出來的「社會病毒」！而這個病毒較之「新冠病毒」尤為嚴重，並且找不到解方！

　　　　　　　　　　　　（2021年3月26日完稿於溫哥華）

# 「殖民政治」、「侍從外交」，
# 加拿大依然故我

## 先從我與杜魯道的一段淵源說起

　　我和加拿大已故總理皮埃爾・艾里特・杜魯道（Pierre Elliott Trudeau 1919-2000）曾經有過兩次非常愉快的交往，是我和西方政治人物接觸中難以忘懷的一段回憶。

　　一次是在1982年，當時我正在進行中美加三國之間的民間文化交流工作，邀請了第一個大型中國鐵道部雜技團到加拿大作巡迴演出，從西海岸到東部首都，共演出四十餘場，其中在首都渥太華首都文化中心演出了三場。

　　時值六月正是非常舒適的季節。總理接受了我的邀請，於六月三日晚上帶了他的三個兒子和好友神父一同出席。三個兒子分別是賈斯廷（Justin 11歲），亞歷山大（Alexandre 9歲）和米歇爾（Michel 7歲）。

　　杜魯道總理在加拿大政壇，可以說是一位最有胸襟，並擁有廣闊國際視野的國家元首，受到加拿大人民的敬仰。因為他的爽直，有意無意間也難免有得罪選民的情況出現。如1982年，他在西海岸的「鮭魚臂」（Salmon Arm）小鎮考察時，三位當地的工人向乘坐在火車上的總理，表達對政府的不滿，激怒了總理而向他們伸出中指，反映出總理也有他發洩情緒的隨意性。

　　上半場演出結束後，我在後臺準備了小型香檳酒會，請總理及孩子們和他的神父好友與雜技團全體團員會面，總理欣然接受了這

個安排。當他看到三個孩子與雜技團員的互動時，一直在旁發出充滿父愛的微笑。

由於他的夫人瑪格麗特在產下第二個兒子後，染上產後躁狂憂鬱症，無法照料三個孩子的成長，總理扮演了慈父的角色，在公忙之餘不忘對孩子盡心教育。

在結束酒會前，雜技團團長向總理致贈了一幅國畫。杜魯道總理當眾展捲觀賞，立即認出這是一幅桂林山水圖，高興地向全團說，他曾經暢遊桂林。

最後一次見到杜魯道總理是1996年5月29日，那是在國會大廈將建國以來的歷任總理銅像懸掛在大廳內的一個盛典。作為唯一受邀的華人賓客，在冠蓋雲集的酒會中，我見到時任總理的克里蒂安（Jean Chretien 1934- ），之前見到他時，還是在杜魯道執政期間擔任司法部長及印地安人事務及北方發展部部長。

接著我在摩肩接踵的賓客群中和杜魯道總理相遇，那時候他已經從政壇上隱退，距離渥太華觀賞中國雜技團演出相隔了十四年。雖然已是古稀之年，溫文儒雅的君子風度以及親民的謙虛有禮依舊，然往昔慷慨激昂的政治風格已不復見。我們交談許久，留下了終身難忘的欣慰和遺憾，因為四年後，2000年9月28日他在蒙特利爾去世。

杜魯道總理對三個孩子呵護有加，是一個典型的擁有天主教信仰的家庭。最小的兒子米歇爾喜愛運動，小名叫「米蓋」（Miche）。1976年總理杜魯道赴古巴作國事訪問時，夫人及三個孩子同行，古巴領袖卡斯特羅見到米歇爾才滿週歲，他告訴杜魯道總理，西班牙文裡對孩子暱稱「米蓋」，從此一家人就用這個西班牙的暱稱來稱呼米歇爾了。

1998年11月13日，「米蓋」和幾個好友在不列顛哥倫比亞省的庫卡尼冰川省立公園滑雪時遇到雪崩，墜入湖中，來不及解除綁在

1 | 1982年杜魯道總理應邀出席觀賞中國雜技團演出，在後臺注視著他的孩子與雜技演員的互動，他的長子賈斯廷（即現任總理）在與雜技演員交流。

2 | 筆者在渥太華與杜魯道總理暢談。

腳上的雪橇而沉入湖底，由於湖水深逾180米，潛水員雖極力搜救卻無功而返，遇難時年僅23歲。杜魯道總理因為這一沈重的打擊，導致健康異常，兩年後便告去世。

次子亞歷山大，自完成大學學業後即一直低調從事新聞工作及拍攝電影。可能受到父親的影響，他對國際事務有獨特的觀點，在他拍攝的幾部有關古巴等國家的電影中都展現了他的這些思維。他的暱稱「沙俠」（Sasha）源自俄語中的名字「亞歷山大」。杜魯

道總理特別欣賞俄羅斯的文學和文化，所以用這個俄語暱稱為他命名。

　　加拿大自建國以來，政治人物及社會大眾始終洋溢著殖民主義及種族歧視的意識形態，延續近百年，直接影響了加拿大歷任總理的理政思維。

　　然而杜魯道總理與眾不同，他在國際政治上主張平衡接觸，擯棄意識形態的束縛，以致加拿大社會為這位開明的政治人物冠上了「左翼」的頭銜。

　　隨著1952年開啟蘇聯之行，1971年再度訪問；1964年受到古巴卡斯特羅的邀請出席哈瓦那的盛會，1976年再度踏上古巴，以及數度的中國之行，加拿大人乾脆就直接稱呼他為「共產黨」，反映出當地社會對意識形態的狹隘認知。

　　杜魯道總理早在1949年就曾訪問過中國，1960年受到中國的邀請，和好友加拿大作家傑克·赫伯特（Jacques Hebert 1923-2007）結伴赴華訪問。回來後兩人合作撰寫了《紅色中國的探秘》（Two Innocents in Red China）一書，於1968年由牛津大學出版社出版。他們訪華時正值中國如火如荼的「大躍進運動」，所以無論從中國或是加拿大角度衡量，都是一本對研究中國近代史具有價值的參考資料。

1976年杜魯道總理（右二）偕夫人（左二）應邀出訪古巴，卡斯楚（中）親自在機場迎接。

　　杜魯道總理在書裡序言
中闡述了他和友人在出發之
前，遭遇到許多對他們前往
「共產中國」的懷疑，而且擔
心他們的有去無返。但他在書
中強調，在這個時代，有必要
對中國作更真實的認識和了
解。然而加拿大的媒體及社會
上並不如此看待，不時用譏諷
的文字或口吻對他進行攻擊。

1973年杜魯道應邀訪問中國，周恩來總理
設宴款待。

　　此書出版後兩年，杜魯道總理於1971年作出了震驚全球的決
定：與中華人民共和國建立正式邦交。他的這一舉措，不僅令日本
及美國感到出其不意的尷尬，更重要的是改變了全球的政治格局。

## 杜魯道之外的加拿大政治套路

　　加拿大雖然一直標榜為自由民主的國家，但是自建國以來的一
百多年裡，種族歧視的醜聞不絕於耳。

　　加拿大在1867年7月1日宣布獨立，骨子裡卻是一個管理權完全
操控在英國人手中的自治領地半獨立國。第一任總理為約翰・麥唐
勞爵士（Sir John A. Macdonald 1815-1891）。這位出生在蘇格蘭格拉
斯哥的首相，繼承了其母國的殖民傳統，在加拿大領地殘酷地執行
種族歧視政策。他第一次執政六年（1867-1873），第二次再度當
選首相（1878-1891），前後共在位19年，是臭名昭著的種族歧視
者，殖民主義者及厭女者（他很討厭女性）。

　　他在1878到1888十年內還兼任印地安人事務部部長職，設立了
至今仍然頗受批評的「印地安人法案」，其中最為拙劣的滅絕種族

手段，就是將印地安孩子集中寄宿學校，用西方思維灌輸給這些孩子，使他們逐漸忘掉自己的文化傳統。

更為殘酷的是，他告訴國會設法用飢餓和疾病壓制原住民，在他們極其飢餓的時候才發放食物，這樣既可以控制原住民的生計，又能節省社會的開支。再透過流行病的傳播摧殘印地安人的健康，進而產生大量的死亡，作為滅絕原住民的手段之一。

他還宣稱原住民在這裡從未擁有土地的權利，所以白人可以為所欲為地佔領土地，進而將原住民視為惡棍。

對中國僑民的惡劣手段更是罄竹難書。1887年，溫哥華發生第一次反華慘案。首相在國會提出排華動議，包括向華人徵收人頭稅。指出華人的存在將會奪走成千上萬白人的工作機會，並製造出一大群雜種，他用貶損華人和白人混雜在一起生活，就如同與魔鬼共存。

他的結論是，如中國人在加拿大定居，無異將損害加拿大的國家利益，歸根結底，施行白人至上主義是理所當然的手段。

受到歧視的還有黑人等民族，在多倫多，黑人是不允許在酒店夜宿的。美國的林肯總統在1860年時就曾經說過，一旦南北內戰結束，他有意將黑人全部送回非洲。早在1858年他就指出，因為白人與黑人之間身體上的差異，根本不可能在社會上給予平等的地位共同相處。

這些種族歧視的言行，到後繼者威爾佛里德・勞力艾爵士（Sir Wilfried Laurier1841-1919）擔任首相期間（1896-1911），在1903年對中國人開徵每人500加元人頭稅，這個政策造成很多家破人亡的悲慘後果。

他於1886年在國會中提出，假如加拿大在原住民統治下，將會是一個荒蕪而沒有生產力的國家，而經過白人的文明治理，將會令千萬人生活在快樂的環境中。

麥堅齊首相（William Leon Mackenzie King 1874-1950）是加拿大歷史上任期最長的首相，先後執政達22年。第一任首相麥唐勞任職19年屈居第二，勞力艾首相位居第三，15年。三位都是加拿大歷史上任職最長的首相，但三位首相的種族歧視態度，在加拿大歷史上無人能出其右。

麥堅齊首相在擔任勞工部長時，就曾著書強烈提出，加拿大應該絕對成為白人至上的社會，必須排除亞洲人到加拿大定居。這裡所述的亞洲人，無異就是針對中國人。

就在麥堅齊第一次擔任首相時，於1923年7月1日通過《華人移民法案》（Chinese Exclusion Act），將中國人移民加拿大的通道完全堵塞。直到1942年，中華民國政府和加拿大建立外交關係後，首任駐加拿大公使劉師舜在任期內，和麥堅齊首相建立了友情，從而潛移默化地改變了麥堅齊首相對中國人的觀感。後來雙方將外交關係升格為大使級。這個歧視中國人的法案終於在1947年5月14日廢除。

加拿大對待華人的態度應該說完全是追隨美國的立場。美國早在1882年就通過《排華法案》，造成中國人在美國極為困難的處境。

當李鴻章在1896年訪問美國的時候，感嘆美國排華法案是世界上最不公平的法例，但是由於清廷腐敗衰弱，李鴻章無法向美國提出異議。唯一能對美國表達不滿的方式，就是他選擇了在歸國時，沒有從西海岸直接乘船，而是繞道從加拿大回國。

1971年杜魯道總理和北京建立外交關係，是繼中華民國在與加拿大建交初期的鼎盛期後的另一個高潮。雖然加拿大社會對此有不同的反應，但杜魯道對華的立場，使得兩國在經濟貿易等各方面的交流產生顯著進展，卻是不爭的事實。

從杜魯道總理卸任後，加拿大政府經歷了六任總理，只有克里

蒂安總理（Jean Chretien 1934-）
在十年任期內（1993-2003）延續
了杜魯道總理的步伐，和中國建
立積極而穩固的關係。他分別在
1994年及2001年率領數逾六百人
的龐大貿易代表團訪問中國，促
進雙方的貿易交往，是加拿大歷
史上最為成功的經濟外交。

　　遺憾的是，保守黨總裡史蒂
芬・哈珀（Stephen Harper 1959-）
在他九年（2006-2015）任期內，
由於對中國的態度冷淡，前五年
幾乎沒有任何外交活動，直到
2009年才進行了首次訪華。然而
雙方商談的自由貿易，到他卸任
毫無著落。

2003年，加拿大總理克里蒂安率領
600多位工商界人士訪華，兩國在北
京簽訂貿易協定，筆者與克里蒂安
總理合影。

## 連杜魯道的兒子也疏離中國

　　2015年加拿大自由黨的賈斯廷・杜魯道（Justin Trudeau 1971-）
執政後，因其是已故杜魯道總理的長子，中國期待他受到父親的
影響，有助於雙方關係得到適當的改進。事實上在最初的一段時間
裡，他也似乎有推動雙方經貿發展的意圖。

　　他在2016年訪華，也許是受到智囊團的負面建議，而他自身又
缺乏深度的政治經驗，因此在訪華行程中，更多的是談及人權等他
根本沒有實際掌握的問題，這是他父親生前在和中國交往過程中儘
量避免的尷尬議題。結果把原本已被前任總理削弱的中加關係，變

得更為脆弱。

兩年前當華為公司副總裁孟晚舟途經溫哥華機場轉機時，突然遭到逮捕，加拿大政府應美國政府要求，將孟晚舟引渡到美國受審。假如賈斯廷總理具有分析國際紛爭的能力，洞悉這是一場由美國導演的政治把戲，應當可以迅速解決這一落在他頭上的燙手山芋。

然而他並沒有作出適當的處理，甚至根本沒有參考史諾登案例。美國中情局工作人員史諾登，因為向媒體洩露了機密信息，2013年遭到美國政府通緝，要求香港政府將史諾登逮捕並遣送到美國。當時香港特首梁振英以迅雷不及掩耳的方式，安排史諾登離港赴莫斯科避難。中美之間雖然因此有過齟齬，但最終是不了了之。

雖然中國政府一再要求加拿大將孟晚舟立即釋放，讓她平安回到中國。但是賈斯廷總理沒有妥善因應這件國際風波，導致迄今已經兩年多，案件仍然在溫哥華法院開庭審理，充分展露出賈斯廷總理對國際事務的顢頇無能。

無理逮捕孟晚舟一案，就成了坐實加拿大十足「侍從外交」的典型案例。當時正值特朗普執政，他的驕蠻跋扈強勢態度，令賈斯廷除了唯命是從外別無他法，就只有犧牲和中國的關係，來暴露其虛弱的「獨立司法」。

加拿大自建國以來，一直是在美國的治外法權操控下進行邊境活動。凡是從加拿大前往美國的旅客，都必須在美國設於加拿大機場內或是火車站的邊防進行護照及行李檢查。這意味著美國的執法人員旁若無人地在加拿大領土上為所欲為，形成對一個所謂司法獨立的主權國家極其可笑而不合常理的運作；所以孟晚舟在溫哥華機場被捕，美國的聯邦調查局人員幕後的導演，也就不足為奇了。

隨著歲月的變遷，加拿大人對種族歧視的問題始終沒有真誠反省，社會上已有相當的人士對這種不文明的歷史遺傳早就充滿反

感，認為這是加拿大的奇恥大辱。2018年，西海岸的溫哥華島上，省府所在地維多利亞市議會，決定將市政府廣場上的第一任首相麥唐勞雕像移走。

位於豎立在中部利賈納市和法語區魁北克的蒙特利爾兩城市的麥唐勞首相雕像，先後被人潑紅漆，蒙特利爾的雕塑甚至被《斬首》。不過有趣的是，法語區竟有人對這位英語系的種族主義者抱不平。

一百多年以來，種族歧視、殖民主義的陰影，始終在美洲大陸若隱若現。當前因為新冠病毒疫情肆虐，受到美國前任總統特朗普的栽贓嫁禍，導致美國本土毆打甚至殘殺亞裔的歧視悲劇層出不窮；而這股歪風也隨著加拿大的跟風傳統在加國各地蔓延，亞裔的生命安全岌岌可危。

至今看不出加拿大有任何改善和中國關係的跡象，相反的是，加拿大加入了「五眼聯盟」，不斷向中國施加壓力。所謂的『五眼聯盟』也就是以英美為主，加上澳大利亞、加拿大及新西蘭三個盎格魯撒克遜子孫勾結在一起的團伙。

他們從歷史上流傳下來的種族歧視，滅絕原民，掠奪財富的斑斑劣跡，早已為世人所不齒，如今不論其說詞如何包裝，都無法掩飾其慣性不改、故技重施的本質。賈斯廷總理還被人挖出在求學時代，用顏料將自己的臉塗黑，來戲弄有色人種，遭到各界指責其本身種族歧視的拙劣行徑，足證加拿大政治人物的種族歧視觀念始終揮之不去。

加拿大無法走出美國所籠罩的陰影，其自由民主也不過是一廂情願的擺設罷了。當自己社會中的人權問題都無法解決時，偏偏要向中國的人權及種族待遇指手畫腳，那無異是極其荒謬的事！

（2021年4月8日完稿於溫哥華）

# 一個殖民征服者為藝術留下的功德

## ——海牙《毛利修斯美術館》

阿姆斯特丹幾乎囊括了荷蘭所有的藝術珍藏，荷蘭偉大藝術家倫布朗（Rembrandt Van Rijn 1606-1669）與梵高（Vincent Van Gogh 1853-1890）的重要作品，大都集中在該城市。相比之下，作為荷蘭首都的海牙（Den Haag）就沒有那麼吸引人了。

海牙在國際觀光客心目中，除了國際法庭聞名於世外，的確乏善可陳，但當地的一座博物館名稱引起了我的好奇和興趣。這原是一座私人住宅，之後由荷蘭政府收購，轉化成舉世聞名的藝術博物館——「毛利修斯美術館」（The Mauritshuis Museum）。

這個博物館的名稱很特殊，第六感告訴我，似乎與荷蘭的殖民主義有著千絲萬縷的關係，於是興起了刨根究底的動機。博物館的

筆者夫婦在美術館正門前留影。

名稱來自於該建築原來的主人，世稱「毛利斯之家」（The Maurice House）。

十六、七世紀，是歐洲殖民者在亞非美洲大肆掠奪、施行殖民主義的瘋狂時代，荷蘭在這方面也曾留下諸多不光彩的歷史痕跡。荷蘭是最早入侵非洲佔領印度洋上小國「毛利求斯」實施殖民的國家，在近七十年時間裡，將當地的黑檀森林砍伐殆盡，直接造成生態環境惡劣變化以致珍奇動物滅絕的後果。

當我在觸及這座博物館的名稱之際，便立即將該博物館主人毛利斯和荷蘭曾經殖民的「毛利求斯」連結在一起。後來發現這兩者之間並沒有任何的關聯，該建築的原主人毛利斯來自德國，繼而成為荷蘭殖民巴西等拉丁美洲地區的殖民軍閥，是一個饒有趣味的歷史片段，值得追蹤探尋。

在全球推行觀光事業的進程中，從聯合國世界旅遊組織到世界各國的政府觀光推廣機構，幾乎千篇一律地都是從經濟發展角度進行宣傳，卻很少著力於探索觀光發展國家的歷史進程；以致幾乎無人知曉為什麼很多國家的經濟狀況至今仍然停滯不前，前往這些貧窮落後國家的觀光客，總是下意識地忽視當地許多歷史背景，僅僅為了滿足「本人到此一遊」的願望之餘，便是吃一頓風味餐，買幾件紀念品，僅此而已。

日本在侵華戰爭中屠殺了千萬中國同胞，燒毀了無數的建築，掠奪了無盡的財富，然而數十年的時光逝去之後，成千上萬的中國遊客湧向日本，有的還竟然在當地穿上和服，穿越在日本社區。如果向這些遊客其中任何一個說起日本侵華戰爭種種，有幾個會因此而臉紅？

又比如，旅客們到了印度後，很少有人會問，為什麼在國際上被世人尊崇的印度國父甘地，卻在其本國遭到白印度人的負面看待？他們不了解，這些白印度人是擁有「優越感」的一群，習慣上

他們追求的仍然是英國殖民時代的生活方式。

再說，臺灣有很多人始終不渝地崇拜日本人，就是因為他們的血液裡早已融入了大和民族的基因組織。而聞名國際的荷蘭美國郵輪公司，在郵輪上雇用的員工，包括客房清潔工人，廚房及餐廳的服務員工，幾乎都來自印度尼西亞，就是因為，荷蘭對曾經的殖民地仍然念念不忘，利用機會保留他們過去居高臨下的姿態。

然而很多歷史是不能忽略，更是不能忘卻的片段，那裡面珍藏著諸多美麗的紀錄，但也擁有不少人類痛苦的疤痕。所以在逾半個世紀的旅遊，特別是歐洲的遊歷中，我從不放棄欣賞當地的繁華熱鬧，但更習慣利用每一個旅遊的機會，透過他的歷史、文化、藝術及音樂，琢磨出為什麼歐洲從曾經的偉大到如今的無奈。

海牙「毛利修斯美術館」就是一個典型的範例。建築物主人早已淡出歷史，參觀者幾乎無人知曉他的來龍去脈，更不知在這

約翰毛利斯王子伯爵的油畫像。

棟悠久的古老建築中，幾乎每一間展室都留下過他的足跡。呈現在世人眼前的展品都是帝王們曾經擁有的藝術寶藏，如今得以讓後人感受到這些藝術作品的輝煌，獲得陶冶身心的樂趣。

這是一棟有著三百多年歷史的古老建築，最早的主人是荷蘭殖民侵略史上位高權重的約翰‧毛利斯將軍（John Maurice）。歷史記載他的頭銜很長：《納蘇－希恩約翰毛利斯王子伯爵》

（Johan Maurits van Nassau-Siegen Prince-Count 1604-1679），在德國巴洛克時代擁有政治上世襲家族的伯爵王子地位。

他的身世不凡，執掌著納蘇－希恩領地。公元十四世紀，德國納蘇是羅馬神聖帝國屬下的一個侯國，而希恩卻早在1224年就已經建為都城。納蘇原來是和迪冷堡（Dillenburg）有合作關係，後來分裂，亨利（1303-1328）就是在那時候被封為納蘇－希恩的「伯爵王子」，這是個世襲的頭銜，享有諸多特權。亨利去世後，納蘇和迪冷重新合併，世襲的爵位傳承不息。

約翰七世（Johan VII 1561-1623），從1606年開始執政，1623年去世後傳位給兩個兒子：約翰八世（Johan VIII 1583-1638）信奉天主教，從1623年繼父親爵位後，開始執政，到1638年去世結束。另一個兒子就是約翰‧毛利斯（Johan Maurits 1604-1679）出生在迪冷。雖然在1623年和長兄同時繼承爵位，但是因為信仰基督新教，和其兄形成分庭抗禮的關係，政治上成為兩派。

這個原本是德國政治上的演變，怎麼會和荷蘭發生密切關係？這要從約翰‧毛利斯在1621年到荷蘭參軍說起。那時候他才17歲，卻走上了從軍的道路。他之所以要加入到荷蘭的軍隊，只有一個理由，那就是荷蘭在世界上到處建立殖民地，以西印度公司在各地從事買賣。毛利斯也許在年輕時就具有洞察先機的敏銳分辨力。

他參軍後即前往拉丁美洲，在當地參加了一些戰役，逐步獲得晉升。1636年他得到荷蘭西印度公司的邀請，出任駐巴西總督，由此而有「巴西人」的綽號。在任期間，他先後和西班牙及葡萄牙軍隊作戰，甚至遠征非洲，由於驍勇善戰，屢建戰功，而贏得聲譽。

然而也由於好大喜功的建設，以及毫無節制的花費，引起了荷蘭西印度公司內部素以吝嗇著稱的董事們的警惕，但是毛利斯不為所動，而且揚言如不允許他自由發揮，就會棄職而去。為此他在1644年離開巴西回到歐洲。

　　回到歐洲後，被擢升為荷蘭騎兵司令，繼續率軍轉戰各地，地位更是節節攀升。到1668年官至元帥。1673年更受到荷蘭聯合省最高長官的命令，榮升為指揮官。一個德國某個地區世襲的王子伯爵，從此成為荷蘭軍方的核心人物。

　　約翰‧毛利斯早在拉丁美洲南征北戰期間，於1631年就在海牙購買了一塊土地，那是荷蘭共和國的政治中心，毛利斯隨即開始籌劃興建官邸，並從1636年到1641年將建築作為私宅居住。那時候他已經是駐巴西的總督。整棟建築中有四個單元，中間為一大廳。在興建時原來有一個穹頂，不幸在1704年毀於祝融。這棟建築因為一位畢生從事殖民地軍事鬥爭的軍人而享譽歐洲，「毛利斯之家」這個名字也就不脛而走。

　　毛利斯在1679年去世後，由美斯（Maes）家族接手，將其出租給政府使用。1704年因大火而燒毀，在1708年至1718年之間予以重建。

　　這時候當地出現了一位對藝術極其愛好的政治人物，而且對後來「毛利斯之家」成為重要的藝術畫廊有著深遠的影響。當時荷蘭聯合省最高長官是威廉四世，他在1751年去世時，獨子威廉五世（William V 1748-1806）年僅三歲，按照法律不能繼任其父親職位，而先後由母親、祖母及姊姊相繼垂簾聽政達十多年，直到1766年正式繼位。

　　威廉五世是個藝術迷，平生收藏不少名畫，於1774年開設了畫廊，命名為「威廉五世王子畫廊」（Gelerij Prins Willem V），並對外營業，參觀者必需要購票入場，成為荷蘭第一家以公開營業方式經營的藝術畫廊。

　　為了增加畫廊的藝術性，威廉五世還一直參與收藏的工作，他父親威廉四世生前也喜愛藝術，曾購入許多著名畫作，包括專門繪製動物的藝術家博魯斯‧波特爾（Paulus Potter 1625-1654）1647

年完成的名著《公牛》及倫布朗1631年完成的《希美奧的讚歌》
（Simeon's Song of Praise）。

　　因為法國拿破崙的入侵，畫廊中的藝術珍品不幸在1795年悉
數被法國掠奪，並在巴黎羅浮宮展出。直到1808年才部分歸還給荷
蘭，其餘的藝術珍品則不知下落。

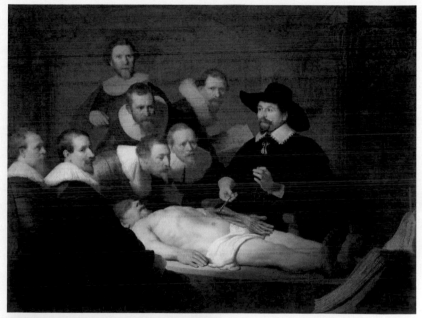

| 1 |
| 2 |

1　倫布朗的鎮館之作《尼克拉杜爾普醫生的解剖學課程》。
2　藝術家波特爾的傑作「公牛」。

　　威廉五世去世後，將所有的藝術珍品遺傳給他兒子，荷蘭國王威廉一世（King Willian I 1772-1843），隨後將他父親生前收藏的珍貴藝術作品悉數捐贈給國家，由國家將這些藝術作品分別送到包括阿姆斯特丹的國立博物館收藏。

　　「毛利斯之家」在1820年被荷蘭政府收購，用作收藏皇家藝術之用，1822年將原來的「皇家藝術畫廊」遷移到這裡，並正式對外開放，展出宮廷藝術畫作及稀有珍品。國王威廉一世對藝術收藏經常親自過問，如購買倫布朗的名著《尼柯拉杜爾普醫生的解剖學課程}（The Anatomy Lesson of Dr. Nicolaes Tulp 1632）陳列在畫廊內，成為今天畫廊的鎮館之寶。

　　經歷了不斷的整修擴建，「毛利修斯美術館」於2014年6月27日，由荷蘭國王威廉亞歷山大主持落成典禮，對外開放，給世界各地愛好藝術之士增添一個欣賞藝術的好去處。

　　如今這棟有著三百餘年歷史的藝術建築所有權屬於政府，在私人基金會承租並悉心經營下，躋身為世界藝術之林的藝術博物館。威廉五世建立的畫廊，也歸屬於這座博物館，兩者之間以地下通道相連結，但仍然保持著《威廉五世王子畫廊》的原有名稱。

　　我和妻子在2019年特地前往海牙參觀這座頗負盛名的博物館，適逢該館正舉行紀念荷蘭名藝術家倫布朗逝世350週年的特別展覽會，為我們提供了「躬逢盛典」的機會。之前我們在阿姆斯特丹的國家博物館（Rijksmuseum）就已經欣賞了倫布朗的諸多作品，其中一幅名聞全球的作品《守夜人》（Nightwatcher），在國家博物館中的地位，猶如巴黎羅浮宮內達文奇的《蒙娜麗莎》，或是梵蒂岡西斯丁教堂裡米開蘭基羅的《最後的審判》

　　在「毛利修斯美術館」中展出的倫布朗作品中，最為突出的是1632年繪就的《尼柯拉杜爾普醫生的解剖學課程》，這幅作品是倫布朗26歲時完成的，畫布上生動地展現了醫生向學生講授解剖學的

細節。細膩的光線成為整幅作品的中心點，觀賞者恍如置身其間。

　　這幅作品最初一直懸掛在外科部門的過磅室內，最後卻被冷落在廚房裡，備受油煙的薰染，直到1828年才由荷蘭國家收購。當時愛好藝術者均以為該作品最終有可能會落戶於阿姆斯特丹的國家博物館，可是威廉一世國王下令將該作品永久保存在《毛利修斯美術館》中。

　　威廉一世國王在是最後一任荷蘭聯合省最高長官，於1815年建立了荷蘭王國，而成為首任國王。他最早將父輩流傳的藝術品收藏在海牙「皇家藝術畫廊」中，威廉四世購入的《公牛》及《希美奧的讚歌》均收入在這座博物館。直到1822年才將所有藝術珍品轉移到「毛利修斯美術館」。

　　在整個參觀過程中，認識到荷蘭藝術歷史學家阿伯拉罕・布瑞利烏斯（Abraham Brelius 1855-1946）為保護及論證倫布朗作品付出嘔心瀝血的貢獻，致令參觀者獲益匪淺。布瑞利烏斯是國際公認的倫布朗專家，他在這方面付出的努力是無人能及的。從1889年開始擔任「毛利修斯美術館」館長到1909年卸任，十年中因為他鍥而不捨收購藝術品的精神，才有了今天的規模和成就。

| 筆者在美術館裡倫布朗展室入口處留影。

　　尤其在收藏倫布朗的作品方面，他以專業的犀利眼光和精神，將收購的倫布朗每一幅作品分析出究竟是藝術家的親筆創作，抑或是他人的代筆，清晰地呈現在公眾眼前。

　　如展出的《希美奧的讚歌》，雖是威廉四世在1733年購入的作品，布瑞利烏斯仍然作過深入的研究。發現倫布朗對這個聖經故事有特殊的興趣，至少有九次重複使用這個主題作為他畫布的題材。博物館中展出的這一幅，是他在1631年25歲時完成的作品。

　　另一幅在1636年完成的《蘇珊娜》，也是倫布朗的不朽之作，取材自聖經。畫面上將聖經女神描述為普通女性在花園中出浴，遭到兩名男士帶著色情眼神在草叢中偷窺，蘇珊娜覺察後臉上呈現出驚恐的神情，神采自然而逼真，栩栩如生。

　　布瑞利烏斯出自富裕家庭，父親是生產火藥的軍火商，遺留下大筆財產，使他日後有足夠的購買力從事收藏藝術品及研究藝術歷史。他每購買一幅倫布朗的畫作後，必潛心研究分辨究竟是真跡或是學生模仿的創作，使後人獲得有關倫布朗的準確知識，無形中「毛利修斯美術館」為藝術界增添了不少完整而嚴肅的藝術面貌。

　　除此之外，該博物館還珍藏著一些舉世聞名藝術作品，令參觀者流連忘返。其中荷蘭藝術家約翰勒斯・佛爾米爾（Johannes Vermeer 1632-1675）在1665年完成的《配戴珍珠耳環的姑娘》（Girl with a Pearl Earring），就為《毛利修斯美術館》吸引了成千上萬聞風而來的藝術愛好者，爭睹該作品的風貌。

　　這幅看上去非常簡樸的仕女圖，是藝術家意象的人物，濕潤的嘴唇，閃亮的眼神，頭上結了一條異國頭巾，深情自然。垂直在耳沿上的珍珠反射出來的白色光芒，反映了藝術家精湛的技巧，就那麼輕輕的一點，一粒珍珠耳環輻射出整幅油畫中的精華。它受人歡迎推崇的程度，絲毫不亞於羅浮宮裡的《蒙娜麗莎》！

　　博物館中展出的每一件作品都具有它的藝術特徵，所以在有限

的時間裡，只能選擇性地欣賞心目中特殊愛好的幾幅。其中有兩幅使我佇立在那裡久久不捨。

一幅是佛蘭米希藝術家彼得・保羅・魯本斯（Peter Paul Rubens 1577-1640）精心傑作《老婦及手握蠟燭的男孩》（Old Woman and Boy with Candles 1616-1617），充分表現出藝術家對於光的運用特技。魯本斯的藝術地位不僅在歐洲獨樹一幟，而且享譽全球。他的作品分別珍藏在各主要博物館裡，而且一直是藝術界極力爭取收藏的珍品。

另一幅是荷蘭藝術家簡・斯廷（Jan Steen 1626-1679）極其複雜的傑作《長者在賦唱時，幼者在吸煙》（As the old sing, so pipe the young），這是荷蘭一句傳統的諺語，正應對了佛教所說：「種惡因，得惡果！」頗有諷刺意味。畫面上聚集的人群中，一位老婦在那裡

| 1 | |
|---|---|
| 2 | |

1　佛爾米爾的驚世巨作：《佩戴珍珠耳環的姑娘》。

2　筆者在魯本斯佳作《老婦及手握蠟燭的男孩》前久久不捨離去。

唱歌，旁邊一個男士在教他兒子如何抽旱煙。藝術家用這句諺語的涵義，描繪出一幅生動的畫面，既富有藝術的美景，又體驗出人生的基本道德。

由於這座博物館規模不大，也就不存在大博物館如聖彼得堡冬宮博物館、梵蒂岡博物館等遊客擁塞的情景。這裡的參館者可以隨心所欲，在安靜的環境裡舒暢地凝視欣賞每一幅自己喜歡的藝術作品，從而吸收藝術家流傳千古的性情美感。

海牙並不是一座藝術城市，更多的是濃厚的政治氣氛，但是《毛利修斯美術館》給海牙增添了深邃而抒情的藝術環境。從第一任荷蘭國王的精心設計，經過藝術界人士的推動，這座博物館幾乎可以和世界上重要的藝術寶庫相提並論。現在每年有近五十萬的國際參觀者光顧，其名聲及國際地位也與日俱增。

博物館建築的原始主人毛利斯，在十七世紀購買土地建屋時，可能從未夢想過，經歷了近三百年的歲月變遷，竟然成為舉足輕重的藝術博物館。

毛利斯從年輕時加入荷蘭軍隊，一直轉戰於殖民地，而且官運亨通，步步高升，成為統帥大軍的司令官。他沒有料到的是，身後留下的產業，居然不斷在為藝術持續發揮貢獻，而他曾經的威風、自大、狂妄、跋扈，隨著他逝去的生命已消失得無影無蹤。

珍藏在博物館裡的荷蘭藝術家創造的作品，也因而無時無刻散發著光芒，照亮人間，名留青史，令人讚嘆不止。

（2021年3月30日完稿於溫哥華）

# 世上真有「摸一摸，得好運」的奇蹟？

　　德國的歷史古蹟，幾乎完全毀於二次大戰以美國為首的盟軍轟炸，如今進入觀光客眼簾的，大部分都是過去數十年間修復的複製品。從中體驗出日耳曼民族的不屈精神是何等的了不起。

　　位在慕尼黑北邊的紐倫堡城就是一個鮮明的例子。這座擁有中古世紀的歷史古城，在二次大戰時幾乎被夷為平地。今天走進城市的古區，旅遊者仿若置身於古典的氛圍中，渾然不覺其曾遭遇過什麼破壞。

　　在幽雅的古區廣場上漫步，仰首望著已經恢復舊貌的「聖母大教堂」（Frauenkirche），深感於它從殘酷戰爭中完全「復活」。環視四周，位在廣場中央的《美麗噴泉》（Schoner Brunnen）吸引了我的注意力。據當地人告知，這座噴泉在二次大戰時，為逃避盟軍轟炸的厄運，曾以拆除的方式加以保護，直到戰爭結束後，當地政府才重新拼裝還原。

　　這座歌德式尖塔造型的建築，底層為八角形，是當地石匠漢利奇‧貝姆（Heinrich Beheim？-1403）在1385到1396年之間完成的一座無與倫比的鐵器藝術作品。它高19米，共三層，有四十座不同的雕塑人像，代表著神聖羅馬帝國時代哲學、文學到宗教福音傳播者，以及預言家等值得敬仰的人物。

　　這座美輪美奐的藝術雕塑左右兩邊鐵格子裡套著一個設計極其奇妙的銅環。相傳是石匠在接近完成這座雕塑時，一天清晨，他的徒弟突發奇想，在噴泉的兩邊鐵格子上，各加了這個意外的銅環。師父見到後認為它有著錦上添花的功效，就讓這兩個銅環一直保留了下來。

不知從何時開始，這個銅環成了吉祥的象徵，傳說只要將銅環轉一下，就能獲得好運。因此很多遊客不遠千里而來，就是為了轉一下這個銅環討個吉利，至於是否靈驗就只有各人心知肚明了。

紐倫堡的聞名於世，是二次大戰結束後，在當地設立了國際法庭，審判納粹戰犯。時至今日，該世紀大審判的法庭已逐漸淡出世人的記憶，而這個小銅環卻在旅客心中身價百倍。

我夫婦在前往該城市參觀時，目的是欣賞當地中古世紀及文藝復興的文化藝術，當來到廣場後，見到旅客們都會情不自禁地走上臺階，摸一摸那個已經被折騰得金光閃閃的銅環，經瞭解後，我們也就入鄉隨俗地握著銅環留影，作為在紐倫堡旅途中的一個小插曲。

法國東部小城市笛詠（Dijon），以盛產芥末及勃根地紅酒聞名，在它的古城區中心點有一座建造於十三世紀的聖母大教

| 1 |
| 2 |

1 紐倫堡《美麗噴泉》全貌。

2 筆者在《美麗噴泉》圍欄邊觸摸銅環，試圖找到好運。

堂。教堂的北邊牆上，有一座
一英尺高的雕塑，吸引了成千
上萬慕名而來的旅客，穿梭在
狹窄的「貓頭鷹路」（Rue de
la Clouette）上，井然有序地等
待著用左手觸摸這隻供奉在教
堂石柱上的貓頭鷹。

貓頭鷹石柱邊的教堂是在
十六世紀加建的，何時添加了
這隻貓頭鷹石雕卻無人說得清
楚。西方歷史上，貓頭鷹一直
被視為是智慧之神的代表，早
在古希臘時代，雅典智慧女神
的代表動物中就有貓頭鷹的
存在。

筆者夫婦在法國笛詠教堂邊，用左手觸
摸石柱上給人帶來好運的貓頭鷹雕塑。

笛詠的貓頭鷹雕像何時成為當地的護身符也無從考證，但是它
已經成為笛詠的地標，當地旅遊單位將它製作成銅指示牌，鑲嵌在
地面上，作為引領遊客參觀路線的順序標記。很多的商標上也都有
它的身影。2001年這隻無辜的小貓頭鷹曾遭到破壞，後經修復，當
地政府還特地在雕塑旁安裝了監視器，來保護它的安全！

筆者和妻子在當地旅遊時，也興致盎然地在人群中等待良久，
才得到機會用左手觸摸了貓頭鷹的臉龐。相傳在旅客觸摸時，要同
時許下一個心願，就會如願以償。我們許下什麼心願早已忘得一乾
二淨，倒是對笛詠的芥末和紅酒難以忘懷。

義大利北部維羅納城（Verona）也有一處頗為浪漫「摸一摸，
得好運」的設置。這座城市是因為英國劇作家莎士比亞名著《羅密
歐與茱麗葉》而聞名。其實，這部作品是莎士比亞參照歷史上一個

傳奇故事編寫而成，所以維羅納城裏留下的茱麗葉和羅密歐的故居，只能被視為是杜撰的遺跡。

上世紀六十年代，國際旅遊行業還沒有發展到讓全世界如醉如癡的程度，我去茱麗葉故居參觀時，那是當地旅遊部門的辦公室，而羅密歐的住處，則是一間小型工廠。當時我還為這樣的糟蹋歷史古蹟頗有微詞。

當時拜訪茱麗葉故居時，只能被允許在優雅古樸的花園中參觀。花園裡有一尊茱麗葉雕塑令我注視良久，那是專為紀念這位殉情少女而設置的藝術雕術，勾起筆者學生時代研究它那絢麗而淒涼的愛情故事，而令人低迴。

1990年筆者夫婦重遊斯地時，茱麗葉的故居一如往常，但是那尊唯美的雕塑卻出現了奇妙的變化。雕像的右胸整個乳房部位似乎被擦亮一樣，看上去很刺眼。沒多久，進來一群遊客，其目的都是迫不及待地走向雕塑，用同一個姿態，將手緊緊地按在乳房上，留下他們近乎猥褻的神態。

看到這些旅遊者的輕薄行為頗不以為然，他們肆無忌憚的舉動無異是對女性的褻瀆，更是對莎士比亞筆下因殉情而失去生命少女的絕對侮辱。

旅客們離開後，我向旅遊部門工作人員探詢，為什麼他們允許遊覽者公開做出如此不雅的動作。工作人員無奈地回答道，也不知是怎麼開始的，說只要在茱麗葉的乳房上摸一下，

義大利維羅納的茱麗葉故居花園中的雕塑，左邊乳房已被旅客觸摸得面目全非。

就會好運當頭，至於究竟是什麼好運，也莫衷一是。我聽後只感到無奈，更覺得無聊。

當地的旅遊部門對旅客如此對待茱麗葉雕像也頗不以為然，但又無法阻止，只得在2014年將雕塑轉移到茱麗葉博物館內。為滿足遊客的好奇心態，特地製作了一尊仿製雕塑放在花園裡。所以這尊「仿製品」能否給遊客帶來好運，就只有天曉得了。

美國賭城拉斯維加斯中心區的Riviera Hotel-Casino，有一個小劇場上演上空的瘋狂舞蹈表演，間或穿插一些小丑的雜耍，是一齣極無聊而乏味的演出。但是因為內容帶有一定程度的色情動作，所以標明只有成年觀眾才能進入劇場觀賞。

為增加吸引力，1988年該酒店請人按照表演團裡的七位瘋癲女表演者，設計了一座七個裸露臀部的銅雕，旁邊還註明這七個表演者的真實姓名，以廣招徠。

這座銅雕隨即引起遊客的極大興趣，不僅伴隨留影入鏡，竟然還將他們自己碩大的臀部和雕塑上的苗條形象相比較，引起旁觀者鼓掌助興。據說只要是摸一摸銅像上任何一個臀部，都會有好運。

以色情號召遊客的宣傳手法，是賭城的經營模式之一，也反映出美國社會放蕩不羈的重商主義。特地到此一摸這組露臀銅雕的旅客，可能有所不知，他們心目中的「好運」，都應驗在讓他們掏腰包去觀賞那乏味表演的生意人身上。

後來這座銅雕在2015年遷移到《好萊塢星座》（Planet Hollywood）酒店賭場的樓梯口。帶有色迷迷的表演劇場也搬到這座酒店中。但是在新冠病毒肆虐之際，美國社會遭受到嚴重衝擊，拉斯維加斯已經成為一座死城。在無人問津的慘景下，不知這組露著臀部的銅雕，是否也有些寂寞的感受？

說起重商主義，紐約的股票市場最具代表性。在紐約華爾街上，擺設有一座重達7100磅的銅雕公牛。眾所周知，公牛和熊分別

代表股票市場起落的象徵，所以公牛的雕塑也就成為冀望在股票上有所收穫的好運寄託，這隻公牛的鼻樑部位，竟然被朝思暮想發財的人群觸摸得金光燦爛。

如真能因為摸一下公牛鼻子就能獲得好運，那麼美國社會早就應該剷除了貧窮的階級，與中國「脫貧摘帽」相抗衡了。習近平在2020年為中國逾九千萬貧困人群摘掉貧困帽子，是全球解決貧窮人口政策中獨一無二的奇蹟。

美國上屆總統一直強調「美國第一」的豪邁氣勢，現任總統則自誇「美國回來了」，意即美國即將恢復世界第一的地位。為此美國政府應該呼籲民眾多買股票，而且必須到紐約股票市場前的公牛鼻子上摸一摸，說不定美國的「脫貧」困擾就能迎刃而解！

不知美國雄踞世界的炒股大亨巴菲特，在股票市場如此獨霸一方，是否因為曾經觸摸過大門外的銅塑公牛鼻子而從此贏得砵滿盆滿？

因為我從未有涉足股票市場的經驗，對於這個牽動千萬人神經的運作只能用「孤陋寡聞」來自嘲。但我絕對不會因為想發財而專程去紐約摸一下公牛，還是將這個特權留給那些勇於闖蕩的勇士們吧。

至於較為文雅的「摸一摸，得好運」，似乎日本應該當之無愧。日本「招財貓」的傳統由來已久，我和妻子幾次到日本觀光，曾經在一些神社中見到過供奉在那裡的「貓神」，頗能引起人的遐想。據說日本共有七座神社是供奉神貓的處所。較為著名的是東京的《豪德寺》和《今戶神社》，而後者更有歷史的淵源。

相傳日本今戶地區在歷史上有養蠶的傳統，為避免老鼠侵害蠶寶寶，即出現了飼養貓的習慣。後來養蠶行業逐漸淡出，養蠶戶的招財貓，不知從什麼時候轉化成商界的招財貓了。日本人心中的招財貓有兩種，即左手招福，右手招財。但是觸摸了貓神是否真能招

財，沒有人能道出實情，只是買一隻招財貓，安置在商鋪中，心理上期待財源滾滾的夢想成真。

起源於英國的「摸摸木頭」（Touch Wood），早已成為英語系國家的日常用語。意思是甩掉壞運氣。如有人說：「他們一家開車出行，那條公路很險峻，希望他們能平安無事！」對方立即會用兩個手指敲敲有木頭的地方，嘴裡還說：「touch wood」，意思是但願他們能一路平安。這和廣東人經常說的「大發利市」意思大同小異。

至於這個表達從何而來，傳說不一。有的認為是源自於耶穌受難被釘在十字架上，所以只要觸摸一下這個木造十字架就能有驅邪的作用。也有傳說是英國的塞爾族人，相信樹木是會隱藏精靈的，所以要保好運，就要摸摸樹木。但更易被接受的是1908年英國的《威斯敏斯特公報》上曾經出現過「Knock on wood」的表述，相傳下來後，將第一個字改為「touch」就更為通俗了。

無獨有偶，義大利民間也有類似的驅邪俗語，只是將「木頭」改成了「鐵器」。經常在生活中，可以聽到義大利人一邊用手觸摸鐵器，一邊嘴裡快速地唸道「摸摸鐵」（Tocca Ferro），這個俗語來自於馬蹄鐵，在義大利人心目中，馬蹄鐵有驅邪的功效。它的原意是「Toccare un ferro di cavallo」時間一久，就簡化為「Tocca Ferro」。從歷史上的摸馬蹄鐵，逐漸演變為只要摸鐵器就可以了。

比如兩個義大利人在交談時，其中一個說：「我受了風寒，可能要感冒了！」（Ho preso freddo ed ora mi verra il raffreddore…）另外一個會立即用手指找個鐵器摸一摸，嘴裡還念叨著：「Tocca ferro」，意即可幫助對方遠離生病的災難。

在距離羅馬僅兩百公里的南部城市拿波里（Napoli），當地的方言中又有另外一個表達的方式，即「碰一下紅珊瑚角」（Tocca cornetti rossi）即有驅邪的功效。

　　所以「摸一摸，得好運」是全球不同民間祈求趨吉避凶而衍生出來的良好祝願。它沒有信仰的區分，也沒有種族的不同，表達方式雖各有區別，卻有著期待的一致。這個民間祝願即使是個不見經傳的俗語，也仍有深入探討的價值。

　　西班牙上世紀的著名小說家卡米洛・若瑟・塞拉（Camilo Jose Cela 1916-2002），在1968年出版了第一部《祕密字典》（Diccionario Secreto），在西班牙文學界引起轟動。這本書的編撰是從「卵子」一字開始而引申出許多精彩的字彙演繹，後來他又繼續出版了第二部及第三部。

　　既然西班牙文學家從一個「卵子」字彙都能創造出三部作品，而「摸一摸，得好運」的民間俗語，更為貼近老百姓的日常生活，其內涵價值有可能較「卵子」一字更為深入人心，可引導世人朝著正面的意義去理解這個俗語的存在。

　　曾在拉斯維加斯摸了銅雕臀部的許願者，肯定在觸摸後欣喜萬分，但如果他們再到巴黎參觀拉塞斯神父公墓（Pere Lachaise Cemetery），肯定會立即感到那幾個光滑臀部除了粗俗的感覺，更多的是「望塵莫及」、「自嘆弗如」的感嘆。

　　這座公墓經拿破崙在1804年下令開放，至今已經有兩百多年的歷史，被公認為世界上最美的墓園，每年吸引三百多萬遊客來參訪。它是用路易十四的告誡神父佛蘭索阿・拉塞斯（Pere Francois de la Chaise）的姓氏而命名的墓園，故稱為「拉塞斯神父墓園」（Cimetiere du Pere Lachaise），實際上它的正式翻譯應該是「東方公墓」。

　　這座公墓具有濃厚的文化歷史淵源，它和維也納中央公墓的聲譽不相上下。後者的盛名來自於安息在那裡如貝多芬、斯特勞斯父子等歷代音樂家，而巴黎的墓園卻得自作曲家、文學大師的餘蔭，其中有法國因《卡門》而聞名於世的比才（Georges Bizet 1838-

1875），著名小說家巴爾扎克（Honore de Balzac 1799-1850），法國現代著名女歌唱人艾蒂・皮雅芙（Edith Piaf 1915-1963），波蘭作曲家蕭邦（Frederic Chopin 1810-1849），愛爾蘭著名劇作家，詩人王爾德（Oscar Wilde 1854-1900），以及美國搖滾樂歌唱人金・莫利蓀（Jim Morrison 1943-1971），他們都在這裡長眠。

他們吸引了世界各地的仰慕者前來憑弔，增添公墓的盛名。在許多仰慕者中，不乏癡迷者的身影。如愛爾蘭劇作家王爾德本身是一名同性戀，還因此在英國惹上牢獄之災，但是在他的墓上，卻被成千上萬的女性密密麻麻地貼上性感的紅唇口印，以表達她們對王爾德的崇拜，令人費解。

在公墓中，有一座女性見到就會起快感遐想的墓雕。這裡埋葬了一位年僅21歲的青年人，他的遭遇引起許多人的同情、嘆息和不平，但重點是，設置在墓園中的雕塑，成了吸引世界各地女郎聞風而來的目標。

安息在這裡的青年男子是維克托・諾阿（Victor Noir），發生在他身上的悲劇已經是一百五十年前的歷史了。他的老闆亨利・諾赫佛特（Henri Rochefort）及編輯巴斯卡・羅塞特（Paschal Grousset），由於在政治意見上的分歧，和拿破崙的姪兒皮埃爾・拿破崙王子（Prince Pierre Napoleon-Bonaparte 1815-1881）發生爭執，於是羅塞特派遣諾阿向拿破崙王子投遞決鬥的信息。

拿破崙王子在一氣之下抽出手槍將諾阿擊斃，引起了社會上的強烈反應。當諾阿的遺體運回家鄉紐利（Neuilly）安葬時，竟然有十萬群眾出席葬禮，以示對拿破崙王子的抗議，但不久逐漸被遺忘。

時光流逝二十年後，社會上突然對無辜受害的諾阿悲劇舊事重提，決定將這位年輕人的遺體遷葬到巴黎，並請當時著名雕塑家裘爾・達羅（Jules Dalou 1838-1902）設計一座紀念碑，於1871年完

遇害的巴黎記者諾阿墓上平躺的
雕塑，勃起的私處招引女性參觀
者的諸多遐想。

成。這座雕塑是平躺的姿態，以紀念他在被害時中槍倒下的姿態。
頗為蹊蹺的是，在這座紀念雕塑上，被人發現褲襠的私處似乎成勃
起狀，引發了諸多遐想。

　　從1970年開始，社會上竟對這座雕塑發展出「摸一摸，得好
運」的傳說：只要親吻一下雕塑的嘴唇，或是摸一摸那勃起的地
方，就會給女性增加懷孕的機會，而且會帶來幸福的性生活。

　　於是墓園裡就熱鬧起來了，參觀諾阿墓園的女士，只要一看到
這尊雕塑，立即就會有不同的喜悅甚至衝動。稍微自持的，將手放
在那勃起的私處，然後拍張照留念。但也不乏誇張的，竟公然張開
雙腿，跨上雕塑，將自己的私處貼近雕塑勃起的地方。

　　為了保護諾阿的墓園，巴黎有關部門於2004年在周圍建立了圍
欄，杜絕參觀者再作出如此不雅的舉動。但遭到參觀者潮水般的抗
議，最後圍欄被拆除，一些過分的行為仍然在那裡不斷上演。

　　在新冠病毒肆虐全球之際，人們的心情沈重，甚至有被擊垮
的憂慮，消極低落的情緒到處蔓延，歐美國家出現的種族歧視，毆
打傷害亞裔的事件層出不窮。如此時在巴黎的公墓裡，突然有位妙
齡女郎心血來潮，帶著衝動的情緒，奔向諾阿的雕塑，打開雙腿，

跨在他的勃起部位，並使勁摩擦，展現出春情盪漾，高潮迭起的姿態，不知是否會成為轟動全球的娛樂新聞，幫助世人從病毒的苦悶中找到興奮？同時「摸一摸，得好運」無聊的傳說，將成為世界上如假包換的奇蹟，巴黎的著名公墓也將因此在疫情後成為全球首選的旅遊所在！

（2021年4月10日完稿於溫哥華）

# 英國「殖民政治」下浴火重生的愛爾蘭

　　這幾十年來，國際上一直談論著，當前全球只有兩個國家還處於分裂狀態，一個是南北朝鮮，另一個是中華民族的海峽兩岸。實際上還有一個被人爭論不休是否為分裂的國家，就是歐洲北大西洋中的愛爾蘭。

　　2019年的夏天，我夫婦到愛爾蘭旅遊，先去了英國屬下的貝爾法斯特，再到極南端的愛爾蘭小港柯夫（Cobh），一個從地圖上要很費勁才找到的小城市。我們並沒有因為當地複雜政治關係而有所不安，反而因為他們的境遇，引發了幾分同情和關心。

　　愛爾蘭總面積84421平方公里。過去在稱呼英國時，總會用「英倫三島」來形容，即英格蘭、蘇格蘭及愛爾蘭。然而這種稱呼早已過時。愛爾蘭本屬於英格蘭之外的不同民族，整個領土長期被英國強佔成為殖民地。迄今為止，僅剩下北愛爾蘭仍然處於英國的管轄範圍。

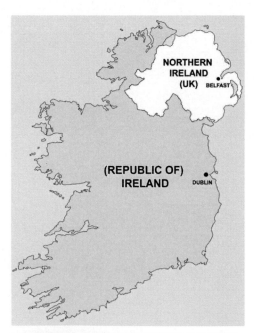

| 愛爾蘭地圖，東北角為仍被英國統治的北愛爾蘭。

這是一個經過數百年被壓迫的苦難民族，他們不僅長期受到政治的剝削，還歷盡大自然的災害。這些災害可說是英國統治時期的人為造成，使愛爾蘭民族面臨饑荒，加上病菌的侵襲，更時刻受到死亡的威脅。但是政治的迫害以及大自然的災難，並沒有擊垮他們；相反的，在不懈的鬥爭中，他們終於獲得了建立獨立自主的共和國。

我們在貝爾法斯特遊覽時，仍然可以見到因長年宗教摩擦所衍生的政治仇恨留下的痕跡。宗教原本以勸人為善為宗旨，但在英國挑起的天主教和基督新教之間的矛盾下，社會的隔閡令人不寒而慄。

在抵達愛爾蘭共和國時，我們看到愛爾蘭人民樂觀、上進，令觀光客和他們融為一體。2008年的全球金融危機前，愛爾蘭的人均收入躍居世界前列，而且工業發達，尤其是造船業位居世界前列。

歷史上，愛爾蘭的命運多舛。最早被維京人侵略，到了1169年和1171年，又受到來自威爾斯的坎普羅‧諾曼（Cambro-Norman）民族入侵，此後就一直受到盎格魯民族蠶食的威脅。特別自1536年英國國王亨利二世，任命他的兒子約翰王子為愛爾蘭的君主起，英國變本加厲地施以高壓統治，掌控了該島的經濟命脈。當地民眾敢怒不敢言，到1691年愛爾蘭被英國完全征服而歸併入英國的版圖。

從1691年到1801年，基督新教徒的力量開始崛起並日漸壯大，對素來信仰天主教的愛爾蘭人民無疑是極大的挑戰。新教徒在王朝的卵翼下，形成一個強大的經濟體，「地主」和「佃農」階級分明。來自英國的「地主」控制著廣袤的土地，愛爾蘭人卻變成被剝削的階級。他們要從「地主」那裡，租賃農田耕作及住所。這一合約制度，嚴重的壓榨了佔當地人口四分之三的農民生計。

十八、十九世紀連綿不絕的饑荒，英帝國不僅沒有為飢民解困，反而將有限的糧食及牲畜出口到英國換取利益，盡情搾取掠

奪，這種情況在1847年大饑荒時尤為突出，引起當地民眾對英國不滿，埋下最終引起愛爾蘭人民反抗的種子。

直到二十世紀，愛爾蘭的政局才出現了戲劇性的變化。一批富有強烈國家主義的鬥士們，在1919年組織成立了「新芬黨」（Sinn Fein），是愛爾蘭首次出現國家黨團組織，引起英國認為極有可能發生內戰的憂慮。

在愛爾蘭的奮勇抗爭下，英國在1921年同意雙方簽訂《英愛條約》，次年英國允許26個郡成立「自由邦」，享有自治權，其議會以天主教徒為主。但英國擁有東北方六個郡的管轄權，在貝爾法斯特成立北愛爾蘭議會，成員中新教徒佔了大多數。如此形成了兩個宗教各掌政治利益的對峙局面。

1937年依據愛爾蘭憲法，「自由邦」進一步建立「愛爾蘭共和國」，確定都柏林為首都，但仍在英聯邦內。又經過十多年的奮鬥，最終在1948年12月21日，愛爾蘭議會通過正式脫離英聯邦。英國在1949年4月18日正式承認愛爾蘭獨立，但拒絕將北愛爾蘭的6個郡歸還給愛爾蘭，一直到今天都是兩國之間極其棘手的政治問題。

1955年愛爾蘭加入聯合國，在英國的主導下，雙方於1973年加入歐洲共同市場。20年之後（1993年）融入歐盟，北愛爾蘭也隨之成為歐洲的一員。因為利益上的分歧，為擺脫對歐洲共同體的依賴，英國在2016年舉行公投，決定正式退出該組織，北愛爾蘭也跟著退出，但愛爾蘭以擁有主權的共和國，仍留在歐洲聯盟中。唯一陷入非常尷尬境地的北愛爾蘭，要面對今後如何結算關稅等一系列的嚴重困擾。

在國家稱呼上，英國一直使用「大不列顛及北愛爾蘭聯合王國」，意味著北愛爾蘭是屬於英國的領土。愛爾蘭全國的國土面積84421平方公里，因為削去了北愛爾蘭近14130平方公里的國土，現在官方的領土面積只剩下70273平方公里。

　　值得注意的是，愛爾蘭的獨立，對大英帝國是一個非常沈重的打擊。由於愛爾蘭的地理位置緊靠著英格蘭及蘇格蘭。頗為諷刺的是，在全世界善於開拓殖民地盤的英國，竟然無法控制緊依在身旁的殖民地，成為獨立共和國，而且和其他殖民地獨立後的地位迥然，公然脫離了大英聯邦的統御。

　　雖然北愛爾蘭歸屬於大英帝國管轄，卻自1969年以來一直籠罩在血淋淋的鬥爭中，甚至升級到恐怖主義並蔓延到英國城市，嚴重到英國要派遣軍隊維繫安全。而愛爾蘭的共和軍及新芬黨在北愛爾蘭也被貼上恐怖份子的標籤。直到1985年雙方簽訂了《盎格魯・愛爾蘭條約》（Anglo-Irish Treaty）後，局勢才稍有緩和而逐漸恢復平靜。但是近日來北愛爾蘭抗議示威活動有死灰復燃的跡象，平穩了一段時間的政治鬥爭因而升級，令其和平的推進再度蒙上陰影。

　　其中雙方的宗教問題始終是所有險境的導火線，從而衍生出複雜的政治環境而有擦槍走火的危機。生活在貝爾法斯特只佔人口少數的傳統天主教公民，始終不渝地認定自己是屬於愛爾蘭的公民；而佔有當地人口中大多數的基督新教徒，卻以英國公民自居。

　　我們走訪北愛爾蘭的首府貝爾法斯特時，整個市面表面上給人的感覺是平靜的，酒吧裡飲酒作樂的氣氛十分濃厚，旅客們非常歡愉。我們置身的愛爾蘭共和東南角科克郡（Cork）海港小城柯夫（Cobh），人口只有一萬多一點，更加顯得寧靜和溫馨。

　　「柯夫」的名稱在歷史上曾有數度更名的記載。1750年時代曾使用英文拼寫為（Cove），1849年改為「女王城」（Queenstown），因為英國女王維多利亞曾經在那一年到訪過。1920年發生獨立戰爭後，於7月2日將城市改回原來的名稱，沿用至今；但是在一些地圖上，仍然將該海港城市標示為「女王城」。

　　在我們參觀的接觸過程中，深深體會出愛爾蘭人的和氣有禮，但也能充分感受到他們對自己的主張執著而堅定不移的信心。

| 1 | 2 |

1 | 筆者在柯夫火車站月臺旁的博物館，觀賞鐵達尼號郵輪模型及報導其沉沒消息的報刊。

2 | 筆者夫婦在柯夫火車站留影。

　　1912年震驚世界的《鐵達尼號》豪華郵輪在抵達紐約的前一晚撞冰山而沉沒的悲劇，最後的出發點就是「女王城港」。4月10日郵輪從英國南安普頓港出發，第二天抵達「女王城」港口，在此接待了123名旅客登船後駛往美國紐約，豈料僅僅航行了五天，竟以悲劇結束。當地登船的123名旅客，只有44名倖存。

　　話說1812年到1912年的一百年之間，從利物浦經柯夫到紐約穿越北大西洋的航程，平均需要一個月。「北星船運」（White Star Lines）及「庫納船運」（Cunard Lines）等四家稱霸海上的豪華客貨運公司，彼此間競爭極為激烈。早在1907年「北星船運」總監勃魯斯・伊斯梅（Bruce Ismay）及「哈蘭沃爾夫船塢」（Harland & Wolff Shipyard）總經理皮利勳爵（Lord Pirrie）商酌，如要在船運中異軍突起，就必須建造既豪華又最為快速的郵輪，將航程縮短為一星期。

　　於是「北星船運」決定建造三艘巨型豪華郵輪，分別是「奧林匹克號」（Olympic）「鐵達尼號」（Titanic）及「巨人號」（Gigantic），後來第三艘改名為「不列顛號」（Britannic）。三艘郵輪的竣工時間分別定在1911、12及13年。

　　「鐵達尼號」是在1909年3月31日開工的。從幾個數目字上分析，就可以理解，在二十世紀初能建造如此龐大的郵輪，的確是一個史無前例的巨型工程，也反映出貝爾法斯特在造船業上的曾經輝煌。《哈蘭沃爾夫船塢》雇用了14000名工人施工，用了一年多的時間完成郵輪的框架結構，外殼的電鍍工程在1910年10月竣工，使用了三百多萬個卯釘來固定所有的鋼板。

　　在施工時，船運公司曾向外誇下海口稱，這三艘郵輪絕對不會下沉，因為工程師設計了用艙壁將整艘郵輪分隔成十六個隔間，一旦一個隔間進了水，郵輪仍能安全航駛。然而事後發現，在設計艙壁時，它的高度僅達到吃水線上六英尺。結果是一旦有一個間隔進了水，其他部分仍然會受到海水的入侵，造成隱患，所以艙壁的設計最終形同虛設。

　　「鐵達尼號」在1911年全部竣工後，5月31日「北星船運」按照該公司的慣例，雖然沒有用香檳酒瓶撞擊新船施行下水禮的儀式，卻仍然吸引十多萬群眾的觀禮。用了近一年的時間，於1912年4月2日完成了試航。

　　4月10日，「鐵達尼號」搭載了旅客，從英國南安普頓（Southampton）開啟了處女航，途經瑟爾堡（Cherbourg）上客，然後在第二天抵達「女王城港」，當地有123位旅客完成登船手續後即開始穿越北大西洋前往紐約的豪華旅程。

　　豈料就在抵達紐約的前一天午夜，4月15日，一艘用了三年時間建成的豪華郵輪，在處女航時撞到冰山導致沉沒，瞬間成為世紀最慘烈的海難。郵輪上共有2224名旅客及船務工作人員，其中1514

人不幸遇難，佔全船搭載旅客及工作人員的68.1%，只有710人獲救，佔比例為31.9%。

「鐵達尼號」郵輪的沉沒對貝爾法斯特和女王城港而言，都是一椿歷史悲劇。該郵輪是在貝爾法斯特建造的，為此特地建造了一座頗有規模的博物館，作為發展觀光旅遊業吸引旅客參觀的項目。在愛爾蘭的柯夫港，也在火車站近月台處，設置了一個比較簡單的「博物館」，將《鐵達尼號》郵輪的圖片，及當時美國等地報導郵輪沉沒消息的報刊，向參觀者展示。在我們參訪時，自然大量聽聞到對這艘曾經有過短暫輝煌郵輪的命運嘆息，也對葬身海底的旅客和郵輪工作人員，表達無限哀思。

遺憾的是，在我們的參觀途中，竟未聞參觀者對愛爾蘭島國過去的悲痛遭遇有任何的反應，特別是愛爾蘭在十八、九世紀那段連續大饑荒中所遭遇的苦難，好似一切都未發生，更不用說表達什麼惋惜和同情了。也許是世人對愛爾蘭人遭受過的壓迫孤陋寡聞，又或許是對他人時日久遠的辛酸歷程漠不關心。

在七百年的歷史進程中，英國人在當地留下了大量的斑斑血淚史，建立了臭名昭著的「地主」和「佃農」制度，強佔大批土地，致使愛爾蘭人幾乎都只能依靠種植農物維生。一位名叫魯坎的伯爵，十九世紀在愛爾蘭擁有的土地多達240平方公里。類似的掠奪在愛爾蘭幾乎是遍佈全島。

地主在擁有土地後，分租給佃農耕作。1845年時代，每個佃農只能分配到1-5畝土地，最多的也只能有5-15畝。他們出售農耕的收成後，先按租約向地主繳納租金，剩下的僅能求個溫飽。整個愛爾蘭人口中，約80%是生活在貧窮線下。而八百萬人口中，三分之二的生計來自農耕。

自十八世紀以來，愛爾蘭災荒的肆虐頻繁發生，佃農們苦不堪言。這些農耕土地的唯一能播種的農作物就是土豆。一旦遇到歉收

等災荒，農民就只能忍受飢餓或疾病的折磨。

特別在1845年到1850年連續發生的大饑荒，是愛爾蘭後來改變政治面貌的根源。由於土豆病菌從美洲經巴爾的摩、費城及紐約的商船帶到歐洲，比利時受到的災情最為嚴重，而愛爾蘭因為土豆為主要農作物，經不起病菌的泛濫，造成土豆成熟前的大量枯萎死亡，作物歉收，佃農們無以為繼，只能面對死亡的威脅。

假如英國政府對待佃農稍有關懷之情，也就不會發生佃農生計的絕望，更不至於造成大量人口的死亡。關鍵是，當災情發生後，英國政府一方面虛應故事，一方面依然私下將已經嚴重不足的農作物、食物及和家畜出口到英國換取利益。

即便是在一個世紀前發生類似的災情時，英國人都還沒有如此膽大妄為地進行斂財，1782和1783年饑荒的時候，英國政府還嚴禁食物出口，以保護佃農的食物需求。

然而此時，英國人將大量農作物出口，造成當地食物的嚴重匱乏，而導致大量的死亡。不僅如此，佃農還要承受房租不斷上漲的困境，支付不出房租，就得面對地主的驅趕。歷史記載，被驅趕的佃農不是以個別運作，而是集體處置，有時一次就高達三千戶，英國人的霸權主義手段極其殘忍。

當地的人口統計中標示著，在1841年愛爾蘭總人口為8,175,124人，到1851年下降到6,552,385人，十年間人口的損失達一百五十萬，主要是因飢餓和疾病造成的死亡。在飢餓的逼迫下，愛爾蘭人被迫捕殺驢子和狗等動物果腹，甚至還出現食人肉的慘劇。我們參觀的柯克郡就曾發生食人肉的悲劇，令人類無法想像，這哀鴻遍野下的悲慘情境。

此外還有大量人口為了生存外逃到英格蘭、北美洲及澳大利亞、新西蘭等地。1847年，移民到加拿大的人數就有十萬之眾，多倫多居然有一半人口為來自愛爾蘭的新移民。愛爾蘭人選擇加拿大

是因為它也是大英聯邦的成員，所以移民至該國條件較為優越。後來英國政府將前往加拿大的條件收緊，愛爾蘭人只能轉移到美國，形成今天美國愛爾蘭後裔的繁茂。

在柯夫海港邊有一座雕像，是紀念當地一位名叫安妮·摩爾（Annie Moore 1874-1920）的17歲小姑娘，帶著兩個弟弟，於1891年12月20日登上內瓦達號輪船，從「女王城」出發前往紐約，經過十二天的航程，於12月31日抵達。因為天時已晚，所有乘客只能在輪船上過夜。第二天一月一日，恰逢新年元旦，全部148名乘客魚貫登岸，辦理入境移民手續。

為了控制移民入境的調查，凡是剛抵達紐約的船舶，都只能停泊在艾利斯島（Ellis Island）。原有的移民入境處大樓因為已老舊而被拆除，這次愛爾蘭新移民抵達後，正是移民入境處的大樓剛剛落成。

筆者在柯夫海濱的安妮摩爾及兩個弟弟的雕塑旁留影。

所以當安妮帶著弟弟第一個登岸，進入入境處接受詢問時，就成為愛爾蘭柯夫前往美國的第一個移民。問訊她的移民官員是美國財政部長的秘書查爾斯·M·亨勒（Charles M. Hendley），問訊結束後，亨勒先生先祝賀她選擇了移民到美國，還特地贈送了一枚為新入境處落成而鑄造的十美元紀念金幣。

在旅客下船時還出現了一個小插曲，一位男旅客想插隊搶在安妮的前面登岸，

被船舷邊美國邊境官員攔阻，並告知，禮貌上應該優先讓女士上岸。假如這位男士沒有被阻攔，那麼1993年2月9日經愛爾蘭總統批准在柯夫海港邊設置安妮及兩位弟弟的雕塑，就永遠不能成為事實了。

據後來美國的歷史檔案中記載，有百分之四十的美國家庭中，至少有一位長者曾經從這個島上登岸，這說明美國接受歐洲移民人群比例之大。安妮和她弟弟成為抵達美國後的第一個登岸新移民，在愛爾蘭的心目中，是一個值得自豪的歷史見證。當然它也見證了愛爾蘭因為歷史上的大饑荒，導致老百姓大量出逃，而遠渡重洋到美國求生的辛酸史。

愛爾蘭作家約翰‧米契爾（John Mitchel 1815-1875）曾於1858年在都柏林「南方公民」（The Southern Citizen）撰寫了《愛爾蘭的最後政府（或許）》{Last Conquest of Ireland（Perhap）}在描寫愛爾蘭大饑荒的慘景時留下這麼一句名言：「的確，全能的上帝送來的是土豆枯萎病，英國人卻創造了飢荒」（The Almighty, indeed, sent the potato blight, but the English created the famine）。

他是英國安全部門早就盯上的新聞人物，極強的國家主義者。他在1847年受僱於進步言論的刊物《國家》（The Nation）時，就已經發表了呼籲愛爾蘭獨立的文章，但對該刊物的言論與他主張的激進程度相差甚遠，於是在1848年辭去職務，自行創辦了《團結的愛爾蘭人》（United Irishmen）週刊，並擔任主編，先後發表了三篇宣揚愛爾蘭獨立的專稿，立論偏激，被英國國會認為是具有極其嚴重煽動性的刊物，從而定性他犯有無可赦免的叛國罪，應該判處終身監禁。

他遭到英國政府判處十四年流放海外，1848年6月20日被押解出境到百慕達，兩年後，於1850年被轉送到澳大利亞的塔斯曼利亞刑事殖民監獄服刑。期間得到獄友的協助越獄逃亡，經過大溪地、

1　貝爾法斯特市內豎立的紀念碑，標識著英國政府從1845年到1848年，用飢餓來實行人種滅絕的陰謀。

2　爾蘭在遭大饑荒的重災區，設立了一座石碑，紀念從1845年到1849年因饑荒而死亡的饑民。

舊金山、尼加拉瓜、古巴，最後抵達紐約。

由於這次蔓延數年的大饑荒，刺激了愛爾蘭人抗爭的決心，終於在1916年燃起了都柏林「復活節起義」的熊熊烈火，埋下爭取獨立的種子。在後來的歲月裡，前仆後繼地完成了愛爾蘭人的獨立運動，從而建立起他們夢寐以求的自主「共和國」。

今天無論生活在地球哪一個角落的愛爾蘭人，都擁有同樣一顆自豪的雄心，他們為能夠如同星球上其他獨立自主的民族一樣，屹立在屬於自己的一片土地上。時至今日，愛爾蘭人除了工業的發展外，更為他們湧現於國際上馳名的作家和舞蹈而驕傲。

比如二十世紀的愛爾蘭大作家詹姆斯·喬伊斯（James Joyce 1882-1941），不僅名噪一時，而且深刻影響著歐美及拉丁美洲的作家。他享譽全球的巨作《尤利西斯》（Ulysses），是文壇公認的「現代主義文學」代表作。

愛爾蘭的民間舞蹈，是當地擁有數百年歷史的文化傳統。經過文化界的不斷提升改革，已經成為家喻戶曉的舞蹈表演。登上美國百老匯舞台的《河流舞蹈》（Riverdance）更是名揚四海，通過這個舞蹈團的環球演出，令世人對愛爾蘭刮目相看。

當我們漫步在柯夫小街上時，欣賞著寧靜的氛圍，和安詳的環境，不由得為愛爾蘭人民舉額稱慶，他們擁有了自己的國家，享受著浴火重生後無憂無慮的自由獨立。然而當我們漫步在貝爾法斯特的街道上時，周遭的環境所放射出來的氣氛，卻令人產生莫名的憂慮。

受天然環境及氣候的影響，愛爾蘭給人的印象是一片綠色風光，象徵著愛爾蘭胸襟的廣闊、大方，綠色因而為國家的代表色彩，國旗上的淡綠色也代表著天主教的信仰。不管是在愛爾蘭，或是在海外各地的愛爾蘭社團，凡遇重要節日或慶典，他們必定穿著綠色的服飾，甚至連餐桌的擺設都如綠色的大海一般，洋溢著青春

富有朝氣的精神。

　　然而在地圖上東北角一小塊迥異的色彩卻格外刺眼，代表著愛爾蘭人難以釋懷的隱痛。何時能將這個地圖的顏色化二為一，將一直是愛爾蘭人難以割捨且會全力以赴的另一征途！

　　　　　　　　　　　　　　　　（2021年4月15日完稿於溫哥華）

# 杜拜，「一千零一夜」的另一夜

　　在上世紀末，好幾個朋友曾經向我遊說，鼓勵到阿拉伯聯合酋長國的杜拜（Dubai）投資，誇稱那是一個舉世無雙，能夠一本萬利的商業良機。我並沒有被打動，由於我的「孤陋寡聞」，對那番天花亂墜的誘惑將信將疑，只以為不過是個「發財夢」的現代版本。

　　的確，那時候我連這個城市的地理位置都摸不清楚，只知道那是西亞沙漠中一個由部落控制的區域。倒是朋友的提議將我的記憶拉回到童年閱讀過的《一千零一夜》（One Thousand and One Night，阿拉伯原文為Alflaylah We Laylah），以及後來觀賞的好萊塢電影〔阿拉伯的勞倫斯〕（Lawrence of Arabia）。

　　《阿拉伯的勞倫斯》改編自英國作家T. E.勞倫斯（T. E. Lawrence）的作品《智慧的七大支柱》（Seven Pillars of Wisdom）。內容講述一位英國軍官在第一次世界大戰參與的戰爭故事，內容無非美化英國殖民中東的情節，看完電影不久，我就將劇情忘得一乾二淨。

　　至於《一千零一夜》則在我幼小的心靈中，留下有趣而生動的深刻印象，尤其是「阿拉丁與神燈」（Aladdin）和「阿里巴巴與四十大盜」（Ali Baba）。記得當年經常為了閱讀這部寓言作品而廢寢忘食。

　　《一千零一夜》對中國孩子們的影響極大。中國文學界給這部作品取了一個令人極具幻想的翻譯名稱：《天方夜譚》，「天方」是中國古代對阿拉伯的稱呼，「夜譚」用之於形容整部作品的內容發展，恰如其分。

　　全書是講一位阿拉伯國王沙赫里雅爾（Shahryar）生性暴躁殘酷，當他處死了出軌的王后後，為了洩恨，揚言每天要娶一女子，次晨即將其處死，直到消滅所有女子方告罷休。丞相的長女莎拉札（Shahrazad）為了拯救所有的女子，自願下嫁國王。

　　她每晚給國王講一個故事，到了故事最精彩的結尾處即留下懸疑，次晚再揭曉，如此講了一千零一夜。最後國王受到感動，兩人白頭偕老。俄羅斯著名作家高爾基（Maxim Gorky 1868-1936），給予了這本民間作品至高無上的評價，認為它是阿拉伯「最壯麗的一座豐碑」。

　　當朋友們慫恿我去杜拜投資時，我對阿拉伯世界的概念似乎仍然停留在《一千零一夜》描寫的情境中：穆斯林國王大權在握，一夫多妻制，部落式的社會制度，以及女子臣服於男人的駕馭之下等等。也因此對杜拜的認知，首先進入思維的就是，那裡是否仍然處在對國王頂禮膜拜的時代？

　　早在上世紀六十年代，我在西班牙研究文學和世界藝術史時，曾選修過阿拉伯文。也從有著深厚阿拉伯影響的西班牙日常生活中，體會到這個民族的烹調、藝術，及貿易文化，使我對阿拉伯的烹飪和藝術有著特殊的喜愛。

　　儘管前往杜拜投資經商，點不燃我的興趣，但是通過朋友們的經常談論，引起了我對這個阿拉伯城市一探究竟的衝動。主意打定，我和妻子在2015年結束北京的行程後，即於3月24日前往杜拜。

　　從北京出發先到曼谷，在機場酒店夜宿，次日下午搭乘泰國皇家航空公司航班飛杜拜，航程為六個半小時。抵達杜拜機場，只見到處在施工建設，從懸掛著的宣傳告示得知，杜拜將在2020年舉辦「世界博覽會」（Dubai World Expo）。從這些設施上感受到，杜拜應該是一座世界級的新興城市。

　　我們搭乘出租車從機場直接到預訂好的香格里拉集團經營的

「國貿大飯店」。酒店位在杜拜的老區，車程只需十五分鐘。一路上寬敞的公路，沿途的沙漠風光，以及高聳入雲的商業大樓，令人目不暇給，一瞬間就對這座城市刮目相看。

阿聯酋面值500元的貨幣正反面。

　　先說說杜拜的歷史。早在公元七世紀，這廣袤的沙漠領土屬於阿拉伯帝國，但是部落勢力林立，自十六世紀後，接連受到葡萄牙、英國及荷蘭的殖民。尤其是大英帝國與當地簽訂了保護條約，實際上就是將這一大片瀕臨波斯灣的廣袤地區納為屬地。

　　杜拜只是其中一個尚未開發的小漁港，位在阿拉伯半島東部波斯灣邊。在一位威尼斯珠寶商卡斯巴羅・巴爾比（Gasparo Balbi 1550-1623）的詳實紀錄中，首次出現杜拜的名稱。巴爾比自1579到1588年在印度、中國及阿拉伯地區經商。杜拜小漁港是一條通往大海的灣流，稱為「杜拜灣流」（Dubai Creek），稱得上是一個天然良港。

　　公元1833年，巴里・雅斯部落（Bari Yas Tribe）中一個分支的國王阿勒・馬克圖（Al Maktoum），率領800名族人來到杜拜灣流區定居，以發展珍珠及捕魚為生。並用自行設計的商船（Dhows）航行於印度、中國及其他鄰近國家之間，開拓商貿關係。其後，當地的商業規模逐漸發展，在杜拜灣流的另一邊迪拉（Deira）一度開設有近三百家露天商舖，吸引遠近的國際訪客和商賈，形成了國際貿易的雛形。

　　經過一百年，在1930年前後，當地居民已發展到兩萬人，其中

1 2 1 杜拜十九世紀使用的海上通商船隻。
2 威尼斯珠寶商巴爾比的經商傳記，是杜拜首次被提到的歷史紀錄。

四分之一是外籍人士。但在1950年，因為人口的增加，灣流開始淤塞，當時統領部落的國王謝赫・拉希德・本・薩艾德・阿勒・馬克圖（Sheikh Rashid bin Saeed Al Maktoum 1912-1990），以其魄力與遠見，耗費巨資，疏通淤塞的灣流，為杜拜的國際商貿打通了海上航道。

1966年，杜拜發現了油田，雖然產油量的份額不大，卻足夠為當地的經濟發展帶來可觀的財力支撐。於是國王利用油田所賺取的利潤，開拓基礎建設及發展觀光旅遊業。

隨著大英帝國在1971年宣布終止保護條約，杜拜聯合其他五個酋長國獨立，在1971年12月組成阿拉伯聯合酋長國，他們是杜拜（Dubai）、阿布達比（Abu Dhabi）、沙迦（Sharjah）、阿吉曼（Ajman）、歐姆古溫（Umm al-Quwain），及富吉拉（Fujairah）。到次年2月拉斯・阿勒-哈伊瑪赫（Ra's al-Khaimah）酋長國加入，

七個酋長國統一組成了阿拉伯聯合酋長國（或譯阿拉伯聯合大公國）。

阿拉伯聯合酋長國絕無僅有的政治體系，雖實行聯邦制，但七個酋長國分別有自己獨立的權利。每個酋長國國王擁有世襲的地位。杜拜在酋長國裡地位顯赫，僅次於阿布達比的國王，位居第二。

現在的國王謝赫‧默罕默德‧本‧羅希德‧阿勒‧馬克圖（Sheikh Mohammed bin Rashid Al Maktoum 1945-）2006年在繼承其兄的王位後不到兩年，即遭遇到2008的金融危機，幸運的是，他得到阿布達比國王的援手，解決了經濟上的重重困難，令其所有的發展計畫逐一完成，其中包括有號稱世界八大奇蹟的棕櫚人工島。

除此之外，他還雄心壯志地領導杜拜開展幾項號稱世界級的經濟發展，其中包括科技公園、自由經濟區、杜拜互聯網城、杜拜媒體城、國際金融中心。世界最高的哈利法塔及獨樹一幟的七星級飯店，都在他的任內投入市場，令杜拜在國際金融貿易等領域雄踞一方。

七國之間，以阿布達比面積最廣，經濟政治權利最大，所以首都設在阿布達比，政治上當地國王為當然總統。杜拜土地面積居次，4114平方公里，政治上為當然副總統兼總理及國防部長。各酋長國之間相互尊重，發展國際貿易，全國總面積為八萬三千六百萬平方公里，人口僅九百多萬，但在國際上有一定的話語權，阿布達比和杜拜均為國際空港的樞紐。

如今它在國際間昂首闊步，在整個波斯灣區樹立了特殊地位，被公認為是地球上最自由的國度之一，它高度容忍其他民族的信仰及文化傳統，沒有穆斯林國家的極端壓制。

我們在杜拜的第一天，即感受到外國人在當地享受著在其他國家無法擁有的自由和尊嚴。其中最多的是菲律賓及南亞的勞工階級，無論在什麼場合遇到他們，湧現在他們臉龐上的始終是無憂的

微笑。

　　整個酋長國建立在一片平坦的沙漠上，任何人漫步在櫛次鱗比的建築群中，都很難想像，究竟用什麼方法能將這些高層的建築穩固地聳立在沙漠上！歸根結柢，它擁有雄厚的財力，延攬全球的頂尖高手，合力將一個荒蕪的沙漠轉化成世界最先進的大都市。

　　以地鐵為例，這是全球最先進，酋長國最長的無人駕駛鐵路，快速平穩而且清潔舒適。乘客很容易辨識，地圖上標示著紅綠兩條線路，紅色為一直線，綠色則為倒寫的V字型。我們下榻的飯店離地鐵阿布・巴克爾・阿勒・希杜庫（Abu Baker Al Sidique）站，步行僅兩分鐘，所以我們在逗留期間，除了偶爾需要搭乘出租車，幾乎所有的出行都充分利用了這條地鐵。

　　因為穆斯林的宗教信仰，搭乘地鐵就有了相應的約束。第一次搭乘時剛進入車廂，注意到車壁上的告示，便意識到我走錯了車廂。原來那是一節為婦女專設的車廂，至於是為了保護婦女安全，還是男女有別之分不得而知。但自那次的「失禮」後，每次在月台上就格外留意，在婦女專列停靠的月台前，地面上有清晰的阿拉伯文及英文標示。

| 世界最高的「哈利法塔」。

　　星期五的上午，我們準備

搭乘地鐵去商貿市場，到達車站，只見鐵門緊鎖，百思不解。回到飯店經詢問後才得知，周五的地鐵要到下午一時才開始運行，是配合宗教活動的安排。

整座城市除了一座博物館外，幾乎看不到任何古蹟，映入眼簾的完全是最現代化的都市建設。我們準備用半天時間，領略號稱世界最大的購物商場。從地鐵站出站後到購物商場，步行約一公里，人山人海，以年輕人居多。

我們先找到一家阿拉伯餐廳午餐，當地的公共場所餐飲業，不提供任何酒精飲料。塞飽了肚子，我們就抱著「劉姥姥進大觀園」心態，去領略其中的奧妙。

整座商場面積為56萬平方米，約為50個足球場的總和。裡面有1200家店鋪，地下有16000個停車位。商場裡設有世界最大的水族館，面積為51米X 20米X 11米。它的觀景區也是世界的頂級，寬32.8米，高8.3米。在商場裡購物，不是頃刻間能完成的任務，單單在商場內步行一圈，至少就要半天時間。

在杜拜，凡是肉眼所能看到的建築或是設施，都離不開一個「最」字。如市中心的哈利法塔（Burj Khalifa）為全球最高的人工建築，自2004年開始建造，到2010年始竣工，高度為828米，為全球之冠，值得杜拜自豪和驕傲。它的總面積有517240平方米，共169層，其中有162層適合於居住。全塔配置有酒店、住宅和辦公室。觀景台設在148層。

2008年，該建築正在施工期間，遭到全球的金融風暴，嚴重影響到這座人工塔的建造。但是杜拜國王決心要完成，於是找到阿布達比國王施以援手，終於完成了這座傲視全球的巨作。為答謝阿布達比國王的義助，杜拜國王特以阿布達比國王的名字為這座高塔命名。

杜拜還有一座令千萬訪客讚嘆欽羨的建築，就是被譽為全球絕

無僅有的七星級飯店「阿拉伯塔飯店」（Burj Al Arab），又因為它的造型如同一艘大帆船，故也稱為「帆船飯店」。

這座由王室投資建造的飯店，從一開始就強調，其中的內容必須要讓旅客獲得如同帝王般的奢華享受，所以在設計上，從大廳，到客房，餐廳等，無一不表現窮奢極慾的程度。飯店共有56層，高321米。擁有客房兩百多間，即使淡季的最低房價，都可反映其房價之高，舉世無雙。

從170平米到780平米的客房淡季房價，最低為900美元，而設置在25層的皇家套房，則需要18000美元一晚。自開業以來，幾乎是一房難求。足證喜歡顯耀財富的客戶並不在少數，大部分是來自中東地區的皇親國戚，以及全球各地腰纏萬貫的大商賈。但在當地的王室眼裡，儘管這些「富豪」在飯店裡一擲千金，不過是他們的九牛一毛。

漫步在杜拜街頭，盡收眼底的無不是豪華場面，但都無法和人工開鑿出來的棕櫚島（Palm Jumeirah）相比。這是杜拜氣壯山河、雄心萬丈的鉅額投資，從海水中昇華出一座座美輪美奐、奢華豪邁的人工島。上面有住宅、酒店、購物中心，生活所需應有盡有。

人工島由三大島組成，分別是朱美拉棕櫚島（Palm Jumeirah）、迪拉島（Deira Island）及棕櫚季貝爾阿里島（Palm Jebel Ali），其中以朱美拉棕櫚島規模最為龐大。除了奢華的住宅外，先後已經有世界著名星級酒店入駐。如德國的凱賓斯基大酒店（Kempinski Hotel）、法國的索菲特大飯店（Sofitel Hotel）、由杜拜王儲投資的札比莎拉大飯店（Zabeel Sarey）、美國的阿特蘭迪斯大酒店（Atlantis），均為世界上的頂級酒店。其房價之高，平民階級的旅客只能在門外興嘆。

我們在杜拜逗留的時間不長，但整個印象似乎是在夢遊。映入眼簾的盡是從未見過的奢侈、豪華、金碧輝煌、雄偉壯觀，疑真似

世界唯一人工鑄
造的棕櫚島。

假，祇覺與現實生活大大脫節，使我百思不得其解。這究是《一千
零一夜》故事中的翻版？抑或是童話故事《灰姑娘》（Cinderella）
中半夜鐘聲響起時，所有動人的清歌妙舞一瞬間消失得無影無蹤的
複製？

　　當我和妻子佇立在高處，遠眺「棕櫚島」的佈局時，幾乎無法
相信眼前的一切。那漂浮在碧波蕩漾的藍色海洋上的巨型棕櫚葉，
中間是樹的主幹，新月形的葉子向兩邊施展，形似畫布上的藝術造
型，然而卻是人工塑造出來的建築群，猶如在海洋中下錨的船隻，
隨時會起錨飄洋而去。

　　這座人工半島，有一條1.4公里長的主幹道連結大陸，還有一
條六車道的地下隧道連結各新月形支幹線，另外還有一條單軌車從
阿特蘭提斯大飯店直通大陸。奇妙的是，全島的開發，沒有使用任
何鋼筋和水泥基石作為地基，完全是從波斯灣海底挖出一億兩千萬
噸沙噴射到固定位置，再加上從哈加山（Hajar Mountain）開鑿的
七百萬噸岩石作為地基，創造了人類建設人工島的奇蹟。在動工之
前，先聘請了世界級的潛水專家到海底探測調查，作為鋪設沙及岩
石的統籌參考。

　　負責設計棕櫚島工程的，是美國著名設計公司Helman Hurkey Charvat Peacock。這家公司因設計美國海洋世界、迪斯尼電影製片場及環球影片場而享譽。在設計棕櫚島的任務上，他們使出了渾身解數，不分晝夜地進行施工。

　　整個島嶼面積為5.72平方公里，相等於600個足球場。擁有世界最大足球場盛名的威布勒球場（Wembley Stadium）用了四年時間才竣工，而杜拜的棕櫚島卻僅用了6年時間即告完成，不能不說這又是另一個不可思議的奇蹟。

　　從2001年開始，2004年全島的基礎建設完工，接著建造島上的樓宇設施。2007年第一批客戶入住；2009年28家頂級酒店竣工，開始接待旅客，到2011年，酒店已增加到32家，接待旅客達25000人次。與此同時，為美化島嶼，當地準備了12000棵樹在苗圃培植，作為綠化用。而私人住宅中已經有近六萬戶入住。

　　短短的幾年中，棕櫚島從120億的投資額，已經增值到300億的總價值。不由得令我回想起有人鼓勵我投資時，就反覆地告訴我，這肯定是個一本萬利的投資好機會。但是至今我仍然僅僅專注在那被稱為世界第八大奇蹟的建設上，由衷地欽佩杜拜王室的宏偉魄力及遠大視野。這種從海底拔地而起的建築雄心，放在地球上任何一角，即連雄霸全球的美國，都不可能做到。截至目前為止，另外兩座島仍在施工中，一旦完成，杜拜的金融力量將又是另一番嶄新的景象。

　　在這些如夢似真的場景中，感受到在帶著驕陽的蔚藍天空下，仍然隱藏著沒有陽光的死角。我們在搭乘出租車的時候，和司機話家常，見到我們的坦誠友善，也給我們掏出了心窩裡的無奈。在這個只認金錢的社會裡，他的收入還不夠糊口，只是被忘卻而失落的一群。

　　杜拜婦女的地位，也依舊保持著穆斯林社會長久以來的傳統現象。她們很少拋頭露臉，即便出行，身邊必需有家族中男人的「保

護」！我們在四處走動的時候，見到的幾乎都是外來的打工女。尤其在杜拜購物商場中，耳際聽到的英語佔了絕大比數，本地語言反而十分稀罕。

在好奇心驅使下，我有意無意地問起當地婦女的社會地位。答案是，她們外出工作的機會相對稀少。在婚姻上，除了下嫁給本地人，沒有任何的選擇。如果與外籍人士通婚，結果要面對穆斯林法律的懲罰。這也讓我找到了為什麼城市交通中要設計婦女專用車廂的答案。

但我依然對這座城市有一定的喜愛，源自於對阿拉伯民族在建設上的雄心壯志。也許這是他們的祖先因歷次的遠征討伐，而留下來的基因組織，激起他們後人在沙漠中建造出一座偉大都市的意志，令世界各地的富商巨賈心悅誠服地前往投資。這是雄厚實力的展現，也是阿拉伯民族用財富的力量對世界的另一種「征服」！

眼見這些觸手可及的景象，不免陷入沉思，那每天從油田裡噴出來的黑金，只需經過孫悟空的金箍棒輕輕一點，轉眼就成為金光閃閃的黃金。這些取之不盡用之不竭的財富，在沙漠中堆砌成一座人見人羨的城市。阿拉伯民族經歷了千年的盛衰起落，終於在地球上浴火重生，再振雄風。

因此，與其將這座沙漠城市視為小時候從地理上讀到的「海市蜃樓」，不如將它看成是阿拉伯名著《一千零一夜》的另一篇章，更能吸引普羅大眾的欣賞。又假設將這部名著改編為《新一千零二夜》（One Thousand and Two Nights），或許更能體現出阿拉伯民族的綿延不斷！

（2021年5月1日完稿於溫哥華）

# 阿布達比

## ——從黑金裡湧出來的逍遙

　　既然到了杜拜，如不前往阿布達比（Abu Dhabi），就等於沒有來過這個阿拉伯地區。阿拉伯聯合酋長國（或譯阿拉伯聯合大公國），由七個酋長國聯合組成，其中阿布達比佔有龍頭的地位。

　　從杜拜到阿布達比只有193.3公里，通過E11號公路，僅一小時多點即可到達。阿聯酋的總面積為83600平方公里，阿布達比就佔了近百分之八十五，國土面積為67340平方公里。杜拜與之相比就顯得小很多，只有4114平方公里，其他五個酋長國就更小了。

　　但是在人口比例上，阿布達比只有323萬，略遜於杜拜的339萬多，佔全國總人口的百分之四十二。阿聯酋總人口989萬人，其中外國籍人口為760萬，佔比百分之88.5，這是阿聯酋在人口比例上一個非常特殊的現象。自發現石油後，需要大量的勞工，唯一的方法只有招募外籍工人才能解決問題。杜拜的龐大建設工程，也需要外來人口補充，解決勞工奇缺的現象。

　　這個位於波斯灣，與霍姆茲海峽相望的沙漠國家，能從一個擁有殖民歷史的游牧民族，一躍而為舉世矚目的石油產國，並且在整個中東地區，佔有舉足輕重

| 阿布達比市中心的地標建築。

的地位，的確非同小可。

Abu的意思是「父親」，Dhabi的意思是「羚羊」，統稱為「羚羊之父」，意即當地盛產羚羊。它的文化根源來自公元前三千年的烏木‧安-納爾（Umm An-Nar）文化。祖先是阿布達比西邊綠洲中巴魯‧雅斯‧貝多因（Bani Yas Bedouin）游牧民族，該民族有二十個分支部落。

其中阿爾‧布‧法拉（Al Bu Falah）家族中，阿爾‧法拉依（Al-Falahi）就是阿爾‧納合雅（Al Nahyan）家族的一個重要分支。1761年在部落統治者謝赫‧杜亞‧本‧伊薩‧阿爾‧納合雅（Sheikh Dhiuyab bin Isa Al Nahyan）帶著家族從阿爾‧吉瓦（Al Jiwa）綠洲遷移到阿布達比海島上，發現了淡水，於是在當地扎根定居，以潛水尋找珍珠及捕魚維生。據歷史記載，當地的潛水工，在沒有任何先進的潛水設備條件下，僅用憋著呼吸一到一分半鐘時間潛水作業，每天可潛水三十次上下。

1795年，阿爾‧納合雅家族決定將其位在阿爾‧達夫拉（Al Dhafra）總部從阿爾‧吉瓦綠洲遷移到沿海地區，也就是今天的阿布達比。兩百多年來，阿布達比就在阿爾‧納合雅家族的統領下，慘澹經營，中間雖曾發生過篡位的政治糾紛，一直世襲著他們的傳統。

十九世紀，因為整個地區素有「海盜海岸」之稱，英國繼葡萄牙及荷蘭殖民後，藉口保障前往印度通商航道的安全而侵入。實際上英國勢力的滲透，乃是為排除他國的軍事力量。

由於日本養珠業的興起，大大衝擊了阿布達比的珍珠產業，1930年後阿布達比即面臨快速衰退，因此阿爾‧納合雅家族意識到在經濟發展上必須改弦易轍。當探測到蘊藏石油後，由於阿布達比並不具備開採的力量，於是在1936年國王頒布了開採石油的許可，首先進入市場的伊拉克石油公司與當時統治者謝赫‧沙克布‧

本‧蘇丹‧阿爾‧納合雅（Sheikh Shakhbut bin Sultan Al Nahyan 1928-1966）取得協商共同開發石油的業務。其後英法等國的石油集團開始蜂擁而至。

1958年阿布達比發現了第一口油井，深入地下2689米鑽井。1961年阿布達比認識到石油對經濟發展的優越性，積極開展基礎建設，頓時間過去的石頭小屋，紛紛轉化成水泥建造的大廈，而且完成了第一條公路的建造。

當時執政的國王謝赫‧沙克布對石油的開發保持非常審慎的態度，他認為與其開發石油，不如從投資等經濟領域著手。可是他的親弟弟謝赫‧札耶德‧本‧蘇丹‧阿爾‧納合雅（Sheikh Zayed bin Sultan Al Nahyan 1918-2004）卻對石油開發不僅饒有興趣，且認定石油收入將改變阿布達比經濟狀況，甚至會起到翻天覆地的變化。

經過家族的商議協調，其中也有英國人在幕後的醞釀，因為他們意識到石油的開採將會給英國帶來豐富的利潤，決定將國王罷黜，由國王弟弟謝赫‧札耶德‧本‧蘇丹‧阿爾‧納合雅登基接任。從1966年登基到2004年去世，謝赫‧札耶德對阿布達比的貢獻無與倫比，將一個沙漠中的部落民族，一躍而成為國際上首屈一指的石油王國，至今阿布達比已成為全球人均主權基金會最高地區，人均為十一萬美元。

因為石油的開發，引領經濟發展快速前行，於是當地的9個酋長國開始醞釀成立阿拉伯聯合酋長國。他們是巴林、卡塔爾、阿布達比、杜拜，沙迦、阿吉曼、富吉拉、烏姆古溫、吉拉斯阿爾海瑪，於1968年聚集在杜拜商議，由於對石油開採的意見相左，巴林及卡達爾宣布退出，只剩下七個酋長國。

1971年七個酋長國在杜拜再度商議，7月通過建立阿拉伯聯合酋長國，並頒布臨時憲法，臨時首都設在阿布達比，當時只有六個酋長國簽署，吉拉斯阿爾海瑪沒有參加，直到次年2月才加入。至

此阿拉伯聯合酋長國正式成立，成為全球獨一無二的傳統部落和現代民主憲制混合聯邦的政治體系。經歷了二十多年的磨合測試，最終在1996年通過將臨時憲法定為永久憲法，阿布達比也定為永久首都。

七個酋長國的土地面積及人口分布如下：

| 酋長國 | 土地面積 | 全國佔比 | 人口分布 | 全國佔比 |
|---|---|---|---|---|
| 阿布達比 | 67350平方公里 | 86.7% | 2,784,490 | 27% |
| 杜拜 | 3885平方公里 | 5.0% | 4,177,059 | 41% |
| 沙迦 | 2590平方公里 | 3.3% | 2,374,132 | 23% |
| 吉拉斯阿爾海瑪 | 1684平方公里 | 2.2% | 416,600 | 3% |
| 富吉拉 | 1165平方公里 | 0.3% | 152,000 | 1% |
| 烏姆古溫 | 777平方公里 | 1.0% | 72,000 | 少於1% |
| 阿吉曼 | 259平方公里 | 0.3% | 504,846 | 4% |

從七個酋長國的土地面積及人口分布可以暸解到，阿布達比成為首都，以及杜拜作為全國的金融、旅遊、貿易及都市建設中心，都是合理的發展。阿布達比的國王，在聯邦制度運作下順理成章成為阿拉伯聯合酋長國的總統，杜拜國王則是當然的副總統、總理兼國防部長。

和杜拜不同的是，阿布達比作為政府所在地和首都，發展的範圍除了石油開發之外，以文化及宗教影響最為顯著，體現出沙漠王國的悠久歷史和精湛藝術。城市裡雖然有連綿不絕的高樓大廈，那只能反映出鉅額財富湧現出的顯耀門面。

阿布達比都市，是1967年在謝赫·札耶德國王的執政領導下，聘請日本建築師勝彥高橋（Katsuhiko Takahashi 1937-2017）策劃建設而成的。據說日本建築師應邀到訪阿布達比時，國王曾與他在一片黃澄澄的沙漠中商討建設都市大計，用趕駱駝的鞭子，在沙上

| 阿布達比總統府全貌。

勾劃出他對都市建設的美麗景象，顯得萬分豪邁。在後來的數十年中，阿布達比用決心、勇氣，和包容的態度，先後從外國聘請了各方面的專家，將阿布達比建成一個令世人嘖嘖稱奇的現代化繁榮都市。

這其中文化宗教藝術的吸引力，更令參觀者對阿布達比刮目相看，並給予無比的尊崇和讚嘆。我夫婦先參觀了當地1761年建成的第一座永久性的建築，這是阿爾・納合雅王朝碩果僅存的歷史古蹟。它的原始建材全是從海上採集的珊瑚及岩石，建築名稱阿拉伯文為Qsar Al Hosn，是一座代表王權的「宮殿堡」，由默罕默德・阿爾・巴斯塔吉（Mohammed Al Bastaki）設計。最早建築這座古堡的用途，是為監視淡水井及沿海通商的安全。

1793年當時的國王謝赫・本・伊薩將堡壘擴建作為永久性的王宮，一直到1966年才另建新宮。這座歷史性的座標現在是對外開放的博物館，其中還有宣揚傳統文化的固定場所，最為吸引觀眾的是當地工匠向參觀者展示製作傳統工藝品的技巧。每逢齋月節，宮殿裡還為民眾舉辦十二天的特別音樂舞蹈節日。

國王以開放的態度，建立了一座多種信仰的崇拜中心。首先完

成了猶太教大教堂的建造，接下來還將包括天主教堂、東正教堂、基督教堂和印度教廟宇等，預計2022年全部竣工。這個沒有偏見、充滿包容各宗教信仰的理念，是否受到1962至1965年天主教梵蒂岡第二次大公會議的影響不得而知，當時在大公會議討論宗教改革內容時，主題之一就是對不同宗教信仰的包容。

由於阿布達比國王是阿聯酋的當然總統，新建的王宮也就成為總統府（Qasr Al Watan）。那是一座美輪美奐的白色建築群，中間為一大廳，兩旁分別建有東翼及西翼。大廳上方有一個直徑37米的拱頂。中間的水晶燈用了35萬片水晶組成。整個總統府的造價為四百九十億美元。總統府實際上是阿聯酋的「國賓館」，用來接待外國領袖國事訪問時下榻之用。其中一部分是政府的辦公所在地。

阿布達比每年吸引成千上萬國際旅客的精華是當地的「謝赫‧札耶德大清真寺」（Sheikh Zayed Grand Mosque），是以2004年去世的國王謝赫‧札耶德的名字而命名的。

為了加強伊斯蘭的文化影響力，通過建築及藝術的歷史和現代價值來體現伊斯蘭世界的多樣性，國王總統謝赫‧札耶德就在這個主導思想中，決定建造一座與眾不同的清真寺。1996年他聘請了敘利亞建築師尤塞夫‧阿布德吉（Yusef Abdelki），設計建造這座具有濃厚的伊斯蘭代表性的清真寺。總共預算是五億四千五百萬美元，成為阿布達比享有最高榮譽的地標，於2007年完工。

清真寺落成後，立即引起全球轟動，咸認為是自梵蒂岡聖彼得大教堂、印度泰姬陵以及柬埔寨吳哥窟（Angkor Wat）之後的又一世界奇蹟。實際上它的造型和佈局較之泰姬陵更為莊嚴而宏偉。

清真寺的面積本身為290米X 420米。可容納40000名信徒同時祈禱。寺內的主祈禱大廳可容納7000信徒，兩旁建有兩座較小的祈禱廳，每座能容納1500名信徒同時祈禱，其中一個祈禱廳是專為婦女安排的。婦女進入寺內前，必需要外著黑袍（Abayas）。為方便

1　筆者夫婦參觀清真寺門首留影。

2　清真寺外廊的石柱群，是典型的摩爾藝術造型。

參觀者，該寺在入口處特別備有給仕女們外借的黑袍。參觀時一概不能穿鞋入內。因為當地氣溫較高，所以即使赤腳踩在大理石上，也不會有冷凍的感受。

　　這些馳名中東地區的建築師，採用了波斯、莫沃爾及摩爾等民族帶有濃厚伊斯蘭藝術色彩的傳統建築造型，設計了這座清真寺。阿布達比彰顯了聘請外來工的氣度，參與施工的3000名工匠及三十八個建築公司均來自世界各地，用他們優異的建築智慧，將一座清真寺建造得如同藝術宮殿。

　　清真寺的建築設計簡潔而莊嚴，主大廳的拱頂內部高度為31.3米，直徑達75米。外部高度則為86米，總面積為4117平方米。另外還有82個小型拱頂，九個拱頂作為屋頂設在高達107米的宣禮塔上，極其宏偉。

　　外部庭院中有1096根大理石柱子，全部用紫晶和碧

玉鑲嵌，整個庭院規模為一萬七千平方米，共用了三千萬塊大理石鑲嵌而成。

寺內有96根柱子，都是用寶石鑲嵌而成。七座用奧地利出產的水晶製成的水晶燈，外鍍24k純黃金，一字排開懸掛在祈禱大廳內。周圍牆上則用珍珠鑲嵌成不同的花狀，氣派非凡。祈禱大廳中的地毯，是舉世無雙的手織波斯地毯，一整塊長133米，寬43米，由伊朗地毯公司承製。這些內部的裝飾，將宗教的禮拜場所點綴得雍容華貴，莊嚴而親民。

儘管阿布達比清真寺是阿聯酋的最大宗教建築，但和全球的各大清真寺相較，它只位居第二十一。沙烏地阿拉伯麥加的哈拉姆清真寺（Masjid al-Haram）始建於公元622年之前，居全球首位，總面積為356,000平方米，可容納四百萬信徒同時祈禱。然而阿布達比的清真寺，有著歷史與現代融合為一的不同凡響的現實意義，展現了對其他宗教的包容，也代表著伊斯蘭和外族和諧共處的凝聚力。

由於創建這座清真寺的國王寬宏大量，以及繼承他的王儲潛心發展，充分使用了從黑金獲得的利益，聯手締造了阿聯酋的偉大成就，令人不由得想起拉丁美洲的一些石油產國。它們的政府貪污腐敗，加之不善理財，忽視百姓福利，導致最後幾乎瀕臨絕境，真不可同日而語！這也證實了，儘管阿聯酋的政治體系與眾不同，國家的財富操縱在王室手中，只要將建設目標投放在促進社會福利之上，就能受到百姓擁戴，致令財源滾滾，國泰民安。

不久前阿聯酋和以色列達成建交的和諧發展，國際上認為是阿聯酋對猶太民族態度的驟然改變。其實他們沒有注意到，阿聯酋對所有宗教採取容忍共處的政策，當他們決定建立多種信仰崇拜場所時，2019年宣布建造的第一個不同的宗教場所，就是猶太教大教堂。

阿聯酋和以色列建立外交關係，目的就是為破除因宗教而產生的誤解和衝突。可笑的是，在幕後操縱的霸權大國，只從狹隘的政

治利益方面去權衡，從而將雙方的建交說成是他們在國際關係中的偉大成就！

　　伊斯蘭民族生活習慣上有諸多嚴格規定，如吸毒和販毒會受到極為嚴厲的法律制裁，色情賭博沒有生存的空間，加上伊斯蘭宗教的約束，無形中給社會增添了其他國家難以獲得的安寧。阿布達比的社會環境充滿了安詳舒適的感受，來自世界各地的旅客，對這個從沙漠中興起的國家都讚賞有加。

　　值得一提的是，阿布達比的財富來自黑金，當地人的生活也無憂無慮而逍遙自在，然而卻看不到糜爛浪費的現象。因為生活上的很多所需，要依靠進口，百姓們認識到，雖然手頭闊綽，節約的要求仍不能避免。

　　在離開阿布達比前，我夫婦佇立在海邊，遙望過往的船隻，深感不枉此行。時間雖短，卻享受了伊斯蘭宗教的啟迪，文化藝術的薰陶，以及阿拉伯民族的熱情和友好。

參觀結束前，筆者妻子在入口處留影，背景為用紫晶及玉石鑲嵌的石柱，巧奪天工的藝術佳作。

　　當今世界正處於「民主」和「專制」交相角力之際，從兩次世界大戰後獲得最多利益的「民主國家」，卻一直在到處煽風點火，混水摸魚，製造混亂。其實他們的「民主」正逐漸走向末路，在民主的旗號下，謀殺、槍擊、種族歧視幾乎無日不在上演。

　　多年來阿布達比一直是這個「民主」強國覬覦的目標，尤其是其地理位置，更是霸權國的心頭肉。然而阿聯酋的傳統帝制和現代民主制度相混合的政治體系，似乎只專注在如何為百姓謀福祉。

　　有鑑於此，素有佔領慾望的「強國」能否在口是心非的宗教信仰引領下幡然醒悟，用虛心的姿態，和命運共同體相配合，在「民主」和「專制」之間相互尊重諒解，建立一個《求同存異》的地球村？

（2021年5月4日完稿於溫哥華）

# 是該向「旅遊」說再見的時候了！

乍看這一標題，令人會產生丈二和尚摸不著頭腦的感覺，怎麼會有向「旅遊」說再見的可能！

旅遊，多少年來被看成是經濟發展的動力和救命稻草，更是人們生活中不可或缺的消閒活動；即使當前新冠肺炎病毒全球肆虐，仍然有人不甘寂寞，排除萬難也要出行。

就拿北美洲來說，因美國疫情的感染率和死亡率居全球之首，加拿大為防止病毒輸入，兩國之間的邊境已經關閉了半年多，但期間卻有零星美國人，為了逃避疫情，不惜想方設法前來加拿大做「避難旅遊」。

他們駕車到達邊界後，向加拿大邊境申報過境前往阿拉斯加。為此，加拿大邊境在他們的車上貼了標籤，註明目的地是阿拉斯加，而且對中途加油以及購買食物都有明確的嚴格規定。意即不能有任何機會在加拿大稍作停留，更遑論隨意旅遊了。

然而在如此嚴格的規定下，仍有美國人甘冒大不韙在加拿大停留，甚至到溫哥華近郊滑雪區威斯勒看風景喝啤酒。然而紙終究包不住火，因為車牌是美國的，行跡很容易暴露，被罰加拿大幣2300元，還勒令即刻離境。

歐洲各國更是想方設法意圖在困境中恢復旅遊，目的無非是為了振興經濟，因為幾乎每個國家都在「哭窮」。

這說明「旅遊」在日常生活中何等深入人心，但是新冠肺炎病毒給全人類來了一個措手不及的突襲，人們無法看到，摸到或是嗅到。儘管有達官顯人、億萬富翁窮洪荒之力躲避被侵襲的可能，但在病毒面前，金錢財富權利都早已顯得那麼蒼白無力。英國首相、

美國總統、巴西總統、法國總統都是顯赫政要，卻一個個被送入隔離場所。

記得在病毒開始瘋狂肆虐前，筆者和妻子曾搭乘皇家公主郵輪「鑽石公主號」暢遊。而兩年前，和友人夫婦結伴出行，搭乘同一艘郵輪在日本韓國歡度假日。可是曾幾何時，這艘郵輪卻名列世界遭到病毒侵襲的榜首。全船2670名旅客及1100名員工，居然有540人確診感染，比例高達五比一。

自那以後，前後總共有近二十艘郵輪的旅客和員工受到感染，它們每到一港口或是面臨拒絕旅客登岸的尷尬，或是甚至只能在外海停留，導致旅客的快樂航程成為恐懼的噩夢。

一時間全球各地的負面信息接踵而來，飛機航班被停飛了，郵輪停航了，酒店的旅客退房一波接一波。餐飲業門可羅雀，旅遊景點一片死寂。整個地球如同一座死城。

疫情開始時，城市裡人心惶惶，超市搶購人潮不息，貨架上空蕩蕩的場景，更令人增添憂慮和無望。餐館無人問津，街頭死氣沈沈，過往人群表情木然。

經過了十個月的折騰，公司倒閉不計其數，尤其是小商號幾乎遍地哀嚎。學校關門了，學生無所適從，醫院人滿為患，失業人潮如同多明諾骨牌效應。然而曾幾何時，被禁閉在家中的老百姓，開始鼓譟生活的不便，認為政府的強制戴口罩命令是違反人權自由，因此街頭上抗議示威場景此起彼伏，這就是西方國家標榜的個人自由所造成的奇特現象。

為了討好選民，政府一方面不得不放鬆警戒，但另一方面卻因為社會的群聚造成病毒疫情反彈，醫院的負擔日益加重，感染病毒的群眾日益增加，死亡人數急遽上昇，加強控制勢在必行。於是在這雙重矛盾下，不免瞎指揮，民眾對政府逐漸失去信心。

現任美國總統在2016年上任後，打著「美國優先」，「美國第

一」的旗幟耀武揚威，不可一世，即便疫情肆虐氾濫，仍然用他慣常的三寸不爛之舌，愚弄百姓。於是社會上酒照喝，群聚依然，視生命安全如兒戲。為了製造經濟效益，航空公司照樣運載旅客，至於生死存亡的嚴重威脅，似乎與他們無關。

航空公司及郵輪公司，已開始著手進行商業廣告及網絡攻勢，印刷精美的宣傳冊子投遞到家，施優惠手腕，目的就是要旅客上鉤。

儘管各政府部門口口聲聲為百姓出謀劃策，然而在以自己利益為先的西方傳統政治文化影響下，老百姓如何能被政府的「花言巧語」所說服？唯一的途徑就是「盲從」。

筆者原本已計畫2020年和妻子前往歐洲暢遊，期間還預訂有兩次的郵輪航程，卻被這突如其來的疫情打亂，在五十多年旅遊成習的影響下，要放棄閒情逸致的旅程，的確要費一番心思來琢磨。無奈在當今全球惡劣的情勢之下，捨取消所有行程外無計可施。金錢損失固無法估計，心理上的陰影更難消除。

其實早在疫情來臨前的一段時間，筆者和妻子每當啟程時，會出現連自己都無法解釋的矛盾心態。一旦進入機艙，就會出現莫名的焦慮；然而在航班起飛後，面對美酒佳餚，這些焦慮就消失於無形；待假期結束，這些「焦慮」根本如煙雲一般被拋諸腦後。直到疫情氾濫，我們的旅程被迫取消，這植根在心底的「焦慮」明顯浮上心頭，不由自主地引發了筆者的深思。

多少年來，為了經濟效益，全球各大航空公司幾乎都是不擇手段爭取收益，棄旅客健康安全於不顧。記得在六十年代，長途航程飛機到達目的地後，航空公司都會有條不紊地進行機艙內的清潔衛生。然而隨著時代的發展，往日的「細緻」早已不復存在。航班抵達後，除了機內工作人員替換之外，飛機約莫停留四至六小時即「打道回府」。在這短短的幾個小時內，如何徹底清掃機艙內的衛

生環境，就值得斟酌了。

商務艙的衛生整理或還能達到一定的準則，然而經濟艙的衛生間是否真的符合標準就很令人懷疑。航班起飛後的前半段時間裡，衛生環境尚差強人意，但是在抵達目的地之前，經濟艙的衛生間整理就難免被人視為「敷衍塞責」。

至於國際郵輪的服務，毫不客氣地說，更是一落千丈。所謂「豪華」早就成為一個空洞的「宣傳」。往日郵輪真正豪華的場景也已是明日黃花，餐飲質量的縮減，艙房衛生的馬虎，稍有經驗的旅客無不滿腹牢騷。

一般郵輪抵達終點碼頭的靠岸時間都是在上午七時，數千名旅客趕著用完早餐即須按照郵輪的安排依時上岸，留下約莫五個小時的時間，讓郵輪客艙工人換置床上被褥等用具，清洗衛生間，吸塵等細節。清潔工即便是馬不停蹄，也很難完成上級的指令。

其實郵輪公司心知肚明，於是在旅客登輪時都會被告知，手提行李可以暫時寄存在指定地方，先去用餐，待用餐完畢即可得知進入客艙的準確時間。天真的旅客對這樣的安排從無怨言，因為大多數登輪的旅客，心情早已被未來幾天的航程佔滿，根本想不到郵輪公司是為了趕著啟航，以致無法讓旅客即時進入客艙。

近些日子，筆者不斷接到郵輪公司的宣傳手冊，不外乎立了很多優惠條件促銷，比如預訂2021年一間帶陽台的客艙，即可獲得免費贈送一間靠內側的無窗戶客艙；另外還有免付小費等優惠條件。但是在另外一頁上，卻寫明旅客登船後需要經過病毒檢測手續，但這筆費用必須由旅客自行支付。

旅遊原本是輕鬆愉快度假的消閒活動，但在疫情蔓延的情況下，旅遊已經成為心理、精神等各方面的超重負擔。首先從出發地登機時，要攜帶72小時有效的檢測證明，抵達郵輪啟航碼頭前，必須先按照規定自我隔離14天，然後才能登輪。

登上郵輪後，在諸如餐廳酒吧及劇場等群聚區域，佩戴口罩肯定是嚴格的「必須」。那麼穿著泳衣躺在休閒椅上時，是否也要配戴口罩？如果照章執行，那副不倫不類的德性可能連自己都不敢看鏡子。

郵輪旅程安然結束，歸途中，還要如同出發時一樣，須在機場經過檢測，登機後全程配戴口罩，再度讓精神處於高度緊張狀態

當前的世界情勢已經不是單單要解決航空公司和國際郵輪旅遊的燃眉之急，而是要將垂死的經濟復活。小企業如旅行社、餐館因為支撐不了而倒閉的不計其數，直接影響到大批旅遊業的文員、導遊及餐廳的廚師、跑堂的失業困境。以亞洲一地為例，就有八億職工因丟掉飯碗而無所適從。

一直以來顯赫全球的航空業，已經有十七家航空公司破產，而享譽全球、女士們最喜愛的服裝製造商跨國企業如西班牙的「炸啦」（Zara）關閉了1200家門市部，法國的香水權威「香奈兒」（Chanell）以及瑞士雄踞一方的奢華鐘錶鉅子「勞力士」（Rolex）都先後宣布停產，美國的服飾大亨「波魯克斯兄弟」（Brooks Brothers）因無力支撐下而關門大吉。以售賣女人性感內衣褲聞名的「維多利亞的祕密」（Victoria Secret）曾經威震全球，如今已奄奄一息再也性感不起來了。

中國是首當其衝曾受到病毒侵蝕的國家。在1910年時代，中國東北地區發生過嚴重的「肺鼠疫」蔓延，造成

疫情發生時，美國倉庫式超市顧客搶購的亂象

六萬人死亡。當時瘟疫的發生源自東北捕捉旱獺，勞工們不慎食用了患病旱獺肉，導致瘟疫傳播。

清廷政府委任馬來西亞華僑醫生伍連德負責抗禦疫情。一位法國大夫傑拉德·梅斯尼正在中國工作，帶著西方的高傲姿態，不滿清廷對伍連德的重用，憤而離開疫區，卻在四天後死於瘟疫。事後得知他在疫區為病患者診治時，公然拒絕配戴伍連德發明的口罩，接觸到患者吐沫的傳播而感染。

筆者岳祖父伍漢持，當時在廣州以行醫掩護反清革命工作，得悉東北發生疫情後，即組織廣東醫護人員，趕往東北參加醫療工作。伍連德強制施行封城措施，並上報皇帝獲得准許，將上千計的患者屍體予以火化後深埋，經過四個月的不懈努力，終於澈底杜絕了病毒的傳播。

諷刺的是，經歷了百年之後，新冠肺炎病毒肆虐，西方各國對中國的污衊造謠，和發生在1910年的抗疫情景幾乎是一脈象承。西方政治人物拒絕配戴口罩，諷刺中國武漢封城措施是「政治秀」。中國科學家研發的疫苗，不僅被西方國家拒之於外，還極盡其一貫的嘲笑本能。

就在普羅大眾人心惶惶、憂心忡忡的時候，全球各地的政治人物卻有他們治理病毒的「萬全大計」。瑞典出現了「群體免疫」的策略，讓病毒自然蔓延，然後幸運者得以存活。幾個月後證實這個大計澈底失敗。

英國首相、印度總理及巴西總統也是各有一套妙計，結果是病毒灑滿全國；英國首相也從鬼門關瀟灑走了一回才領悟到病毒在「政治」面前一樣「囂張」。這些政治人物對病毒的輕視，而且大言不慚地自以為是，幾乎都跟著美國一樣「狂妄」。

財大氣粗的美國總統特朗普，居然在二月時以不屑的傲態向全國宣稱，病毒在一個月之內即會自然消失，接下來用一連串反科學

的言論，及反其道而行的策略，結果除了將自己送往醫院被隔離之外，還導致美國人的感染如水銀瀉地般一發不可收拾。迄今為止，感染人群的數字已達一千八百萬，死亡人數超越了三十二萬。

這位以白人至上的「總統先生」原本可以在二月份病毒初發時，由傳染病專家主持控制美國疫情發展的頹勢，但他的自滿姿態，認為美國社會先進，病毒不可能侵犯偉大的「美利堅合眾國」。甚至揚言假如真有病毒，只要喝「消毒液」即可控制，引起國際譁然和恥笑，從而實現了「總統先生」的願望，讓美國的感染數和死亡數雙雙成為世界第一。

中國在疫情爆發後三個月即控制了病毒的蔓延，如今社會的活動已經恢復正常，經濟發展也逐漸步上正軌。國際旅遊行業還不到開放的階段，但是國內旅遊已有序地開展。

然而在西方政客的眼裡，或是媒體的報導中，中國的抗疫成功典範只是心裡感佩，或是一筆帶過，實際上仍然帶著「吃不到葡萄說葡萄酸」的嫉妒成份。

在疫情蔓延的逆勢中，只要稍加冷靜分析，即可透視出政治人物的「輕鬆自如」地故作姿態，無非是為了考慮其自身的「政治地位」不受影響。然而由於疫情的無從預測，才導致政治人物主導的政策朝令夕改，令百姓無所適從，而最終連他們自己都莫衷一是。

歐洲的疫情爆發之初，曾經一度令全球驚恐，如義大利貝爾加莫（Bergamo）的災情使得整個城市瀕臨崩潰絕境。西班牙和法國也緊隨其後。一旦稍微好轉，立即開放市場，如此周而復始，終於導致病毒第二波、第三波爆發。

英國最近的新冠肺炎病毒變異，使得傳播率上升百分之七十，當政府宣布在聖誕前夕將首都倫敦關閉前，不甘寂寞的群眾掀起了「逃亡」潮，歐洲各國卻相繼關閉邊界，從而展現出「各人自掃門前雪」的無情態勢，使得欲藉機前往他國「度假」的英國人終於無

路可走。

　　從疫情一開始因恐懼而產生搶購潮導致超市貨架空蕩、失業潮膨脹，美國救濟貧窮的食物銀行門前數公里長的汽車隊，加拿大政府發放失業救濟金辦公室門口排的長龍，已造成機場假期出行人的寥寥無幾，度假人呈90%下降的頹勢，美國人仍然熱衷於感恩節和聖誕的家庭團聚，令傳染病專家憂心忡忡，預言假期後疫情的膨脹已經是可預見的恐怖勢態。

　　這是人類百年一遇的災難，當沒有人能預測明天生活何以為繼時，又如何能萌生旅遊的雅興？可以確定的是航空公司航班中已非安全處所，國際郵輪的駛航遙遙無期。雖然社會中傳聞稱大部分人相信，2021年的秋季，一切都將會恢復正常。卻仍然有百分之三十左右的人心存悲觀。

　　不論是樂觀還是消極，筆者可以預見的是，疫情早已成為政治人物玩弄權術的資本，疫苗的接種更是國際上利益爭奪的商場遊

美國救濟貧窮的食品銀行門首等待領取免費食物的汽車長龍。

戲。一會兒放言稱因為有了疫苗，病毒的受控為期不遠。然而一會兒又大放厥詞，封城、居家隔離是最佳避免傳染的手段。世界衛生組織始終一貫告誡稱，疫苗的研發需要時間；而美國卻在總統政治主導下提前上市，且一再強調疫苗的有效性，令傳染病專家望而生畏。

面對這些被政治操縱反科學疫苗的上市，筆者寧可居家隔離，避免群集，對這倉卒上市的疫苗絕對敬而遠之。

也因此對生活中已積累了五十年的旅遊情趣，只能就此打住。自疫情發生以來，「種族歧視」的叫囂不絕於耳，因為中國武漢最早出現病毒傳播，西方國家無所不用其極地污衊中國，甚至將病毒的責任完全推卸給中國，這是借用病毒打擊中國近年來經濟上崛起的卑鄙行徑。在歐美地區，中國人也就成了西方反華攻擊甚至侮辱的犧牲品。

當疫情剛爆發，英美國家首先斷絕了飛往中國的所有航班，並立即從中國撤僑。當英國出現病毒變異時，全球各地包括加拿大在內立即宣布與英國停航後，中國仍然用了兩天時間權衡輕重後才決定與英國作短期停航，卻遭到美國的攻擊，認為中國是利用疫情向「五眼聯盟」施行報復手段。西方國家一致使用負面態勢來詮釋中國的每一個舉措，是包藏禍心的極端表徵。

根據近一年在疫情蔓延及病毒變異的陰影籠罩下，何時能將頑固的病毒完全控制，醫學界無人能給出一個令人振奮的答案，為此，全球旅遊業的振興，也就成為一個難以給出時間表的懸念。在這種沒有確切保障的安全環境下隨意旅遊，無疑是危險的；何況在這樣的狀態中，身為中國人就有必要為了民族尊嚴而做出完善的自我保護。

此刻，正是2020年的聖誕夜，望著沒有星月的夜空，思維穿梭在過往的每一個聖誕夜裡，不論是在郵輪上，或是在世界任何一個

旅遊的景點中，和妻子同享優雅而歡樂的聖誕。而今晚，沒有友人的碰杯，更缺失了親人的團聚。只能與妻子一同困守在家中，讓錯綜複雜的思潮在心中起伏。

溫哥華國際機場旅客減少了90%。

再出發旅遊可能將只是一個奢侈的夢境，唯有持續祈求這個夢境有朝一日轉換成現實。當下之際，也許最佳的選擇就是「解甲歸田」，以退隱生涯作為個人的生活調節。目前向「旅遊」說聲再見，是對自己健康保護的絕對手段，也是對他人的尊重和對社會責任感的體現！

（2020年12月24日完稿於溫哥華聖誕夜）

| 國家圖書館出版品預行編目 |
| --- |

星際尋覓 / 文劍著. -- 臺北市：致出版, 2021.
09
　　面；　公分
　ISBN 978-986-5573-21-8(平裝)

1.遊記 2.旅遊文學 3.世界地理

719　　　　　　　　　　　　110013791

優傳媒叢書03

# 星際尋覓

作　　者／文劍
出版策劃／致出版
製作銷售／秀威資訊科技股份有限公司
　　　　　114 台北市內湖區瑞光路76巷69號2樓
　　　　　電話：+886-2-2796-3638
　　　　　傳真：+886-2-2796-1377
網路訂購／秀威書店：https://store.showwe.tw
　　　　　博客來網路書店：https://www.books.com.tw
　　　　　三民網路書店：https://www.m.sanmin.com.tw
　　　　　讀冊生活：https://www.taaze.tw

出版日期／2021年9月　　定價／500元

致 出 版　　　　　　　　　向出版者致敬